DÉVELOPPEMENT ÉCONOMIQUE

Les Éditions
TRANSCONTINENTAL inc.
1100, boul. René-Lévesque Ouest
24e étage
Montréal (Québec)
H3B 4X9
Tél. : (514) 392-9000
　　　1 (800) 361-5479

Fondation de l'Entrepreneurship
160, 76e Rue Est
Bureau 250
Charlesbourg (Québec)
G1H 7H6

Tél. : (418) 646-1994
　　　1 (800) 661-2160

La **Collection Entreprendre** est une initiative conjointe de la Fondation de l'Entrepreneurship et des Éditions Transcontinental inc.

Révision :
Monique Cloutier

Correction d'épreuves :
Marie-Claude Lavallée

Photocomposition et mise en pages :
Ateliers de typographie Collette inc.

Dépôt légal – 4e trimestre 1994
Bibliothèque nationale du Québec
Bibliothèque nationale du Canada

ISBN 2-921030-76-4　　(Les Éditions)
ISBN 2-921681-08-0　　(La Fondation)

DÉVELOPPEMENT ÉCONOMIQUE

Clé de l'autonomie locale

Sous la direction de
Marc-Urbain Proulx

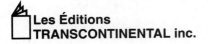

Les Éditions
TRANSCONTINENTAL inc.

**Fondation de
l'Entrepreneurship**

Fondation de l'Entrepreneurship

La Fondation de l'Entrepreneurship œuvre au développement économique et social en préconisant la multiplication d'entreprises capables de créer de l'emploi et de favoriser la richesse collective.

Elle cherche à dépister les personnes douées pour entreprendre et encourage les entrepreneurs à progresser en facilitant leur formation par la production d'ouvrages et la tenue de colloques ou de concours.

Son action s'étend à toutes les sphères de la société de façon à promouvoir un environnement favorable à la création et à l'expansion des entreprises.

La Fondation peut s'acquitter de sa mission grâce à l'expertise et au soutien financier de quelques organismes. Elle rend un hommage particulier à ses quatre partenaires :

 Hydro-Québec

 Caisse de Dépôt et Placement du Québec

 Banque Laurentienne

 Desjardins

et remercie ses sept premiers gouverneurs :

 Imasco

 UMRCQ

 Le Fonds de Solidarité des Travailleurs du Québec (FTQ)

 Ville de Québec — Office Municipal de Développement Économique de Québec O/M/D/E/Q

 Bell

 Société Québécoise de Développement de la Main-d'Oeuvre

noranda

PRÉFACE

L'entrepreneurship local est devenu un pivot du développement du Québec. On observe d'ailleurs le même phénomène dans tout l'Occident. L'implantation de grandes entreprises est moins fréquente que par le passé et le nombre d'emplois que ces entreprises créent est rarement proportionnel aux sommes investies. Par contre, elles entraînent souvent la création de PME qui complètent leur réseau de fournisseurs. On doit donc surtout s'en remettre à nos propres capacités d'initiatives entrepreneuriales.

Le quotidien des petites entreprises émergentes repose fortement sur leur environnement immédiat. C'est pourquoi les municipalités locales et régionales se voient dans l'obligation de jouer un rôle essentiel à leur égard. Nombre de spécialistes suggèrent de maintenir un climat d'affaires. D'autres soulignent la nécessité d'une atmosphère industrielle. Et certains autres connaisseurs vantent l'établissement d'une véritable culture entrepreneuriale. Quelle que soit l'expression utilisée, le territoire d'action quotidienne de l'entrepreneur se doit de contenir les éléments nécessaires à la réussite de ses projets d'activités économiques. L'identification précise de ces éléments s'avère de plus en plus un motif de réflexions, de discussions et de débats.

En ce sens, l'objet principal de l'ouvrage *Développement économique* est certes aussi original que pertinent. C'est que la solution de l'entrepreneurship, largement préconisée pour le développement de nos localités, nous pose, même après quelques années d'examens, d'essais et d'erreurs, bon nombre de questions. Des questions auxquelles les spécialistes s'efforcent consciencieusement d'apporter des réponses théoriques traduisibles de façon pratique. Car il faut bien l'avouer, nous comprenons encore fort mal le principe de l'entrepreneurship et son rôle dans le développement de nos municipalités locales et régionales. Bien sûr, les discussions qui ont cours lors des réunions de nos conseils municipaux, de nos comités et de nos commissions sont beaucoup plus éclairées qu'il y a dix ans. Mais les interrogations, les hésitations et les craintes demeurent nombreuses face aux choix stratégiques que nous devons effectuer par rapport à l'entrepreneurship, à la création et à la croissance d'entreprises sur nos territoires. Ajoutons que ces questions touchent d'autres questions majeures et étroitement reliées, notamment la désintégration des régions périphériques, la décentralisation, l'efficacité des politiques publiques de développement et bien d'autres.

À cet effet, la série de contributions offertes dans le présent ouvrage arrive à point. Et la haute compétence des spécialistes conviés est sans contredit. Nul doute que l'enrichissement des connaissances se répercutera sur le rendement des agents et des divers acteurs du développement local. Car la qualité de nos actions et nos interventions ne peut s'améliorer que par le biais d'une meilleure connaissance des mécanismes qui s'y rattachent.

L'entrepreneurship et le développement n'échappent pas à cette règle de la rationalité. Il s'agit de pousser l'analyse aux limites de l'expertise pour que se développe le soutien aux entreprises et aux entrepreneurs qui contribuent à réaliser une meilleure adéquation entre l'offre actuelle et les besoins.

Bravo et merci à tous les partenaires qui ont rendu possible la publication d'un ouvrage si pertinent sur l'entrepreneurship et sur le développement de nos localités et de nos comtés.

Pierre-Maurice Vachon
Président
UMRCQ

TABLE DES MATIÈRES

CHAPITRE 12
L'ENTREPRISE-RÉSEAU : UNE STRATÉGIE DE DÉVELOPPEMENT DE L'ENTREPRISE INTÉGRÉE À LA POLOTIQUE INDUSTRIELLE DU QUÉBEC 309

LISTE DES FIGURES ET TABLEAUX

16

AVANT-PROPOS

Le présent ouvrage est destiné surtout à ceux qui croient au potentiel entrepreneurial de leurs concitoyens, ou bien en leur propre talent d'entrepreneur. Ils possèdent déjà une bonne connaissance des tenants et des aboutissants de la PME, cependant ils désirent se documenter davantage sur les propriétés du développement endogène, c'est-à-dire sur l'expansion économique de leur communauté. Ce développement devrait être amorcé et réalisé par les gens de leur propre milieu. Depuis quelques années, dans une dizaine de municipalités et quartiers des grandes villes, des petits groupes de pionniers sont parvenus à éliminer la morosité et à la remplacer par le quasi plein emploi dans leur communauté. Ce miracle est à la portée de tous.

Le 11e colloque annuel de la Fondation de l'Entrepreneurship, tenu en février 1994 à Saint-Hyacinthe, avait pour thème : *L'entrepreneurship et le développement local*. À cette occasion, de nombreux exposés ont été présentés sur des variantes de ce thème par des conférenciers émérites que l'on retrouve comme auteurs de la plupart des chapitres de *Développement économique*. Des auteurs étrangers viennent également ajouter une note originale par leur présentation. Cet ouvrage est destiné à faire partie du programme de formation à distance de l'Université de Sherbrooke.

Avec *Développement économique*, rédigé sous la direction de M.-U. Proulx, la collection « Entreprendre » de la Fondation de l'Entrepreneurship s'enrichit d'un nouveau titre qui s'insère tout naturellement dans la foulée des titres antérieurs. Progressivement, un ensemble d'intruments de formation et d'aide à la prise de décision se bâtit pour le bénéfice de l'entrepreneur et du monde qui l'entoure.

L'un des objectifs que s'est fixés la Fondation consiste à rassembler dans un effort commun les organismes et les personnes dont la vocation ou la volonté les mène à servir le développement économique et social. Un livre est certes une source d'information, mais il peut aussi devenir un rassembleur d'idées. *Développement économique* réunit les idées de spécialistes, de professeurs, d'auteurs de publications ou d'ouvrages. Le lecteur déjà mobilisé dans le monde fascinant de l'entrepreneurship, ou sur le point de s'y engager, y découvrira une abondance de données et de concepts aptes à enrichir sa réflexion et à stimuler son investissement.

Monique Dubuc
Fondation de l'Entrepreneurship

INTRODUCTION

La plupart des textes publiés dans ce volume furent livrés aux participants du colloque annuel de 1994 de la Fondation de l'Entrepreneurship du Québec. Nous en avons sollicité quelques autres pour leur pertinence face au sujet traité, soit l'entrepreneurship et le **développement économique local** (DEL). Il s'agit d'un sujet qui combine deux thèmes déjà bien traités individuellement dans la littérature scientifique. Précisons aussi que ces deux thèmes se sont souvent croisés dans les modèles élaborés, généralement dans un rapport de cause à effet : l'entrepreneurship comme facteur de développement local ; le rôle de l'assise locale pour l'entrepreneur.

À la suite des travaux stimulants du doyen Paul Prévost de l'Université de Sherbrooke, l'union formelle récente de ces deux thèmes apporte avec bonheur une contribution aux idées originales, tout en étant généralement empreinte de maturité.

Ce recueil de textes fait ainsi apparaître des notions et des concepts généralement connus et largement acceptés, mais ces derniers sont fertilisés dans leur formulation par le choc des idées. Une fertilisation qui enrichit nos connaissances théoriques, d'autant plus que les auteurs proviennent de différentes disciplines scientifiques.

Il s'agit en ce sens d'un sujet hybride certainement très porteur actuellement en sciences sociales. Vous le constaterez vous-même à la lecture des textes, car nous n'avons pas l'intention de formuler une mini-synthèse de chacun dans une si courte introduction. Nous nous contenterons simplement de souligner que les contributions sont présentées en fonction des idées maîtresses développées.

Ainsi, le lecteur sera appelé à lire d'abord des textes qui présentent le sujet en situant le contexte théorique général. Par la suite, nous entrons en plein cœur du sujet avec des textes qui traitent précisément des relations spécifiques entre l'entrepreneurship, le territoire et le développement. Pour terminer cette série, il sera question d'une composante essentielle, l'information, comme mode de relations entre l'entreprise et son environnement local.

Nous vous souhaitons beaucoup plus qu'une bonne lecture. Le contenu de cet ouvrage mérite d'être utilisé en cabinet, exposé en classe, discuté en séminaires et en ateliers, proposé à certains comités et diffusé dans la large communauté des agents de développement.

Puisque nous avons eu la chance d'être l'un des premiers lecteurs de cet ouvrage, nous tenons à préciser que nous n'y avons pas trouvé la formule miracle que beaucoup de gens espèrent. Nous y avons cependant découvert un grand nombre d'idées nouvelles ou nouvellement formulées dans un sens opérationnel. Ces dernières pourront améliorer notablement notre compréhension de la réalité locale et, en conséquence, notre maîtrise de l'entrepreneurship si essentielle au développement.

Marc-Urbain Proulx

Marc-Urbain Proulx, professeur
Département des sciences économiques – Université du Québec à Chicoutimi

CHAPITRE 1

L'ÉMERGENCE DE LA THÉORIE DU DÉVELOPPEMENT ÉCONOMIQUE LOCAL

L e développement économique local (DEL) s'avère beaucoup plus qu'un concept à la mode. Priorité d'actions pour l'OCDE[1] depuis 1982, programme de recherche du GREMI[2] depuis 1984 et du Conseil économique du Canada en 1989-1990, objet de regroupements nationaux d'agents de développement dans la plupart des pays, tels que l'ACIQ[3] et la CCADCQ[4] au Québec, le DEL est aussi un axe majeur de recherche préconisé par le GRIR[5], le GRIDEQ[6], le GREPME[7],

---

1. Le programme ILE (Initiatives locales pour l'emploi) de l'Organisation de coopération et de développement économique cherche à favoriser, dans les pays membres, la mise en oeuvre de politiques de développement au niveau local.
2. Groupe de recherche européen sur les milieux innovateurs.
3. Association des commissaires industriels du Québec.
4. Conférence des comités d'aide au développement des collectivités du Québec.
5. Groupe de recherche et d'interventions régionales, Université du Québec à Chicoutimi.
6. Groupe de recherche interdisciplinaire en développement régional de l'est du Québec, Université du Québec à Rimouski.
7. Groupe de recherche en économie et gestion des petites et

le GRADERR[8], la Fondation de l'Entrepreneurship et l'Institut d'entrepreneuriat. Nous sommes réellement en présence de nouveaux questionnements et de nouvelles réponses concernant le développement. Le terme « local » devient par conséquent le qualificatif d'un véritable courant de construction théorique. Congrès, colloques, séminaires, éditions d'ouvrages, parution de numéros spéciaux dans des revues scientifiques, publications de manuels et même création de nouvelles chaires académiques illustrent l'importance actuelle de cet objet de recherche et d'enseignement.

Cette fébrilité scientifique, ici et ailleurs, trouve évidemment son corollaire dans la pratique du développement. On retrouve ainsi des démarches législatives, l'élaboration de politiques et de programmes publics, de même que la multiplication d'initiatives qui s'intéressent directement, ces dernières années, aux territoires locaux. Ces expérimentations servent en retour la vérification des hypothèses soulevées par les sciences sociales qui s'intéressent au développement local, notamment la dernière-née de celles-ci, la science régionale.

À cet égard, le 11e colloque de la Fondation de l'Entrepreneurship du Québec, tenu en février 1994, a permis de focaliser l'attention sur le rôle de l'entrepreneurship dans le développement local, afin d'en tirer quelques leçons théoriques et pratiques pertinentes. Avant d'entrer dans le vif du sujet, nous ferons un petit historique de l'intérêt porté aux territoires locaux par les théoriciens du développement. L'exercice nous permettra de bien saisir, nous l'espérons, le contexte d'émergence de cette nouvelle théorie du développement.

---

moyennes organisations et de leur environnement, Université du Québec à Trois-Rivières.

8. Groupe de recherche en aménagement et développement des espaces ruraux et régionaux.

LE DÉVELOPPEMENT NÉCESSAIRE
DU QUÉBEC PÉRIPHÉRIQUE

Précisons au départ que les théories du développement applicables à la région (théories du développement régional) ont soutenu pendant plusieurs décennies les efforts des pays industrialisés pour développer leur territoire périphérique. En effet, les autorités publiques interviennent depuis longtemps dans ledit développement régional, comme d'ailleurs dans d'autres domaines, grâce à leur rôle de régulateur économique qui fut confirmé par Keynes et ses disciples.

Au Québec, la volonté d'intervention en région s'est affirmée pendant la grande crise économique des années trente, pour s'intensifier après la Seconde Guerre et devenir une véritable politique régionale articulée à la fin des années soixante. Il s'agissait essentiellement d'interventions centrales qui visaient plusieurs objectifs pouvant être regroupés en deux buts nationaux précis, soit l'occupation de tout le vaste territoire habitable ainsi que la réduction, voire l'abolition des disparités interrégionales.

C'est alors que les spécialistes du développement ont induit des lois, construit des modèles et élaboré des théories pouvant guider les stratégies de l'État face aux régions. Les années cinquante furent particulièrement fécondes à cet égard. On statua en premier lieu que les ressources naturelles représentaient inévitablement un facteur extrêmement important de développement. Par conséquent, l'octroi à des intérêts privés de bassins de matières premières, petits et grands, devint le premier critère, selon les analystes, qui permettait aux autorités publiques d'insuffler le développement dans les régions périphériques.

Les exemples de justification de la générosité de l'État à cet effet sont évidemment fort nombreux, au Québec comme ailleurs. En réduisant le coût des intrants de production, on désirait, ni plus ni moins, favoriser la localisation d'industries « motrices » de croissance et de développement à Baie-Comeau, à Val-d'Or, à Alma, à Schefferville, à Murdochville, à Asbestos et dans d'autres lieux périphériques.

Toujours dans un esprit de soutien à la profitabilité du secteur privé, on préconisa aussi la construction par le secteur public d'infrastructures de transport et d'équipements collectifs dans les domaines de l'éducation, de la santé, des loisirs, etc. Il s'agissait, d'une part, de réduire la distance (coûts de transport) entre les lieux (marchés, bassins de main-d'œuvre, matières premières) et, d'autre part, on désirait offrir un bon niveau de biens et de services publics à la population selon le principe de justice sociale.

En ce qui a trait à l'aménagement du territoire, la théorie des pôles de croissance, devenue dominante en science régionale au début des années soixante, a alors servi la double défense de la concentration spatiale des équipements publics et de la disposition des infrastructures de transport en étoile autour des centres régionaux et sous-régionaux. Fut ainsi favorisé l'épanouissement de pôles tertiaires et de pôles secondaires très bien interreliés entre eux et très bien reliés aux vrais pôles que sont Québec, Montréal, Ottawa, Toronto et les autres grands centres nord-américains.

Par ailleurs, d'autres éléments théoriques ont marginalement influencé les politiques publiques de développement régional. Nous pensons notamment à la logique du développement par étapes successives et, surtout, à la composante exportation. En guise de synthèse, soulignons que les politiques publiques de développement régional se sont, dans le passé, largement appuyées sur deux grands principes d'impulsions exogènes sur les territoires en question, soit l'investissement massif privé ou public et la demande externe.

La mesure de l'effet multiplicateur de ces injections monétaires externes en confirmait les bienfaits dans les circuits économiques régionaux.

DES RÉSULTATS MITIGÉS

Il y eut certes des gains intéressants reliés aux politiques de développement régional. Nous avons notamment à peu près parachevé la colonisation du Québec habitable par la mise en place et la consolidation d'établissements humains. La production en région a largement contribué à la croissance de la production intérieure brute (PIB). De plus, la qualité de vie en périphérie s'est largement améliorée en suivant le pas du centre, soit la vallée du Saint-Laurent. Notons à cet égard que le coût de la vie s'est à peu près uniformisé grâce aux facilités de transport des marchandises. Soulignons aussi l'accès généralisé à la santé et à l'éducation, partout au Québec. Et, pour réaliser cet effort, nos gouvernements ont retiré, sous forme d'impôts, une part des bénéfices engendrés par l'exploitation des richesses naturelles de l'immense territoire national.

Malgré ces apports indéniables pour l'occupation du territoire national, force est de reconnaître que l'autre but visé par les politiques de développement régional, soit l'abolition des disparités, ne fut pas atteint. Les inégalités interrégionales et interlocales, selon plusieurs indicateurs socio-économiques, sont toujours présentes sur le territoire national. Il s'agit là d'une donnée irréfutable qui fut largement mise en évidence encore récemment par les travaux de Dugas (1988), de l'**Office de planification et de développement du Québec** (OPDQ, 1987) et du Conseil des affaires sociales (1989). Et tout porte à croire que ces inégalités croissent sans cesse actuellement (Côté, 1990).

Les causes de cet échec au Québec et ailleurs sont nombreuses. Il est par ailleurs difficile de mesurer individuellement les effets de tous les facteurs qui interviennent en même temps. D'une manière générale, nous sommes tout de même en mesure de constater que l'octroi de bassins de ressources ainsi que la mise en place des équipements et des infrastructures publics d'aménagement du territoire ne semblent pas avoir suffisamment assuré la profitabilité du secteur privé à moyen et à long terme, et ce, dans plusieurs domaines économiques de base en régions périphériques. Autrement dit, les investissements publics et privés ont certes lancé le développement régional, mais la demande exogène n'a pas assuré la continuité du processus bénéfique de la croissance. Notons, à titre d'exemple, le déclin actuel de certains secteurs économiques qui ont traditionnellement assuré le développement régional, notamment les pêches, les pâtes et papier, certaines exploitations minières, etc.

Avons-nous surestimé nos facteurs de développement des régions périphériques ? Avons-nous mal développé nos ressources régionales ? Avons-nous manqué d'imagination après la phase d'aménagement des territoires régionaux ? Avons-nous suffisamment incité le secteur privé à réinvestir ses immenses profits d'une époque ? Avons-nous trop institutionnalisé le développement régional ? La question reste ouverte !

Quoi qu'il en soit, les politiques traditionnelles de développement régional axées sur les impulsions exogènes sont sérieusement remises en question dans leurs moyens, et même dans leurs finalités. D'autant plus que les investissements massifs d'un secteur public essoufflé deviennent beaucoup plus rares. Un appel est clairement lancé à la recherche d'une autre option théorique capable d'engendrer de nouvelles stratégies pour le développement des régions périphériques du Québec et d'ailleurs.

26

LE DÉVELOPPEMENT À BASE D'IMPULSIONS ENDOGÈNES

Permettez-nous un détour pour souligner que l'origine de cette recherche de solutions au développement régional se situe dans les analyses radicales des années soixante. À cette époque, les controverses suscitées par la domination du grand capital dans les importants choix de société ont soulevé l'attention sur les résultats limités ainsi que sur les effets pervers du mode de développement préconisé au cours des dernières décennies. Le débat engendré chez les néo-marxistes s'est ensuite étendu à tout le mouvement progressiste des années soixante-dix grâce à la popularité de sa perspective néo-humaniste. Signalons notamment la contribution de Seers (1969) et le questionnement inédit du Club de Rome (Meadow, 1972) à propos de la sacro-sainte finalité de croissance économique dans la doctrine du développement.

Ces personnes préconisaient en contrepartie un regard global incluant les aspects sociaux, culturels, écologiques, politiques et économiques du développement. Bien ancré sur la déception devant les politiques traditionnelles de développement régional, ce nouveau point de vue a évidemment stimulé l'enthousiasme face aux choix possibles.

La critique fut tellement forte à l'époque que certains érudits de la théorie du développement n'hésitèrent aucunement à réclamer ni plus ni moins que le *Retracking America* (Friedmann, 1973) grâce à la capacité d'apprentissage des individus et des collectivités à s'autodévelopper. Du coup, le principe d'un développement dit « par le bas », s'appuyant sur des impulsions de nature endogène (individus – groupes – communautés), était né. Il restait maintenant à l'enrichir d'un contenu réaliste et adaptable au plan opérationnel.

C'est ainsi que l'éducation, l'apprentissage, la connaissance des potentialités individuelles et la créativité

27

devinrent les principaux credo d'une approche alternative du développement qui doit inévitablement s'ancrer sur de petites échelles (Schumacher, 1973), sur des espaces de convivialité (Illich, 1973), sur des communautés autonomes (Timbergen, 1976), sur des territoires où une société donnée peut se doter de finalités communautaires correspondant à ses besoins de base (Ghai et Alfthan, 1977) ; finalités qui, puisqu'elles sont choisies collectivement, deviennent, en principe, mobilisatrices de toutes les ressources disponibles à leur concrétisaton (Goulet, 1978).

Cette perspective endogène devint de plus en plus articulée au tournant des années quatre-vingt, principalement grâce à deux ouvrages, soit l'essai de Friedmann et Weaver (1979) et l'édition d'un collectif par Stohr et Taylor (1981). On la formalisa tel un paradigme distinct du développement. On lui donna une dimension historique, un principe moteur relié à l'intégration territoriale des fonctions fragmentées, puis des composantes spécifiques démontrant la singularité de cette perspective alternative de développement régional.

Dans le foisonnement des contributions qui suivirent, les efforts d'articulations théoriques prirent diverses formules telles que développement autocentré, développement vernaculaire, autodéveloppement, développement ascendant, etc. qui viennent inévitablement se coller dans la grande catégorie du développement communautaire, qui a lui-même traditionnellement représenté, sans trop le savoir, le principe endogène.

À travers la richesse terminologique, le concept qualifié de « développement économique local » (DEL) se taille une large place dans la littérature scientifique. Il faut signaler à cet effet les importantes contributions de Perrin (1983), Julien (1984), Coffey et Polese (1985), Joyal (1987), Greffe (1988), Blakely (1989) et Pecquer (1989) qui ont permis d'asseoir solidement le corpus théorique. Si bien qu'à la fin des années quatre-vingt, l'expression « développement économique local » fait l'unanimité des deux côtés de l'Atlantique et devient à peu près universelle. Le concept en question représente, dans sa forme la plus simple, les efforts endogènes pour faire émerger des initiatives sur un territoire local donné.

LE RÔLE DES PME ET DE L'ENTREPRENEURSHIP

La crédibilité du DEL fut beaucoup encouragée par la montée en importance des PME (petites et moyennes entreprises) dans les économies occidentales. En effet, à la suite des célèbres travaux empiriques effectués par Birch (1979) aux États-Unis, par Storey (1983) en Grande-Bretagne, par Greffe (1983) en France, et par Chicha et al. (1985) au Québec, il est maintenant largement reconnu que les PME sont le vecteur de la création d'emplois dans la conjoncture de cette fin de siècle. Les travaux récents confirment ces faits et offrent des concepts, des modèles et des théories pour encore mieux comprendre le phéno-mène. Une excellente synthèse du large corpus de con-naissances cumulées sur ce phénomène PME nous est offerte par l'ouvrage édité récemment sous la direction de P.-A. Julien (1994).

Si plusieurs causes expliquent l'évidence empi-rique des PME sur le plan de l'emploi, on peut, selon notre interprétation, les regrouper autour de trois gran-des tendances très bien affirmées.

Premièrement, nous avons assisté au cours des trois dernières décennies, à une nouvelle division inter-nationale du travail caractérisée par un mouvement des grandes entreprises fortement consommatrices de main-d'œuvre vers une localisation dans les pays de l'hémis-phère sud, là où les conditions salariales sont beaucoup plus avantageuses. Pour le Québec, certains secteurs, notamment le textile et les mines de fer, furent particu-lièrement touchés par cette tendance de fond.

En deuxième lieu, les grandes entreprises qui demeurent ou qui s'établissent chez nous adoptent, pour rester concurrentielles, des nouvelles technologies informationnelles (robotique, contrôle numérique, etc.) qui éliminent malheureusement beaucoup de postes de travail dans les processus de production.

Finalement, plusieurs études démontrent que les PME sont plus innovatrices que les grandes entreprises et, surtout, plus flexibles que ces dernières. Les marchés sont de plus en plus segmentés, et les produits et services, qui ont des cycles de vie maintenant très courts, obligent à produire en petites séries. Cette troisième tendance de fond offre ainsi de nombreuses possibilités aux PME et à leurs employés ainsi qu'un rôle privilégié aux individus qui possèdent les qualités entrepreneuriales, notamment la capacité de créer et d'innover.

On comprend alors tout l'intérêt qui est porté depuis quelque temps[9] aux entreprises de petites et moyennes dimensions par différentes écoles de recherche qui induisent des aspects fort pertinents à la compréhension du phénomène. Dans cette mouvance de recherche, Planque (1988) a démontré qu'étant donné sa quête d'intrants (ressources – compétences – information) qui s'effectue par l'entremise de démarches séquentielles courtes, la PME s'avère fortement dépendante de son milieu local.

Plusieurs autres analystes ont aussi considéré l'importance de l'environnement local dans la naissance, la croissance et la survie des entreprises, notamment en ce qui concerne les relations informelles des entrepreneurs, des dirigeants et de tout le personnel.

---

9. Au Québec, cet intérêt s'est révélé au cours des années soixante-dix et a pris réellement son envol lors du Colloque sur l'entrepreneurship et les PME dans le cadre du 48e Congrès de l'Association canadienne-française pour l'avancement des sciences (ACFAS) en 1980.

Tous ces arguments ont évidemment solidifié la logique du DEL en s'appuyant sur le postulat suivant : la richesse qualitative (en intrants) du milieu favorise la dynamique dans les activités économiques de petites et de moyennes dimensions.

Il est à noter que ce nouveau mode de développement local préconisé possède aussi ses détracteurs qui y voient toutes sortes d'hérésies. La contribution de Fernand Martin (1986) représente fort bien ces efforts systématiques de confrontation afin de stimuler le débat autour des grandes lois scientifiques. Lorsqu'elles sont argumentées logiquement, énoncées selon les règles de l'art et traduites élégamment, de telles réfutations s'avèrent d'ailleurs fort souhaitables, sinon essentielles, pour les réflexions et le débat actuel. En formulant des antithèses, les analystes encouragent ainsi la formulation de nouvelles thèses, l'élaboration de synthèses et la consolidation des modèles théoriques.

La théorie du DEL émergente, dont les jalons fragmentés se multiplient, ne doit pas être stigmatisée. Nous devons plutôt, et surtout, l'envisager avec scientificité, prudence et modestie en nous rappelant humblement les excès de confiance causés par les autres théories, notamment celle des pôles de croissance.

COMPLÉMENTARITÉ PLUTÔT QUE SUBSTITUTION

À cet égard, plusieurs analystes critiques ont rapidement signalé que le principe des impulsions endogènes ne doit pas être catégoriquement opposé au principe des impulsions exogènes. Si les deux forces possèdent des potentialités réelles bien illustrées par leurs défenseurs, elles sont logiquement toutes les deux essentielles au développement. Les deux types de facteurs ou de forces doivent dès lors se compléter dans le respect des choix locaux et des grands courants extérieurs.

Il s'agit en ce sens d'un nouvel équilibre à rechercher, en misant particulièrement sur les facteurs endogènes trop négligés dans le passé récent. Ainsi, une localité peut, par des choix endogènes, s'opposer à un investissement extérieur non désiré ou à une demande extérieure néfaste pour l'économie locale. Car il est vrai que le système économique de plus en plus mondialisé demande une certaine fermeture sélective des communautés afin de respecter les sociétés locales fortement menacées.

La même localité ne peut cependant refuser radicalement toutes les impulsions exogènes sans être lourdement pénalisée dans la dynamique culturelle, sociale et économique contemporaine. En effet, la conjoncture actuelle exige de toute évidence que les stratégies et les actions locales soient envisagées dans un cadre global. Cette vision planétaire recommandée peut d'ailleurs fort bien servir le DEL, car elle met en lumière de nombreux petits segments accessibles du vaste marché et aussi le potentiel d'attraction d'un certain nombre d'investissements industriels très mobiles.

Ainsi, en intégrant des forces exogènes aux forces endogènes, les localités ont inévitablement un rôle important à jouer face aux enjeux structurants pour le développement (investissements, emplois, valeur ajoutée, etc.). Une fois dynamisées, les forces endogènes peuvent, dans leur émancipation, influencer significativement la dynamique globale contemporaine.

L'OBSERVATION DE LA RÉALITÉ LOCALE

Le DEL n'est évidemment pas un phénomène nouveau même si on ne lui accordait pas beaucoup d'attention. Ce mode de développement s'ancre, de fait, dans le vécu traditionnel des gens qui bâtissent leur espace commun de vie quotidienne par la mise en œuvre de travaux collectifs d'irrigation, de drainage, d'aqueduc, de rénovation de quartier, de construction de bâtiments et de chemins, d'électrification, de moulins à farine, etc. Il faut le reconnaître, **le développement communautaire et le développement local se rejoignent dans l'utilisation de plusieurs contenus conceptuels**, même si les libellés demeurent différents par désir de différenciation entre les écoles scientifiques.

En réalité, les territoires locaux représentent depuis toujours une assise d'organisation collective, tandis que l'état-nation s'est imposé depuis seulement quelques siècles comme vision sociétale et comme échelon de gestion publique. Récemment, de nombreuses monographies nous ont rappelé la pertinence de l'observation des phénomènes culturels, sociaux et économiques locaux. Ainsi, si certains projets de développement typiquement régionaux et nationaux existent bel et bien, notamment en ce qui concerne les méga-équipements et les grandes infrastructures, il faut tout de même constater que la majorité des projets financés par le secteur public ont une assise foncièrement locale.

En effet, dès que l'on s'intéresse aux conditions socio-culturelles (éducation, santé, sports, loisirs, culture, animation, etc.) pour seconder les conditions économiques (ports, aéroports, autoroutes, etc.) qui ont dominé les interventions d'une époque, le développement prend son essence dans les initiatives locales. Les faits sont là pour le démontrer dans de nombreuses études (OCDE, 1982-1994). Au Québec, les Sommets régionaux réalisés au cours des années quatre-vingt ont permis la concertation et l'engagement de divers partenaires dans la réalisation de nombreux projets régionaux de développement, dont la majorité avaient une assise territoriale et une envergure locale ou supra-locale.

La demande pour une théorie du développement ancrée sur le territoire local s'avère ainsi largement justifiée. Il ne s'agit pas de la recherche d'une idéologie ou d'un facteur utopique de développement. Nous assistons plutôt à un regard sur la réalité de l'émergence d'un grand nombre d'initiatives, certes souvent de petites dimensions, mais tout à fait pertinentes sous l'angle du développement, surtout en l'absence de plus en plus marquée de mégaprojets.

UN DÉVELOPPEMENT ÉCONOMIQUE LOCAL « INÉGAL » DANS L'ESPACE

L'observation et la mesure des impulsions endogènes, du dynamisme local ou des initiatives de développement par le bas, au cours de années quatre-vingt, ont illustré que certains espaces, certains lieux, certains territoires locaux sont plus dynamiques que d'autres, limitrophes. Nous disposons de nombreuses monographies qui démontrent clairement ce phénomène.

Parmi les plus connus de ces espaces locaux, parce que bien formalisés et diffusés dans la littérature scientifique, on reconnaît les territoires de Grenoble, d'Alès, de Besançon, de Sophia-Antipolis et d'Aix-en-Provence en France, de même que ceux du Tessin et du Jura en Suisse, celui de Cambridge en Angleterre, les milieux innovateurs de la Belgique et de l'Espagne, les districts fertiles de ce qu'il est convenu d'appeler la troisième Italie, ainsi que les dizaines de parcs industriels incubateurs aux États-Unis.

Plus près de nous, nous avons évidemment notre fameuse région de la Beauce qui, d'ailleurs, vue de l'intérieur, n'illustre pas un dynamisme spatialement homogène. Il faut aussi compter plusieurs territoires locaux très dynamiques sur le plan socioéconomique tels que les municipalités de Saint-Cyprien, Notre-Dame-de-la-Doré, Saint-Narcisse, Bromptonville, Sacré-Cœur, La Guadeloupe, Saint-Éphrem, Montmagny, Valcourt, Drummondville, etc., ainsi que des petites régions

34

MRC fortement innovatrices telles que Acton, Mata-winie, Laurentides, Pays-d'en-Haut, Antoine-Labelle, Abitibi-Ouest, Érable, Sept-Rivières, Lac-Saint-Jean-Est et bien d'autres. Ce développement local en marche pro-voque évidemment des répercussions macroéconomi-ques importantes.

Par ailleurs, ces multiples milieux périphériques de petites dimensions, qui se démarquent au Québec et à travers le monde par leur dynamisme, viennent con-firmer que le développement s'avère encore et toujours inégal sur le territoire national. Le fait réellement nou-veau concerne les modalités : le développement constaté actuellement ne dépend pas que des facteurs tradi-tionnellement connus mais, dans une large mesure, de la capacité d'innovation qui émerge et se déploie au niveau local.

Ainsi, au paysage du développement actuel carac-térisé par des zones métropolitaines gagnantes qui furent largement illustrées par la littérature sur les technopoles planétaires et les grandes villes internationales, s'ajou-tent, modestement mais significativement, de nombreux milieux locaux, ici et là, qui sont dynamiques, fortement innovateurs et créateurs de ces fameuses richesses à redistribuer équitablement dans les autres milieux moins fertiles en activités économiques. En ce sens, les spécialistes du développement s'intéressent inévitable-ment aux modalités de redistribution qui pourraient stimuler le plus possible les initiatives, les actions et les activités dans la population locale.

À cet effet, le gouvernement du Québec s'est par-ticulièrement fait tirer l'oreille jusqu'à maintenant en oubliant le territoire local autant dans sa politique industrielle nationale basée sur les grappes sectorielles d'activités que dans sa réforme Picotte des structures institutionnelles régionales. Par l'entremise d'un autre ministère, celui des Affaires municipales, ce gouvernement

35

demande néanmoins aux Conseils MRC d'inclure l'aspect développement dans leur schéma d'aménagement du territoire. Cependant, fort peu de moyens sont octroyés à ces instances supralocales pour faire cette liaison aménagement-développement pourtant si importante pour les plans d'actions. De fait, il n'y a actuellement aucune politique nationale québécoise articulée concernant le DEL, si ce n'est le programme d'aide au financement des commissaires industriels et quelques petits programmes disjoints.

LES EFFORTS D'ÉLABORATION DU MODÈLE GAGNANT

Comment expliquer le phénomène des milieux locaux innovateurs? Une grande variété de facteurs à succès sont mis en évidence par les multiples monographies descriptives et explicatives. La vaste littérature aux nombreux vocables et notions rend certes difficile tout effort de synthèse, même si les essais en ce sens s'avèrent fort bienvenus.

Notons à cet égard qu'il existe une panoplie d'analyses descriptives qui s'appuient sur l'échafaudage d'un ou deux facteurs explicatifs spécifiques tels que la qualité de la main-d'œuvre, l'environnement naturel favorable, la recherche-développement, l'animation économique, le capital de risque, les services d'incubation des entreprises, les réseaux d'innovation, etc. Basés généralement sur de vastes études empiriques dont les données compilées et traitées avec rigueur sont traduites en synthèse et en formalisation théorique, ces modèles possèdent le défaut de leur qualité, c'est-à-dire qu'ils mettent très bien en évidence seulement qu'un ou deux facteurs de la réalité complexe.

Les contributions rassemblées dans les éditions de Planque (1983), d'Aydalot (1986), de Guesnier (1986), de Coffey et Runte (1986), d'Aydalot et Keeble (1988), de Cooke (1989), de Benko et Lipietz (1992), de Gagnon et

Klein (1992), de Maillat et al. (1992), de la *Revue Internationale PME* (1989), de la revue *Enterpreneurship and Regional Development* (1989), de la *Revue d'Économie Régionale et Urbaine* (1991), ainsi que de la *Revue Canadienne des Sciences Régionales* (1992) sont fort éloquentes. Tous ces apports théoriques et empiriques élaborés s'avèrent fort utiles pour l'enrichissement du corpus théorique en DEL et pour prescrire des stratégies d'intervention sur un facteur spécifique.

D'autres modèles offerts prescrivent une procédure articulée d'organisation générale (planification) de l'environnement local afin d'y faire émerger, de manière endogène, le développement. Ces efforts théoriques se distinguent par leur approche « thérapeutique » et opérationnelle du DEL. À cet effet, chaque modèle apporte des subtilités dans le processus de planification locale qui est proposé en X étapes successives. Un certain nombre d'excellents ouvrages complets existent en ce sens, notamment celui de Blakely (1989) que nous recommandons fortement. En ce qui concerne le Québec, la procédure offerte par Prévost (1993) représente un *must* pour les praticiens qui sont à la recherche de méthodes et d'outils.

Finalement, nous disposons aussi de modèles plus généraux basés sur un ensemble de considérations implicites reliées au corpus cumulé de connaissances théoriques en science régionale. Bien que ces modèles nécessitent un important effort d'adaptation aux multiples et divers contextes particuliers d'intervention, ils possèdent néanmoins l'importante qualité d'une vision globale des multiples facteurs de développement local tout en fournissant des concepts intégrateurs et un vocabulaire uniformisateur. On reconnaît ici certains modèles d'hier déjà mentionnés dans ce texte et aussi des modèles plus récents tels ceux proposés par Beccatini (1992), Perrin, (1992), Maillat (1992), Friedmann (1992) et Nijkamp (1993).

Ces théoriciens s'appuient sur des définitions élargies et généralement multidimensionnelles du DEL. Malgré la généralité des lois formalisées, ces auteurs cherchent néanmoins à circonscrire le plus possible les principaux éléments d'analyse et à fermer leur modèle. Dans le contexte de la théorie du DEL en construction, ils apportent un cadre conceptuel, hélas, encore insuffisant, mais tout de même tout à fait encourageant. Les principales composantes se dessinent de plus en plus précisément dans la grande fresque théorique du DEL. Il apparaît clairement cependant qu'il n'y a pas de modèle unique, et que chaque milieu local doit rechercher constamment sa bonne combinaison de facteurs.

Notre propre modélisation exposée par ailleurs (Proulx, 1994), illustre, dans un effort de synthèse certes encore incomplet, huit grandes composantes générales[10] qui renferment elles-mêmes la majorité des variables (facteurs) que la littérature scientifique juge pertinentes pour transformer un territoire local en milieu innovateur.

Parmi ces composantes, on retrouve évidemment l'entrepreneuriat qui s'avère clairement un jalon de base, inévitable. Dans un milieu local, cette composante entrepreneuriale fait référence au climat d'affaires, à la culture entrepreneuriale, aux services d'incubation, au dépistage et à l'encadrement des entrepreneurs potentiels, à la visibilité des modèles à succès, à un juste équilibre entre concurrence et coopération, etc. Nous n'irons pas plus loin dans le traitement de cette composante entrepreneuriale puisqu'elle s'avère précisément l'objet de cet ouvrage.

---

10. Ce sont la satisfaction des besoins de base de la population, les qualités environnementales, la présence d'équipements et d'infrastructures d'aménagement du territoire, l'éducation et la formation, l'accès à l'information, l'animation socio-économique, l'entrepreneuriat ainsi que le financement des initiatives.

LES CONTRIBUTIONS À CET OUVRAGE

Vous jugerez par vous-même que les contributions retenues sont toutes d'excellentes qualité scientifique et
qu'elles apportent un éclairage tout à fait pertinent sur
le sujet principal de l'ouvrage. Au niveau pédagogique,
notre effort a porté sur une écriture dans un style clair
et accessible. Nous présentons les textes en trois grandes rubriques.

D'abord seront exposés des textes généraux sur
le sujet, et qui complètent fort pertinemment notre
introduction sur l'émergence d'une théorie du DEL.

Suivront ensuite quelques textes sur la composante entrepreneuriale elle-même et sur les conditions
locales de son émergence.

Finalement, nous lirons trois contributions sur le
rôle du territoire local dans l'accès de l'entreprise à l'information nécessaire pour la prise de décisions.

RÉFÉRENCES BIBLIOGRAPHIQUES

AYDALOT, P., *Milieux innovateurs en Europe*, éd. Groupe
de recherche européen sur les milieux innovateurs, Paris, éd. 1986, 361 p.

AYDALOT, P., « Trajectoires technologiques et milieux
innovateurs », *in* AYDALOT, *ibidem*, p. 345-361.

AYDALOT, P. et KEEBLE, D., *High Technology Industry
and Innovative Environments*, ed. Routledge, London, éd. 1988, 422 p.

BECATTINI, G., « Le district marshallien : une notion
socio-économique », *in* BENKO et LIPIETZ, *ibidem*,
p. 35-56.

BENKO, G et LIPIETZ, A., *Les Régions qui gagnent*, éd.
P.U.F., Paris, éd. 1992, 423 p.

BIRCH, D.L., *The Job Generation Process*, ed. M.I.T.,
Cambridge, Massachusetts, 1979, 221 p.

BLAKELY, E. J., *Planning Local Economic Development*, ed. Sage Publications, London, 1989, 172 p.

CHICHA, J. et al., *La PME dans un monde en mutation*, éd. P.U.Q., Sillery, 446 p.

COFFEY, W. et RUNTE, R., *Le développement local*, Presses de l'Université Sainte-Anne, Nouvelle-Écosse, éd. 1986, 140 p.

Conseil des affaires sociales, *Deux Québec dans un*, éd. gaëtan morin éditeur, Boucherville, 1989, 124 p.

COOKE, P., *Localities*, ed. Unwin Hyman, London, éd. 1989, 232 p.

CÔTÉ, C. *La Désintégration des régions*, éd. J.C.L., Chicoutimi, 186 p.

DUGAS, C., *Disparités socio-économiques au Canada*, éd. Presses de l'Université du Québec, Sillery, 1988, 286 p.

FRIEDMANN, J., *Retracking America : a Theory of Societal Transactive Planning*, Doubleday, Garden City, New York, 1973, 214 p.

FRIEDMANN, J., *Empowerman*, Blackwell Publishers, Cambridge, USA, 1992, 176 p.

FRIEDMANN, J. et WEAVER, C., *Territory and Function*, Edward Arnold Publisher, London, 1979, 234 p.

GAGNON, C. et al., *Le Local en mouvement*, éd. GRIR – UQAC, Chicoutimi, éd. 1989, 395 p.

GAGNON, C. et KLEIN, J.L., *Les Partenaires du développement face aux défis du local*, éd. GRIR – UQAC, Chicoutimi, éd. 1992, 401 p.

GHAI, D. et ALFTHAN, T., « Methodology of Basic Needs », *Working Paper*, Bureau International du Travail, Genève, 1977, 18 p.

GREFFE, X., *Les PME créent-elles des emplois ?*, éd. Economica, Paris, 1983, 226 p.

GREFFE, X., *Décentraliser pour l'emploi*, éd. Economica, Paris, 1988, 230 p.

40

GUESNIER, B., *Développement local et décentralisation*, Éditions régionales européennes, Anthropos, Paris, éd. 1986, 278 p.

ILLICH, I., *La Convivialité*, éd. Points, Paris, 1973, 231 p.

JULIEN, P.A., *Les PME : bilan et perspectives*, éd. Economica, Paris, éd. 1994, 438 p.

MAILLAT, D. et al., *Entreprises innovatrices et développement territorial*, éd. GREMI, EDES, Neuchâtel, éd. 1992, 245 p.

MEADOW, D. and al., « The Limit of Growth », *A Report to the Club of Rome*, Potomac Associates, New York, 1972, 312 p.

NIJKAMP, P. et al., « Regional Development and Engineering Creativity : an International Comparison of Science Parks in a Knowledge Society », *Paper presented at the thirty-second annual meeting of the Western Regional Science Association*, Maui, Hawai, 1993, 24 p.

OCDE, *Les Cahiers des ILE* et *Innovation et Emplois*, édition de l'OCDE, Paris, 1982-1994.

OPDQ, *À l'heure de l'entreprise régionale*, Éditeur officiel du Gouvernement du Québec, Office de Planification et de Développement du Québec, 1987, 90 p.

PECQUER, B., *Le Développement local*, éd. Syros, Paris, 1989, 128 p.

PERRIN, J.C., « *Contribution à une théorie de la planification décentralisée* », *in* PLANQUE, *ibidem*, 1983, p. 157-178.

PLANQUE, B., *Le Développement décentralisé*, éd. GRAL, LITEC, Paris, éd. 1983, 298 p.

PREVOST, P., *Entrepreneurship et développement local : quand la population se prend en main*, éditions Transcontinentales inc. et Fondation de l'Entrepreneurship, Montréal, Charlesbourg, 1993, 198 p.

SCHUMACHER, E. F., *Small is Beautiful*, ed. Abacus, London, 1973, 226 p.

SEERS, D., « The Meaning of Developement », Paper presented at the 11th World Conference of the Society for International Developement, New-Delhi, nov. 1969, published in *International Developement Review*, vol. 3, n° 2, 1977, p. 2-7.

STOHR, W. B. et TAYLOR, D.R.F., *Development from Above or Below*, ed. John Wiley and Sons, New York, 1981, 488 p.

STOREY, D.J., *Entrepreneurship and the New Firm*, ed. Croom Helm, London, 1983, 233 p.

TIMBERGEN, J., *RIO : Reshaping the International Order*, A report to the Club of Rome, E. P. Dutton, New York, éd. 1976, 226 p.

PÉRIODIQUES

COFFEY, W. et POLESE, M., « Local Development : Conceptual Bases and Policy Implications », *in Regional Studies*, 19, 1985, p. 85-93

Enterpreneurship and Regional Development, vol. I, n° 2, 1989, 236 p.

GOULET, D., « The Challenge of Development Economics », *in Communications and Development Review*, vol. 2, n° 1, 1978, p. 18-23.

JOYAL, A., « Réflexions sur la question du développement local », *in Revue d'Économie Régionale et Urbaine*, n° 5, 1987, p. 738-751.

MAILLAT, D., « Milieux et dynamique territoriale de l'innovation », *in Revue Canadienne des Sciences Régionales*, vol. XV, n° 2, 1992, p. 119-218.

MARTIN, F., « Entrepreneurship et développement local », *in Revue Canadienne des Sciences Régionales*, vol. IX, n° 1, 1986, p. 27-42.

PERRIN, J.C., « Pour une révision de la science régionale : l'approche par les milieux », *in Revue Canadienne des Sciences Régionales*, vol. XV, n° 2, 1992, p. 155-198.

PLANQUE, B., « La PME innovatrice : quel est le rôle du milieu ? », *in Revue Internationale PME*, vol. 1, n° 2, 1988, p. 17-32.

PROULX, M.-U., « Milieux innovateurs : concept et application », à paraître *in Revue Internationale PME*, 1994, vol 1, n° 2, p. 177-192.

Revue Canadienne des Sciences Régionales, Numéro thématique « Création de milieux innovateurs », vol. XV, n° 2, 1992, 343 p.

Revue d'Économie Régionale et Urbaine, Numéro spécial sur les milieux innovateurs, n° 3-4, 1991, 426 p.

Revue Internationale PME, Numéro spécial sur les districts industriels italiens vol. 2, n° 2-3, 1989, 472 p.

Yvon Gasse, professeur – Johanne Thibodeau, professeure
Faculté des sciences de l'administration – Université Laval

CHAPITRE 2

L'APPROPRIATION DU DÉVELOPPEMENT ÉCONOMIQUE LOCAL PAR L'ENTREPRENEURSHIP : LE CAS DU QUÉBEC

INTRODUCTION

Au cours des dernières années, certains changements au niveau du développement économique
ont pu être observés. Ces changements témoignent de
l'émergence d'un nouveau paradigme du développement, qui met désormais l'accent sur la prise en charge
du développement par les milieux locaux eux-mêmes.

Nous mettrons donc en relief les caractéristiques
de cette nouvelle approche par rapport à la voie traditionnelle du développement économique, plus spécifiquement par rapport au développement local. Il sera
possible de voir comment le Québec s'insère dans cette
approche. Nous verrons également les implications de
cette philosophie pour le développement au Québec.
Finalement, nous exposerons certains impératifs qui
restent à combler pour que l'entrepreneurship puisse
effectivement s'approprier le développement économique.

Le Tableau I présente en sommaire les différentes dimensions qui font l'objet de changements et de remises en question dans le domaine du développement économique local (DEL). On y indique aussi les caractéristiques des façons de voir et de faire traditionnelles ainsi que les principales tendances que l'on peut dès lors entrevoir, et dont certaines ont déjà été observées sur le terrain, au Québec et ailleurs.

La plupart de ces dimensions et de ces tendances sont reprises en détail, souvent accompagnées d'exemples québécois.

VERS UN NOUVEAU PARADIGME DU DÉVELOPPEMENT
L'approche du développement économique

L'approche du développement économique traditionnellement favorisée est celle du développement « par le haut ». Il s'agit d'un développement basé sur l'investissement massif dans les grands centres urbains et la grande entreprise, et sur l'effet d'entraînement que ceux-ci sont susceptibles de créer sur l'activité économique régionale (Julien, 1985). En fait, ce schéma suggère que le DEL dépende de l'interaction continuelle entre les grands centres et les périphéries. Ce modèle est donc basé sur une conception spatiale du développement économique (Conti, 1991). Au Québec, d'ailleurs, c'est largement de ce modèle que s'inspirait, jusqu'en 1988, la politique gouvernementale en matière de développement régional (SAR, 1992a)[1].

Cependant, depuis quelques années, plusieurs remettent en question le bien-fondé d'une telle approche (Fourcade, 1991 ; Conti, 1991). En effet, il n'est pas

---

1. Document préparé à la suite de l'adoption de la réforme de l'ex-ministre du gouvernement du Québec, Yvon Picotte.

Tableau 2.1

APPROPRIATION DU DEL PAR L'ENTREPRENEURSHIP

Dimensions	Manières traditionnelles	Tendances
Approche	De haut en bas	Prise en main locale
Structures	Centralisation – hiérarchisation	Décentralisation – adhocracie
Sources	Exogènes (ressources fournies)	Endogènes (création des ressources)
Responsabilités	Spécialistes – institutions	Engagement et concertation des acteurs
Conception	Développement sectoriel	Développement intégré, durable
Orientation	Ressources naturelles et grands projets	Ressources humaines et projets viables
Attitudes	Valorisation des élites traditionnelles	Reconnaissances des acteurs (modèles)
Mentalité	Les gouvernements savent mieux	Ceux qui font savent mieux
Valeurs	Niveau de vie	Qualité de vie du milieu
Perspectives	Grands centres (infrastructures)	Localités (accès aux technologies)
Domaines	Primaires – secondaires	Tertiaire nouveau (culture, art, design : valeur ajoutée)
Production	Masse – standardisée	Produits et services individualisés, axés sur le savoir

Tableau 2.1 (suite)

Dimensions	Manières traditionnelles	Tendances
Envergure	Marché régional	Transfert, exportation, internationalisation
Horizon	Besoins cycliques	Évolution continue
Changement	Société industrielle et postindustrielle	Société d'information et de savoir
Implication	Démocratisation par représentation	Démocratisation par participation
Vision	Court terme et spécifique	Long terme et partagée
Menaces	Marginalisation de certains groupes	Société à deux vitesses

certain que de telles politiques de développement contribuent à la rectification des déséquilibres entre les régions et les centres urbains. De plus, les « déséconomies » attribuables à la croissance des grandes entreprises, telles la pollution ou la dépendance excessive de certaines municipalités par rapport à une entreprise, favorisent l'émergence d'une nouvelle philosophie du développement (Julien, 1985). Le principe de base qui guide cette nouvelle philosophie est le développement du milieu par le milieu lui-même, ce qui implique l'utilisation des ressources disponibles pour en créer de nouvelles. Cette prise en charge du développement par les acteurs du milieu devrait également résulter en un développement adapté aux particularités de chaque région.

Au Québec, cette tendance se dessine depuis quelques décennies. On peut penser, entre autres choses, au mouvement Opération dignité, qui a vu le jour au début des années soixante-dix, dans la région de l'Est du Québec (Gagnon, 1981). Rappelons que l'économie de cette région est largement basée sur l'exploitation des ressources forestières. À l'époque, cette dernière subissait des problèmes importants de développement, tels que des taux de chômage élevés, l'exode des jeunes vers les régions urbaines, des revenus annuels moindres qu'ailleurs au Québec, etc. Le Gouvernement du Québec avait alors adopté des mesures visant à restructurer la région par la fermeture de plusieurs municipalités et la relocalisation de ses habitants vers des zones définies. C'est alors que les populations de ces municipalités, par l'entremise des représentants du clergé, ont mis sur pied le mouvement Opération dignité. Ce mouvement visait à mobiliser la population autour de la question des fermetures, et à lui donner un pouvoir réel de négociation auprès du gouvernement afin d'acquérir une certaine autonomie concernant son développement, bref, de prendre en main le DEL.

Selon Alain Gagnon (1985), les Opérations dignité ont été en partie le résultat du mécontentement des régions face à la politique du gouvernement, basée sur le modèle centre-périphérie, qui donnait des résultats très insatisfaisants. En fait, d'après cet auteur, ce modèle est susceptible de donner lieu à trois types de situation, dont celle du non-intérêt du centre pour les périphéries. C'est de ce type de situation dont aurait été victime la région de l'Est du Québec, donnant ainsi lieu à la naissance d'un mouvement de contestation régional et à une prise de conscience collective des habitants de la région que l'avenir était entre leurs mains.

Par ailleurs, outre les résultats mitigés des politiques de développement centre-périphérie, la crise économique mondiale des dernières années met en évidence, pour beaucoup, la nécessité d'une rationalisation. Au Québec, par exemple, le lourd déficit budgétaire du gouvernement ainsi que la charge fiscale élevée des contribuables a poussé le gouvernement à modifier sa politique de développement régional. En 1991, le ministre Yvon Picotte, délégué aux Affaires régionales, instituait donc une réforme du « Plan d'action de 1988 ». Désormais, les actions gouvernementales en matière de développement régional sont qualifiées de « démarche d'accompagnement du dynamisme des régions » (SAR, 1992a, p. 7). Cette nouvelle appellation témoigne du souci du gouvernement de donner aux régions un plus grand rôle dans leur propre développement économique, et de modifier son propre rôle pour devenir un partenaire technique et financier. Par la mise en place du « Plan d'action de 1988 » et sa réforme en 1991, le Gouvernement du Québec s'insère de plus en plus à l'intérieur du nouveau paradigme de développement.

Ces constatations témoignent du besoin urgent pour la société de se prendre en main au niveau local, sans plus attendre que les politiques gouvernementales venant du haut fassent sentir leurs effets (s'il y a lieu) sur le développement économique. D'ailleurs, cette prise en charge du développement par les acteurs locaux a déjà donné de bons résultats dans d'autres pays (Maillat, 1991).

On peut penser entre autres choses à l'exemple classique de l'Italie (Conti, 1991). La forte industrialisation des années soixante avait contribué à créer un déséquilibre grandissant entre le développement économique des grands centres et celui des régions. Cependant, les grandes entreprises ont par la suite connu une restructuration caractérisée par une vague de décentralisation de leurs activités. Cela a permis le passage d'un grand nombre d'entreprises artisanales à un stade plus développé, créant ainsi un tissu économique régional plus solide, basé largement sur la petite et la moyenne entreprise. Tout en modifiant de façon significative la base économique du pays, cela a contribué à rétablir un certain équilibre entre les grands centres et les périphéries.

Au Québec, les exemples de cette prise en main par les acteurs locaux ne manquent pas. La région gaspésienne, longtemps considérée comme l'image même d'une société troublée par les conséquences du sous-développement et de la dépendance vis-à-vis de l'État, affiche de plus en plus les couleurs solidaires et innovatrices de sa population. C'est ainsi qu'en 1991 a lieu à Chandler un regroupement considérable de citoyens, près de 9 000 personnes, dont l'objectif est de définir des objectifs de développement. Ce rassemblement permet aux jeunes entrepreneurs d'exposer leurs réussites et d'encourager les autres à en faire autant. L'événement fera boule de neige et incitera d'autres municipalités à se regrouper et à mettre leurs efforts en commun pour la création d'un avenir meilleur (CAS, 1992).

On peut également penser à l'exemple de la région de Thetford[2]. L'économie de cette région est majoritairement basée sur l'exploitation minière, plus particulièrement sur celle de l'amiante. Le déclin de cette industrie, ainsi que la crise économique de 1980, avaient créé une situation fort problématique pour le développement de la région. La diversification économique apparaissait alors comme indispensable à sa survie. Cette diversification devait s'effectuer par l'entremise des acteurs locaux et l'émergence d'un entrepreneurship local, puisque la seule contribution externe du gouvernement ne pouvait suffire pour redresser la situation.

La coopération de plusieurs intervenants tels le Commissariat industriel régional, le Centre d'aide aux

---

2. Cet exemple s'inspire de Paul Prévost, *Entrepreneurship et développement local : quand la population se prend en main*, Fondation de l'Entrepreneurship, Les éditions Transcontinentales inc., Charlesbourg, Montréal, 1993, p.142 à 144.

entreprises, le Groupe-conseil aux jeunes entrepreneurs, la Chambre de commerce, ainsi que la mise sur pied d'un fonds d'investissement par le Mouvement Desjardins et la formation d'une société de capital de risque par un groupe d'investisseurs privés, ont permis la création d'une cinquantaine d'entreprises engendrant 2 000 nouveaux emplois dans la région. De plus, ces entreprises œuvrent dans des créneaux fortement spécialisés et hautement technologiques, étayant ainsi les bases de la diversification économique. La mise en place d'une structure de soutien aux nouvelles entreprises ainsi que la prise de conscience locale a jeté les bases propices à un développement endogène durable.

Les structures des organismes de développement

En ce qui a trait à la structure des organismes, l'on assiste à une tendance vers la décentralisation (ou déconcentration) plutôt que vers l'organisation de structures centralisées caractérisées par la hiérarchisation des acteurs et des activités.

Cette tendance donne lieu, dans les grandes entreprises ou les grandes organisations, à ce que l'on peut qualifier d'externalisation des activités (Fourcade, 1991). En effet, la nécessité de rationaliser les activités conduit certaines de ces dernières à céder diverses activités qu'elles sont incapables de rentabiliser. Cette division du travail, amorcée depuis un bon moment par la sous-traitance de certaines activités, s'intensifie et se diversifie. En effet, ce que plusieurs qualifient d'essaimage, de grappes industrielles, ou encore de structures en mode réseaux, connaît un essor grandissant. La nécessité d'une efficacité accrue provoque l'émergence de groupes multiples qui se forment de façon *ad hoc* pour la réalisation d'activités ou encore pour l'accomplissement de projets.

En plus de favoriser le développement des plus petites entreprises, et ce, souvent à un niveau local, il semble que de telles structures d'organisation soient plus aptes à utiliser un potentiel de ressources humaines en favorisant la créativité. L'innovation ou encore un accroissement de la productivité sont susceptibles de résulter de telles formes d'organisations décentralisées.

On peut mentionner le cas de la **Corporation de développement économique et communautaire** (CDEC) du Centre-Sud – Plateau – Mont-Royal (CAS, 1992). Cette dernière a mis sur pied un programme de formation visant à combler le manque de couturières qualifiées pour répondre à la demande d'un couturier international québécois qui faisait coudre ses vêtements en Europe. Appelée l'Escarboucle, cette coopérative a vite été débordée de travail et effectue maintenant de la sous-traitance pour plusieurs couturiers québécois.

Ce mouvement de décentralisation ne se limite pas au secteur privé, mais se retrouve également dans plusieurs secteurs réservés jusqu'alors à l'État, comme par exemple le transport, les télécommunications, les services de santé, etc. Plusieurs secteurs d'activités font maintenant l'objet de sous-traitance, ce qui crée de bonnes occasions pour les entrepreneurs, en plus de favoriser un accroissement de l'efficacité et de l'efficience.

Les sources du développement

Les sources du développement, dans l'approche traditionnelle, sont de nature exogène, c'est-à-dire qu'elles sont externes à la région ou au milieu visé par le développement (Conti, 1991). Ainsi, une région trouve la source de son développement économique en se raccrochant aux ressources des centres urbains, aux aides financières externes telles que les subventions gouvernementales, les diverses technologies disponibles sur le marché, etc. Le développement d'une région est donc limité par sa capacité d'attirer les ressources dont elle a besoin, ainsi que par l'information dont elle dispose par rapport à l'existence de ces ressources.

Cependant, la nouvelle philosophie du développement est basée sur le concept de l'utilisation des sources endogènes de développement. Une telle approche privilégie l'utilisation du potentiel du milieu et va jusqu'à promouvoir le développement local des ressources requises par le milieu lui-même. La Nouvelle-Écosse possède plusieurs régions qui constituent des exemples de l'approche endogène du développement. La région de Yarmouth, qui comprend l'un des ports de la Nouvelle-Écosse, a su profiter de sa localisation en offrant deux départs quotidiens pour le Maine. Ainsi, l'accès rapide aux États-Unis lui permet de bénéficier des activités engendrées par le libre-échange. De plus, la création d'un incubateur d'entreprises a connu un succès considérable, puisque deux ans après son ouverture, il est pratiquement complet. Finalement, le *Nova Scotia Mainstreet Program* a permis à Yarmouth de revaloriser son centre-ville et d'attirer plusieurs nouveaux commerçants. Cette augmentation du commerce de détail a, quant à elle, résulté en un accroissement du tourisme, ce qui a contribué à un essor dans les infrastructures d'accueil (NSDITT, 1988).

Au Québec, on peut également penser à Boisaco[3], cette scierie produisant du bois d'œuvre, située dans la petite municipalité de Sacré-Cœur, non loin de Tadoussac. Elle a vu le jour au début des année soixante-dix grâce à l'initiative de la population, qui a constitué une société populaire d'investissement. La scierie fournit de l'emploi à une grande partie des citoyens. L'usine a connu cependant de multiples problèmes financiers, et

---

3. Cet exemple est tiré de *Un Québec solidaire*, rapport sur le développement, Gouvernement du Québec et Gaëtan Morin éditeur, Boucherville, 1992, p. 32-36.

elle a dû fermer ses portes et changer de propriétaire plusieurs fois. En 1984, devant l'absence d'acheteurs potentiels, la banque envisage le démantèlement de l'usine et sa revente en « pièces détachées » afin de recouvrer ses créances.

La rumeur de ce démantèlement soulève une forte réaction auprès de la population, qui ira même jusqu'à bloquer la route 138 pour manifester son opposition. Néanmoins, les citoyens ne se contentent pas de s'opposer, mais décident également d'unir leurs efforts pour proposer une solution. C'est ainsi que, après une assemblée générale à laquelle toute la population de Sacré-Cœur est convoquée, on décide de faire une proposition d'achat de l'entreprise, qui sera fondée sur le partenariat. Les trois partenaires sont une coopérative de travailleurs en forêt, une coopérative de travailleurs en usine, ainsi qu'une institution d'investissement dont la plupart des membres proviennent de la Société de développement de Sacré-Cœur, fondée l'année précédente.

Depuis 1985, Boisaco réalise des profits intéressants, ce qui n'était jamais arrivé auparavant, en 10 ans d'activités. L'entreprise fournit de l'emploi à environ 500 travailleurs. Elle constitue une réussite exemplaire à plusieurs égards, notamment au niveau du partenariat qui implique l'engagement de la population vis-à-vis du développement de la collectivité.

Comme on peut le constater cependant, les sources exogènes d'aide au développement demeurent utiles, voire parfois nécessaires, à cause de leur effet de catalyseur sur les sources endogènes. En effet, la coopération d'organismes externes au développement s'avère souvent d'une grande importance pour soutenir les intervenants locaux dans leurs efforts de développement.

Néanmoins, cela suppose une participation active des acteurs locaux au développement, en innovant tant au niveau des produits que des processus (Maillat,

1991). De plus, cette approche encourage l'émergence d'un entrepreneurship local fondé sur les ressources humaines et financières du milieu lui-même. Le concept de sources endogènes de développement attribue ainsi le contrôle du développement économique au milieu local.

Finalement, le processus endogène de développement s'accroît par l'accumulation des connaissances, donc par l'apprentissage du milieu. Le milieu engendre alors de nouvelles ressources, contribuant ainsi à la formation d'un savoir-faire local et à l'émergence d'une compétence distinctive (De La Ville, 1991). Par exemple, la CDEC Centre-Sud – Plateau Mont-Royal a, dans ses démarches de développement, acquis un savoir-faire en formation d'entrepreneurs, sur lequel elle peut désormais compter dans ses efforts de développement.

La responsabilisation des acteurs

Alors que l'approche traditionnelle du DEL est basée sur des politiques mises sur pied par des groupes spécialisés et institutionnalisés, la nouvelle tendance veut que le développement économique soit l'affaire de tous.

En fait, puisque l'on assiste à une décentralisation des activités et que l'on parle de prise en main locale, cela implique la participation concertée des acteurs du milieu (Julien, 1985). En effet, le développement des relations entre les acteurs permet un partage du savoir-faire et de l'expertise, de même qu'une plus grande accessibilité à l'information, ce qui favorise des économies un peu à la manière des économies d'échelle des grandes entreprises (Conti, 1991). Cela crée également un environnement favorable à l'émergence du potentiel entrepreneurial et innovateur d'une région.

Au Québec, la Corporation de développement économique et communautaire (CDEC) de l'arrondissement

Centre-Sud – Plateau – Mont-Royal de Montréal offre un exemple de développement endogène qui porte fruit (Prévost, 1993). Mise sur pied en 1985 par plusieurs organismes du quartier voulant redresser la situation alors problématique, la CDEC se donne d'abord des priorités d'intervention. Ayant identifié un fort potentiel entrepreneurial dans le quartier, elle organise un concours d'entrepreneurship, et les gagnants reçoivent des bourses sous forme de capital de risque. La CDEC crée également divers services de soutien aux entreprises : services de références, de formation, d'aide au développement de projet, d'aide au financement, etc. De plus, la corporation, avec la coopération de divers organismes, met sur pied des fonds de capital de risque pour venir en aide aux PME de l'arrondissement.

Tous ces efforts ont permis la création d'une foule de nouvelles entreprises ainsi que d'un réseau d'échanges entre plusieurs membres de la communauté provenant de milieux diversifiés tels que les hôpitaux, les CLSC, les groupes communautaires, le milieu des affaires, etc. Finalement, la CDEC poursuit ses efforts de développement avec de nouveaux projets, dont celui de la revitalisation du territoire, ainsi qu'un soutien accru aux organismes communautaires ayant des projets de réintégration à l'emploi pour les chômeurs. L'arrondissement Centre-Sud – Plateau Mont-Royal s'est donc donné les structures de soutien, la crédibilité et la motivation propres à un DEL durable.

La réforme proposée par le ministre Picotte mise beaucoup sur la responsabilisation des acteurs locaux. Toutefois, la concertation entre les différents acteurs est un des plus gros défis qui se présentent pour le développement régional. Historiquement, le gouvernement du Québec a connu à maintes reprises des difficultés de concertation avec les acteurs locaux. Les multiples changements que ce dernier a apportés aux structures régissant les intervenants du développement au fil des ans témoignent, en partie, de la difficulté à mettre sur pied une formule de concertation efficace. Que ce soit au niveau central, par le COEQ, qui se transforma en OPQ, pour devenir l'OPDQ, et aujourd'hui le Secrétariat des affaires régionales, ou encore au niveau régional, où les CER sont devenus des CRD, puis des CRDC[4], les multiples restructurations ne semblent pas, jusqu'à ce jour, avoir donné des résultats très satisfaisants en matière de concertation.

La réforme Picotte tente cependant de remédier à ces faiblesses en modifiant la constitution des conseils régionaux où siégera désormais une plus grande proportion d'intervenants locaux. Ainsi, les CR devraient être mieux équipés pour faire véritablement le lien entre les régions et le gouvernement, de même que pour soutenir et développer un partenariat entre ces derniers (SAR, 1992a).

La conception du développement économique

La conception traditionnelle du développement économique comme étant un processus « du haut vers le bas » et imputable aux grandes institutions a donné lieu à un développement morcelé et effectué par à-coups.

Au Québec, par exemple, les programmes gouvernementaux d'appui et de développement économique ont souvent visé des régions reconnues comme ayant de profondes difficultés. En plus de ne favoriser que des

4. COEQ signifie Conseil d'orientation économique du Québec, l'OPQ est l'Office de planification du Québec, l'OPDQ est l'Office de planification et de développement du Québec. De même, CER signifie Conseil économique régional, le CRD est un conseil régional de développement et le CRDC est un Conseil régional de développement et de concertation. Cet historique des structures et des politiques gouvernementales de développement est tiré d'un texte non publié de Paul-Arthur Fortin, intitulé « Le développement via l'entrepreneurship », qui a servi dans le cadre d'un colloque sur l'entrepreneurship à l'Université Laval, été 1993.

régions spécifiques, de telles politiques n'ont souvent eu que des effets à court terme, sans régler les problèmes de fond. On peut penser à la ville de Sept-Îles, dont l'économie est largement basée sur une seule usine de transformation du minerai. Bien qu'elle ait connu un essor jusqu'à la fin des années soixante-dix, la stabilité de l'économie s'est vue ébranlée par le déclin de la demande pour le fer, et les mises à pied et les fermetures qui ont suivi. L'exode des populations qui en a découlé est venu amplifier le problème. Dans une telle situation, les seules subventions gouvernementales ne peuvent suffire à maintenir le développement économique. C'est en fait la base de l'économie qui doit être restructurée, et devenir plus diversifiée. Il va sans dire que cela requiert une planification stratégique de la part des intervenants du milieu lorsque les premiers signes de déclin du tissu économique apparaissent (Franco Gendron, 1988).

Au lieu d'une approche morcelée, la conception moderne du développement se tourne de plus en plus vers une philosophie intégratrice des diverses dimensions et composantes. Celle-ci ne vise plus seulement le bien-être économique d'une région, mais aussi l'intégration des dimensions sociales, culturelles et environnementales propres à créer une qualité de vie et un environnement favorable à un développement durable. S'inscrivent donc dans cette perspective le développement et la formation des ressources humaines, l'éducation des membres de la société, le respect et le renforcement de la culture, et l'harmonie des activités avec l'environnement (Julien et Sasseville, 1981).

Le succès du programme «rues principales» (CAS, 1990) démontre bien qu'il est nécessaire de prendre en considération tous ces aspects pour que le développement soit efficace. Lancé par la Fondation héritage Canada, ce programme permet aux municipalités qui investissent dans la rénovation des façades et des infrastructures commerciales d'obtenir une participation financière de la Fondation. La rénovation du centre-ville fait souvent boule de neige sur le commerce au détail, le secteur de la construction et les activités culturelles. Mais sa plus grande contribution est sans contredit l'impact sur la fierté des citoyens et la confiance qu'ils ont en leur capacité à devenir les maîtres de leur développement.

On peut également citer la région de l'Abitibi-Ouest. Après sa participation à un programme pilote de transformation des **municipalités régionales de comté** (MRC) en milieu incubateur de l'entrepreneurship (Prévost, 1993), cette région a mis sur pied un dépôt régional de boues de fosses septiques, muni d'un processus de transformation des boues en compost. Ce procédé révolutionnaire et unique au monde, en plus d'améliorer la qualité de l'environnement de la région, a renforcé la conscience collective à l'égard de l'environnement autant qu'à l'égard du pouvoir de développement par des actions concertées. Cette initiative a d'ailleurs reçu plusieurs prix de reconnaissance, et plusieurs nouveaux projets de développement sont actuellement en cours. Cet exemple démontre qu'une approche de développement intégrée aux caractéristiques du milieu et à ses ressources est susceptible de donner des résultats étonnants puisqu'elle mobilise les individus autour d'une situation qui les affecte tous.

L'orientation du développement économique

Le développement économique a longtemps été axé sur l'exploitation des ressources naturelles d'une région ou d'un pays, ainsi que sur de grands projets tels que des constructions d'infrastructures pour traiter et gérer ces ressources. Au Québec, plus particulièrement, la majeure partie des activités économiques ont historiquement été axées sur l'exploitation des ressources naturelles.

On peut penser, entre autres choses, aux grands projets de la baie James visant à exploiter les ressources hydrauliques pour produire de l'électricité de façon massive. De même, d'innombrables entreprises vouées à l'exploitation des ressources forestières ou minières ont caractérisé le tableau économique du Québec pendant des décennies. Bien qu'une telle approche ait certainement contribué au développement économique, la tendance actuelle de la protection de l'environnement, la prise de conscience mondiale que les ressources naturelles ne sont pas illimitées, de même que l'essoufflement de certains secteurs primaires et secondaires favorisent un changement dans l'orientation du développement économique régional.

En effet, le développement économique passera de plus en plus par l'exploitation des ressources humaines, de leur créativité, de leur potentiel entrepreneurial. On mise sur le capital humain en reconnaissant qu'il s'agit là d'une ressource permettant de produire de la valeur ajoutée par l'acquisition de connaissances et le développement du savoir-faire. Ainsi, les régions fortement tributaires du secteur primaire doivent savoir négocier le virage vers des activités à caractère plus diversifié, dont les composantes sont essentiellement basées sur la possession et l'utilisation de l'information et des technologies.

Certaines régions ont fort bien su emprunter cette nouvelle orientation, en créant des activités de recherche visant à compléter et à améliorer l'exploitation des ressources naturelles sur lesquelles leur économie est basée. On peut penser à Mont-Laurier (CAS, 1992) par exemple, où une coopérative forestière a été créée, qui comprend une division responsable du reboisement. La stratégie de développement de la coopérative se fonde en partie sur des projets de recherche.

C'est également le cas à Guyenne, petite municipalité située à 150 km de Rouyn-Noranda, qui s'est dotée d'une coopérative nommée Les Serres de Guyenne (CAS, 1992). En plus d'améliorer l'exploitation agricole de la région, la recherche scientifique qui s'y fait permet le développement de nouveaux produits et de nouveaux processus fort intéressants. Cette diversification permet à la région de réduire sa dépendance face à une seule industrie, en plus d'agir comme un levier de développement économique favorisant la réduction du taux de chômage et l'arrêt de l'exode des populations.

Les attitudes dominantes

Alors qu'auparavant les attitudes dominant le développement économique étaient celles de la valorisation des élites traditionnelles, la tendance intégratrice dont il est ici question présuppose une attitude favorable aux entrepreneurs dans tous les domaines et à tous les niveaux. La relance de la région gaspésienne doit sa réussite à beaucoup de jeunes entrepreneurs, dont la moyenne d'âge se situe entre 30 et 40 ans, et dont la détermination plus que les ressources financières a permis la réussite des projets (CAS, 1992).

Toutefois, l'entrepreneurship ne se limite pas au fait de lancer une entreprise profitable. L'entrepreneur, c'est aussi celui qui innove dans les façons de faire, qui apporte de nouvelles idées dans une organisation, peu importe la taille, et qui aide à leur mise en œuvre. La notion « d'intrapreneur » (Filion, 1990) ajoute à la dimension d'entrepreneur. L'intrapreneur est celui qui contribue au développement et à la croissance de l'organisation par son dynamisme et sa créativité. Désormais, il faut reconnaître l'entrepreneur dans tous les domaines, que ce soit en matière de politiques sociales ou encore de méthodes d'enseignement, par exemple (Moret et Julien, 1986).

D'ailleurs, le développement endogène ne peut se faire sans les entrepreneurs, comme le fait remarquer

Paul-Arthur Fortin au sujet de l'expérience québécoise en matière de développement :

> [...] l'organisation régionale d'élus ou de leaders socio-économiques, à travers un CRDC ou autrement, peut discuter du développement régional avec les représentants de l'État. Cependant, si on ne reconnaît pas comme essentiels au développement les absents à la discussion, « les entrepreneurs », alors le discours risque de demeurer stérile. Les leaders peuvent créer les conditions favorables et propices à l'émergence d'entreprises mais ils ne peuvent remplacer les entrepreneurs. La concertation avec l'État ne change pas cette réalité. [...] le développement devient possible lorsque l'entrepreneurship est présent. Celui-ci peut être artisanal, coopératif, ou même étatique. Mais il est essentiel (Fortin, 1993).

Au Québec, il est certain que ce mouvement de valorisation de l'entrepreneurship local a été enclenché depuis un bon moment. En effet, il suffit de penser aux multiples programmes d'aide à l'entrepreneurship, à la multiplication des cours de formation en gestion et, surtout, en démarrage d'entreprise, au nombre d'organismes qui s'intéressent de plus en plus à ce domaine, aux programmes « jeunes entrepreneurs », etc.

La nouvelle politique du Gouvernement du Québec en matière de développement régional s'inscrit également dans cette ligne de pensée en établissant un programme de soutien à l'entrepreneurship d'une durée de trois ans. Ce programme permet l'attribution de fonds pour des projets qui favorisent entre autres l'entrepreneurship, le développement des connaissances et des potentiels d'une région, le parrainage et le maillage d'entreprises, etc. (SAR, 1992b). Encore tout récemment, le nouveau plan de relance du Québec consacre une place prépondérante au développement de l'entrepreneurship.

Les valeurs

Depuis les dernières décennies, on observe un changement dans les valeurs de la société par rapport au travail, à l'emploi du temps, à la famille, à la santé, aux loisirs, etc. Ce changement se traduit par une valorisation non plus d'un standard de vie à atteindre, mais plutôt par un accent plus marqué sur la qualité de vie. Les gens recherchent maintenant un travail qui leur permet d'harmoniser les autres facettes de leur vie. Le travail artisanal connaît ainsi un regain de popularité, et un milieu de travail stimulant est de plus en plus valorisé par les professionnels.

Le nouveau paradigme de développement entre dans cette ligne de pensée, puisque, d'une part, il est essentiellement basé sur l'entrepreneurship et la petite entreprise, et que, d'autre part, il tente d'intégrer plus efficacement les diverses dimensions du développement.

La perspective

Le développement économique « par le haut » est basé sur une perspective qui met l'accent sur le soutien que les grands centres urbains apportent aux régions, en partie grâce à leurs infrastructures. Bien que l'on ne puisse négliger le fait que les centres sont un point de rattachement pour les régions, la perspective du développement tend à se modifier en faveur des localités.

Ce changement de perspective est favorisé par la percée de l'informatique et de la technologie, de même que par l'accessibilité plus grande des moyens de communication et de transport. Ainsi, les localités ont aujourd'hui la capacité de se mondialiser sans dépendre uniquement des grands centres (Guesnier, 1991). Bien que ces derniers demeurent complémentaires aux activités des régions périphériques, la localisation d'une organisation devient de plus en plus superficielle.

Conséquemment, les barrières géographiques au développement s'estompent graduellement (Guesnier, 1991).

Le Festival international du film de l'Abitibi-Témiscamingue, créé en 1982, paraissait pour plusieurs voué à l'échec dès le départ, dans une région aussi éloignée. Cependant, l'habileté des responsables à miser sur les attraits culturels de la région et l'animation «para-festival» a vite donné des résultats impressionnants. Le festival accueille aujourd'hui environ 10 000 visiteurs, dont plusieurs d'Europe, et agit comme instrument de promotion du cinéma québécois, en plus d'être un élément mobilisateur de la population. La mentalité des habitants de la région s'est modifiée et l'on retrouve maintenant une fierté plutôt qu'une honte à résider dans cette région éloignée (CAS, 1992).

Les domaines d'intervention

Au cours des dernières décennies, on a assisté à un passage graduel de l'activité économique des secteurs primaires et secondaires vers le secteur tertiaire ou, plus spécifiquement, celui des services. Actuellement, il semble qu'il y ait une tendance vers ce que l'on pourrait qualifier de «tertiaire nouveau». En effet, les secteurs d'activités qui offrent une perspective de développement se retrouvent dans divers services jusqu'alors peu exploités, et qui sont le reflet d'un changement de valeurs et de mode de vie des populations. Au Québec, plus particulièrement, des secteurs tels que la culture et les arts, le design, la biotechnologie, les services de santé et de bien-être, les finances personnelles, le tourisme d'aventure, etc. sont quelques exemples de domaines qui semblent connaître un essor croissant. Ainsi, les efforts de la CDEC du Plateau-Sud – Mont-Royal – Centre ont permis la création de nouvelles entreprises dont plusieurs dans les industries de l'information, de la culture, du design du vêtement, du commerce et du tourisme.

La production de biens et de services

En ce qui concerne les caractéristiques de la production, on constate un changement de la production de masse et de la standardisation vers des produits et des services de plus en plus personnalisés. Les exemples de secteurs d'avenir cités plus haut reflètent d'ailleurs cette tendance.

Le Québec suit cette nouvelle tendance de plusieurs manières. En effet, on assiste à l'émergence d'un entrepreneurship de plus en plus raffiné, tant en ce qui concerne les technologies utilisées et les innovations mises de l'avant, que les secteurs dans lesquels cet entrepreneurship apparaît.

Les nouvelles entreprises qui sont créées ou encore les spécialisations vers lesquelles se dirigent certains entrepreneurs se retrouvent fréquemment dans les interstices laissés par les grandes organisations. Comme cela a déjà été mentionné, ces dernières ne possèdent parfois pas suffisamment de flexibilité pour répondre à des besoins changeants. De plus, certains créneaux très spécialisés représentent des marchés relativement limités qui ne seraient pas rentables pour les grandes entreprises. Ces niches représentent par contre de bonnes occasions pour la petite entreprise et le développement de l'entrepreneurship.

Dans le cas cité plus haut de la région de Thetford, la diversification des activités économiques s'est faite dans des créneaux hautement spécialisés tels que la première transformation et le travail du métal, ainsi que la conception et la fabrication de machines de haut niveau technologique destinées à la grande industrie. Cette région a su mettre à profit les connaissances acquises dans le domaine minier pour développer un savoir-faire spécialisé, lui permettant d'axer ses efforts de développement économique sur sa compétence distinctive.

C'est également le cas de la petite municipalité de Saint-Éphrem-de-Beauce (CAS, 1992), qui a su miser sur sa ressource première, une main-d'œuvre qualifiée. À la suite du départ de la principale usine de l'endroit et des difficultés financières vécues par deux autres entreprises, la situation de la municipalité se détériora et beaucoup de résidants pensèrent à quitter la région. C'est ainsi que la création d'un « comité de survie », qui recueillit le soutien financier d'une foule de citoyens, permit d'aider trois investisseurs privés à lancer une usine œuvrant dans le domaine des compétences des travailleurs de la région. Le comité de survie aida également un entrepreneur à créer une entreprise de fibre de verre qui compte aujourd'hui environ 120 employés. Par la suite, de nombreuses entreprises se joignirent à la municipalité, créant 400 emplois. Saint-Éphrem-de-Beauce compte aujourd'hui 1 300 habitants et sa population est en constante expansion.

LES IMPLICATIONS POUR LE QUÉBEC

À la lumière de ce que nous avons observé, il est possible d'affirmer que le Québec démontre actuellement une nette tendance vers le développement économique basé sur l'entrepreneurship. Les conditions de base nécessaires à ce changement sont en place. Plusieurs régions possèdent un fort potentiel entrepreneurial et en font usage, et la réforme des politiques gouvernementales en matière de développement régional jette les bases d'un soutien accru et mieux adapté aux régions.

Néanmoins, les politiques gouvernementales reposent à présent sur la participation active des acteurs locaux. Une telle philosophie de développement, pour être efficace, implique certains changements et une modification dans la façon d'agir et de voir les choses de la part de la population québécoise.

Le changement de mentalité

Alors que la mentalité des Québécois a longtemps été de nature revendicatrice auprès de l'État providence, ce dernier devant indiquer les actions à entreprendre et fournir les ressources nécessaires, le nouveau paradigme du développement économique commande un changement de mentalité. Ce changement a déjà commencé à se manifester quand des citoyens réalisent que le gouvernement n'est pas toujours le gestionnaire le plus efficace de nos biens collectifs. Ainsi, selon cette nouvelle approche, la mentalité de la population doit être basée sur la recherche constante de la meilleure façon de faire les choses, et ce, au meilleur coût.

L'élargissement des horizons

Dans la même ligne de pensée, cette nouvelle voie du développement requiert un changement d'attitude de la part des Québécois. En effet, il a déjà été mentionné que le développement régional passait entre autres choses par l'innovation et la diffusion de l'information permettant le transfert d'expertise. Cela implique que les entrepreneurs doivent avoir l'esprit ouvert sur l'extérieur, afin de profiter des réseaux d'échanges de savoir-faire et d'expertise, tant au niveau régional que national et, éventuellement, mondial.

Les nouvelles tendances

La philosophie de développement économique traditionnelle est axée sur la satisfaction des besoins cycliques qui apparaissent au fil des ans. Cependant, il a été mentionné qu'une telle approche donnait des résultats inégaux quand il est question de résoudre des problèmes structurels, souvent à la base des déséquilibres régionaux, et qu'une politique économique par « à-coups » ne semblait pas engendrer de développement durable.

L'appropriation du développement par l'entrepreneurship québécois passe par l'établissement d'un processus continu d'échanges entre les divers acteurs de la société. Celui-ci permet un réajustement constant des actions favorisant le développement économique. Les Québécois doivent remettre en question l'évolution du développement de façon régulière et ainsi être en mesure de revoir et d'adapter les politiques, les structures et les actions permettant la mise en place de bases solides de développement.

En fait, cette appropriation se fait par le passage d'une société postindustrielle à une société d'information. Il faut aussi savoir que l'entrepreneurship peut réussir à s'approprier le développement économique au Québec. Bien que cette tendance soit déjà amorcée, certains besoins restent à satisfaire pour permettre l'établissement d'un entrepreneurship fort conduisant à un développement durable.

Les besoins et les conditions

Tout d'abord, il va sans dire qu'il existe un fort besoin de formation auprès des PME et des futurs entrepreneurs afin d'améliorer leur gestion. Bien que le nombre de nouvelles entreprises lancées annuellement soit assez élevé, bon nombre d'entre elles n'arrivent pas à survivre plus de cinq ans. Fréquemment, le projet n'aura pas connu une préparation suffisante, ou encore, l'entreprise sera tout simplement gérée de façon inadéquate. Une meilleure formation des entrepreneurs est susceptible de réduire de façon significative les problèmes de survie et de croissance des nouvelles entreprises.

Également, la formation en milieu académique peut favoriser l'émergence de nouveaux entrepreneurs. La sollicitation de nouvelles idées ou de projets peut permettre le développement d'une mentalité entrepreneuriale et agir comme catalyseur auprès des jeunes qui désirent se lancer en affaires mais qui ont besoin de soutien et de modèles.

De plus, pour que les entrepreneurs québécois soient capables d'être concurrentiels sur les marchés mondiaux, certaines conditions doivent être remplies. Il est d'abord essentiel de s'inscrire dans la tendance actuelle et d'adopter les nouvelles technologies. Encore une fois, les entrepreneurs doivent faire preuve d'innovation dans tous les domaines, et cela n'est possible qu'à l'aide d'investissements et d'efforts constants au niveau de la recherche et du développement.

Enfin, pour favoriser une plus grande diffusion de l'information et un transfert d'expertise, les alliances stratégiques ou les grappes industrielles sont susceptibles d'offrir des avenues intéressantes. Les politiques mises de l'avant et les actions entreprises doivent tenir compte de ces impératifs qui commandent la concertation des acteurs.

CONCLUSION

Après avoir exposé les caractéristiques d'un nouveau paradigme de développement régional axé sur l'entrepreneurship, il a été possible d'observer que le Québec s'insère favorablement dans les paramètres de cette approche. En effet, plusieurs régions ont déjà démontré leur capacité à se prendre en main, et il apparaît raisonnable de croire que le Québec possède un fort potentiel entrepreneurial. Le virage récent du Gouvernement du Québec en matière de développement régional va également dans le sens des axes d'intervention que commande le nouveau paradigme de développement intégré. Les régions doivent à présent démontrer leur volonté d'exploiter ce potentiel, en contribuant à un partenariat solide et équilibré avec l'État grâce à leur participation active sur le plan du développement.

En fait, une autre tendance récente se retrouve au niveau de la participation. La démocratisation par représentation fait de plus en plus place à une démocratisation par participation. Au point de vue du développement économique, cela implique l'émergence de nouveaux contrats sociaux fondés sur une vision partagée du développement dans une perspective à long terme. Cela est essentiel pour empêcher l'évolution de l'économie vers une situation qui crée une société à deux vitesses avec, d'une part, ceux qui travaillent et qui sont de plus en plus surchargés de travail et de taxes et d'autre part, ceux qui se font entretenir et deviennent de plus en plus malades et exclus. Cette situation intolérable serait fort propice à une révolte de la part des deux groupes si elle n'était pas contrôlée.

RÉFÉRENCES BIBLIOGRAPHIQUES

CAS, *Agir ensemble, rapport sur le développement*, Conseil des affaires sociales, Gouvernement du Québec et gaëtan morin éditeur, Boucherville, 1990, 209 p.

CAS, *Un Québec solidaire, rapport sur le développement*, Conseil des affaires sociales, Gouvernement du Québec, gaëtan morin éditeur, 1992, 182 p.

CONTI, S., « Les conditions territoriales du développement de la PME : la leçon théorique du modèle italien », *in* FOURCADE, C., *ibidem.*

DE LA VILLE, V. « L'entreprise émergente : stratégie d'apprentissage du local », *in* FOURCADE, C., *ibidem.*

FILION, L.-J., « The Intrapreneur as a Visioner », *in* Terry Wu et Jim Mason eds., *Entrepreneurship et développement communautaire*, Comptes rendus du 7e Congrès canadien du Conseil international de la petite entreprise, Régina, Saskatchewan, 1990, 330 p.

FORTIN, P.-A., « Le développement via l'entrepreneur-ship », texte non publié présenté dans le cadre du Colloque sur l'entrepreneurship de l'Université Laval, été 1993.

FOURCADE, C. (Dir.), *Petite entreprise et développement local*, Éditions ESKA, Paris, 1991, 312 p.

FRANCO GENDRON, M., « Sept-Îles : A Town Struggle for Survival », *in* UNIVERSITY OF WATERLOO, *ibidem.*

GAGNON, A., (Dir.), *Les Opérations dignité : naissance d'un mouvement social dans l'Est du Québec*, Les Éditions Leméac inc., Québec, 1981.

GAGNON, A., *Développement régional, état et groupes populaires*, Éditions Asticou, Québec, 1985.

GUESNIER, B., « Entreprise innovatrice et développe-ment local », *in* FOURCADE, C., *ibidem.*

JULIEN, P.-A., « Le rôle des PME dans le développement régional », *Cahier de recherche 85-07* du Labora-toire en économie et gestion des systèmes de petites dimensions, Département d'administra-tion et d'économique de l'Université du Québec à Trois-Rivières, 1985, 16 p.

JULIEN, P.-A. et SASSEVILLE, J.-L., « Contributions à un nouveau paradigme du développement inté-gré », *Document scientifique A-3* du Laboratoire en économie et gestion des systèmes de petites dimensions, Université du Québec à Trois-Rivières, Québec, 1981, 25 p.

MAILLAT, D., « PME et système territorial de production », *in* FOURCADE, C., *ibidem.*

MOREL, B. et JULIEN, P.-A., « L'avenir de la PME », *in* Julien, P.-A. Chicha, J. et Joyal, A., *La PME dans un monde en mutation*, Presses de l'Université du Québec, Québec, 1986, 445 p.

NSDITT, « Meeting the Challenge of Change : Local Initia-tives in Economic Development in Nova Scotia

1978-1988 », *in* UNIVERSITY OF WATERLOO, *ibidem.*

PRÉVOST, P., *Entrepreneurship et développement local : quand la population se prend en main,* Fondation de l'Entrepreneurship, Les éditions Transcontinentales inc., Charlesbourg, Montréal, 1993, 197 p.

SAR, *Développer les régions du Québec,* Secrétariat aux affaires régionales, Gouvernement du Québec, Québec, 1992a, 47 p.

SAR, « Le soutien à l'entrepreneurship, un outil au service des régions », *Bulletin d'information,* Secrétariat aux affaires régionales, Gouvernement du Québec, Ministère du Conseil exécutif, Québec, 1992b.

UNIVERSITY OF WATERLOO, *Papers in Canadian Economic Development,* Volume 2, Economic Development Program & Industrial Developers Association of Canada, 1988, 243 p.

CHAPITRE 3

L'ENTREPRENEUR AU CŒUR DU DÉVELOPPEMENT ÉCONOMIQUE LOCAL

« [...] à l'époque où l'expression « entrepreneur » est apparue, elle aurait référé à une personne, le plus souvent un voyageur, qui aurait agi comme intermédiaire entre des commerçants voulant échanger des biens. Ainsi, l'expression à l'origine aurait eu le sens « d'entre preneurs. »

Extrait du livre *Femmes et hommes d'affaires,
Qui êtes-vous ?*[1]

Ainsi, Marco Polo aurait été, en quelque sorte, l'ancêtre de nos entrepreneurs puisque, durant ses explorations à travers le monde, il faisait office « d'entrepreneur » pour les commerçants qui lui avaient confié des marchandises à vendre ou à échanger. En repoussant les frontières, le commerce accroissait la richesse collective.

Aujourd'hui, les fonctions ont quelque peu changé, mais l'entrepreneur est devenu et demeure toujours le

---

1. Collerette, Pierre et Aubry, Paul G., *Femmes et hommes d'affaires, Qui êtes-vous ?*, Agence d'Arc inc., Montréal, 1988, p. 8.

pilier, pour ne pas dire la pierre angulaire, de la prospérité économique d'un pays.

On constate que la richesse d'une société est
essentiellement tributaire de ses entrepreneurs. Ils lui
assurent les emplois dont elle a besoin, ils lui procurent
les produits ou les services nécessaires à son bien-être
et ils contribuent à la force de sa croissance. En fait, il
ne saurait être question de développement économique
sans qu'il soit aussi question d'entrepreneurs, de création d'entreprises et de développement de l'entrepreneurship.

Considéré comme l'un des plus beaux cadeaux
qu'une société puisse s'offrir, l'entrepreneur se doit
d'être reconnu et valorisé dans son travail. Mais encore
faut-il savoir le dépister.

ENTREPRENEURS : UN GROUPE À PART ?

Il serait bien difficile de tracer un portrait type de
l'entrepreneur. Cependant, certains traits de caractère
trompent rarement. Dans son manifeste, la Fondation
de l'Entrepreneurship le décrit comme suit : l'entrepreneur possède une vision réaliste du monde qui l'entoure. Il est animé d'un besoin pressant d'accomplir un
travail novateur et recherche les occasions d'affaires de
préférence aux problèmes. Il s'intéresse à la réalisation
de projets sans viser la notoriété et sait affronter les
risques et surmonter les échecs.

Déjà, pendant ses études, il présente un profil
particulier (voir tableau page suivante).

Selon plusieurs recherches, il semble que la
famille ait également un rôle important à jouer dans la
vocation d'entrepreneur. Par exemple, il a été établi que
l'incidence est plus forte chez les enfants dont l'un des
parents ou les deux parents sont entrepreneurs. De
plus, le premier-né d'une famille nombreuse présente

**Traits particuliers du futur entrepreneur
pendant ses études :**

- Il est plutôt solitaire ;
- Il ne cherche ni le rôle de leader, ni la renommée ;
- Il déteste la routine ;
- Il est souvent opiniâtre ;
- Il cherche avant tout une solution aux problèmes ;
- Il ne se laisse pas décourager par l'échec et se soucie peu de l'opinion des autres ;
- Il aime l'action et est motivé par le besoin de réaliser des choses ;
- Il s'initie très tôt à gérer des mini-entreprises : tournée de journaux, kiosque de limonade, contrats de gazon ou de gardiennage, etc. ;
- Il est en compétition avec lui-même plutôt qu'avec les autres.

souvent les traits caractéristiques de l'entrepreneur. L'origine des familles y est aussi pour quelque chose puisque l'immigrant ou l'enfant d'immigrants a plus de chances qu'un autre de devenir entrepreneur.

Longtemps considéré comme l'apanage des garçons, l'entrepreneurship attire de plus en plus de filles. À preuve, entre 1981 et 1990, les femmes ont démarré quatre fois plus d'entreprises que les hommes, et il semble que le taux de survie de ces entreprises, après cinq ans d'existence, soit deux fois plus élevé[2].

Les jeunes qui vont chercher une formation professionnelle et technique se dirigent aussi, dans une plus grande proportion que leurs confrères universitaires, vers une carrière d'entrepreneur.

---

2. Gouvernement du Québec, *Politique en matière de condition féminine*, 1993, p. 46.

UNE PISTE À SUIVRE

Comme l'écrivait Jeffrey P. Sudikoff, fondateur de IDB Communications Group en Californie : « Il semble que les entrepreneurs n'existent qu'après coup. Au début, on les traite de fous, de rêveurs, on refuse de les embaucher. C'est seulement lorsqu'ils sont finalement associés à la création de leurs entreprises qu'ils ont droit au titre et au respect qui leur sont dus[3]. »

Pourtant, les sociétés auraient avantage à procéder de façon systématique à un dépistage précoce des entrepreneurs. Il semble que dans toute société, sans égard à l'ethnie, au sexe, à l'âge ou aux conditions de vie, il y aurait environ 10 % de la population qui possède les talents nécessaires pour entreprendre, c'est-à-dire les traits de caractère particuliers énumérés ci-contre.

Alors, comment procéder à ce dépistage ?

Dans les écoles secondaires, les collèges et les universités, on développe de plus en plus d'outils permettant de sensibiliser les étudiants à la possibilité d'une carrière d'entrepreneur. La Fondation de l'Entrepreneurship collabore d'ailleurs à plusieurs de ces projets. Elle a récemment produit une série vidéo destinée aux écoles et aux collèges du Québec et intitulée *L'Entrepreneurship : voie de l'avenir*. Cette série, composée de neuf vidéocassettes, a été spécialement conçue pour les différents niveaux scolaires. On a également porté une attention particulière aux étudiants inscrits à la formation professionnelle, puisqu'ils semblent constituer un bassin fertile en futurs entrepreneurs.

Dans le même ordre d'idée, la Fondation collabore au concours « Projet en tête », instauré pour mettre en évidence des projets et des réalisations en entrepreneurship dans toutes les écoles des commissions

---

3. Traduction libre : Sudikoff, Jeffrey P., « Street Smarts », *Inc.*, Mars 1994, vol. 16, n° 3, p. 23.

Traits caractéristiques de l'entrepreneur[4]

– Il a une grande confiance en lui-même ;

– Il possède une forte capacité de travail ;

– Il assume le risque ;

– Il démontre une grande ténacité ;

– Il consent à des sacrifices personnels ;

– Il accepte l'engagement à long terme ;

– Il recherche la réalisation de soi ;

– Il prend des décisions stratégiques sans disposer nécessairement de toute l'information ;

– Il croit en sa capacité de bâtir le destin ;

– Il veut être son propre patron ;

– Il veut concrétiser une vision ;

– Il est capable de se surpasser.

scolaires du Québec. Ce concours vise une clientèle très large : étudiants jeunes et adultes, enseignants, directeurs, commissaires, cadres, etc. En fait, il s'adresse à tous les gens liés directement ou indirectement aux commissions scolaires qui démontrent un intérêt marqué pour l'entrepreneurship.

Il existe aussi des programmes et des activités où l'on offre aux jeunes qui sont intéressés l'occasion de concrétiser leur désir d'entreprendre. C'est le cas, par exemple, du mouvement **Les jeunes entreprises**, communément appelé J.E. Cette activité parascolaire offerte aux jeunes des écoles secondaires et des cégeps leur permet de démarrer une entreprise au début de l'année

---

4. Gasse, Yvon, D'Amours, Aline, *Profession : entrepreneur, avez-vous le profil de l'emploi ?* Les éditions TRANSCONTINENTALES et Fondation de l'Entrepreneurship, Montréal, Charlesbourg, 1993, 143 p.

scolaire, d'y remplir toutes les fonctions nécessaires à sa réussite et de procéder à sa fermeture à la fin de l'année. Les jeunes découvrent ainsi s'ils ont vraiment le goût de se lancer dans l'aventure de l'entrepreneurship et s'ils ont la trempe d'un entrepreneur.

Le concours « Devenez entrepreneur-e », instauré par la Fondation de l'Entrepreneurship et coordonné maintenant par la Fédération des cégeps du Québec, est ouvert tant aux cégépiens qu'au grand public. Jouissant d'une promotion étendue, il attire une clientèle des plus diversifiées et permet au participant de sonder rapidement la faisabilité de son projet puisque, pour satisfaire aux exigences du concours, les candidats doivent déposer le plan d'affaires de leur future entreprise.

Il y a également le concours d'entrepreneurship « De l'idée au projet », supervisé par l'équipe d'Entrepreneuriat – Laval de l'Université Laval à Québec. Le but de ce concours est d'inciter les étudiants à faire preuve de créativité. En effet, leur projet doit présenter une idée nouvelle ou originale, techniquement réalisable et potentiellement commercialisable.

La Fondation de l'Entrepreneurship, en collaboration avec M. Yvon Gasse de l'Université Laval, a également bâti un questionnaire d'autoévaluation du potentiel entrepreneurial. Ce questionnaire, conçu en deux versions – l'une destinée aux jeunes, l'autre pour les adultes – est un outil de dépistage direct. Bien interprété, il permet de tracer un profil assez juste du candidat quant à ses forces et ses faiblesses comme futur entrepreneur.

Les jeunes des collèges et des universités peuvent également, dans le cadre d'activités parascolaires, participer à des clubs d'entrepreneurs étudiants. Cette initiative, mise en place par l'équipe du Cégep de Drummondville et supervisée par Mme Micheline Locas, est actuellement imitée dans plusieurs collèges et universités du Québec.

La sensibilisation générale de la population à l'entrepreneurship constitue aussi une forme de dépistage. En effet, les émissions spéciales télévisées, les messages radiophoniques, les articles de journaux et de magazines, les séries vidéo et tout autre outil de communication servant à véhiculer le message de l'entrepreneurship ont le pouvoir de déclencher une interrogation chez la personne réceptive. Ce cheminement l'amènera peut-être à faire des démarches entrepreneuriales qu'elle n'aurait probablement pas amorcées autrement.

Mais le dépistage, sans autre forme de suivi, risque de mener à un cul-de-sac. En tant que société, il est essentiel de s'assurer que le potentiel entrepreneurial, découvert grâce à un dépistage précoce, puisse facilement se développer. Il faut donc se doter des moyens nécessaires pour l'accueillir, le soutenir et le promouvoir en lui offrant toutes les chances de s'épanouir au sein même de son propre milieu. Pour y arriver, les attitudes devront peut-être changer et faire place à une nouvelle culture dont on dira qu'elle est entrepreneuriale.

UNE CULTURE ENTREPRENEURIALE À BÂTIR

Thomas Jefferson écrivait au siècle dernier : « La meilleure société est celle qui se compose du plus grand nombre possible d'entrepreneurs : hommes libres ne ployant le genou que devant la divine Providence, propriétaires des outils nécessaires à leur activité, seuls responsables de l'organisation de leur travail et ne recevant d'ordre d'aucun mortel. » Le concept est toujours aussi vrai aujourd'hui. Une société où la culture entrepreneuriale est bien vivante permet plus facilement aux personnes habitées par le désir d'entreprendre de se reconnaître et de passer aux actes.

Dans les milieux où le plein emploi n'a pas encore été atteint, faute d'une culture entrepreneuriale suffisamment développée, il faut déployer les efforts nécessaires à la venue des entrepreneurs. C'est pourquoi il est essentiel :

- D'interpeller les entrepreneurs en puissance, de rechercher les nouvelles idées et les innovations latentes qui existent déjà dans le milieu ;

- De savoir écouter et accueillir les entrepreneurs lorsqu'ils se manifestent ;

- D'assurer à ces personnes le soutien culturel ou technique dont ils ont besoin afin qu'ils sentent que leur initiative reçoit l'appui de leur communauté ;

- De rendre hommage à ceux qui ont réussi en valorisant leurs réalisations et leur contribution au mieux-être de leurs concitoyens.

Dans le récent contexte de prise en charge du développement local par le milieu, on insiste beaucoup sur les actions concertées. Il faut cependant reconnaître que l'entrepreneur est souvent physiquement absent de ces exercices de concertation et qu'il participe peu aux comités de développement. Cette absence ne signifie pas qu'il soit en désaccord avec le processus, mais plutôt qu'il n'est pas très à l'aise avec ce genre d'approche. Plusieurs facteurs justifient cette attitude. En voici quelques-uns :

- Bien souvent, l'entrepreneur n'aime pas s'exprimer en public et éprouve de la difficulté à verbaliser ses idées ;

- Il est réticent à parler de son projet avant d'être sûr de pouvoir le réaliser ;

- Il privilégie l'action et les réalisations et il conçoit mal que les échanges puissent constituer une approche valable pour lui ;

> – Il arrive difficilement à concilier le temps que requiert ce processus de concertation avec son manque de disponibilité.

Ce sont donc les leaders locaux qui doivent jouer ce rôle de concertation en devenant des catalyseurs de l'action nécessaire à la création des conditions et du climat essentiels à l'activité des entrepreneurs. Il est important que les leaders locaux reconnaissent le poids de l'entrepreneur comme source d'emplois dans leur localité et acceptent d'appuyer ses activités du mieux qu'ils peuvent, même si celui-ci est souvent absent des phases de discussions.

De fait, lorsque la Fondation de l'Entrepreneur-ship a procédé à l'inventaire des localités ayant atteint le plein emploi, elle a reconnu qu'il y avait trois conditions essentielles à cette réussite.

1. À moyen terme, une localité ne peut atteindre le plein emploi si son développement est entière-ment tributaire de sources extérieures : firmes étrangères, succursales de grandes compa-gnies, etc. Cet apport extérieur doit absolument être complété par du développement endogène, c'est-à-dire par des entreprises créées par le milieu. Dans certains cas, des localités attei-gnent le plein emploi uniquement grâce à des entreprises issues du milieu.

2. Les élus jouent un rôle de premier plan dans ce processus. Ils contrôlent les ressources du milieu et ils peuvent légitimement créer les conditions les plus favorables au développe-ment local. Il est primordial qu'ils amorcent la démarche et qu'ils en suivent l'évolution.

3. Enfin, le leadership exercé par les élus et les leaders locaux doit être un leadership ouvert qui sait faire une large place aux gens de

bonne volonté qui souhaitent joindre le mouvement.

Ainsi, avec un peu de temps, et grâce à la participation des entrepreneurs déjà actifs et du potentiel entrepreneurial latent, les chances d'atteindre localement le plein emploi sont bien réelles.

LA VALORISATION DE NOS ENTREPRENEURS

Qui n'a pas déjà entendu de commentaires désobligeants sur les entrepreneurs ? Il est vrai que les Québécois n'ont pas toujours été très tendres envers eux. Trop souvent associés à l'exploitation des petits et des faibles, ils sont vite devenus la cible d'une foule de préjugés peu flatteurs. Pourtant, si certains ne montraient pas toujours patte blanche, la grande majorité d'entre eux accomplissaient un immense travail de précurseurs.

Heureusement, cette attitude négative a peu à peu disparu pour faire place à une meilleure appréciation du rôle social et économique de l'entrepreneur. Aujourd'hui, les Québécois considèrent l'entrepreneur et son entreprise comme une source de richesse collective plutôt que comme une menace. Ils sont fiers des Québécois qui ont réussi, et ils n'hésitent pas à faire grand état de leurs réalisations.

D'ailleurs, on ne saurait trop insister sur l'importance de valoriser les entrepreneurs, car leur rendre hommage répond à quatre objectifs importants :

- Rendre justice à leur travail de bâtisseurs ;

- Les inciter à poursuivre leurs efforts et à améliorer leurs performances ;

- Encourager les gens qui ne sont pas entrepreneurs à envisager ce choix de carrière et à passer à l'action s'ils possèdent les qualités nécessaires à la réussite dans ce domaine ;

– Doter la société des emplois et de la richesse nécessaires à une meilleure vie sociale.

Ce sont les exemples de réussite et la valorisation de ceux qui en sont les principaux acteurs qui incitent les gens à emboîter le pas. Par exemple, le concours « Le Grand Prix de l'entrepreneur » lancé au Canada par Caron Bélanger Ernst & Young permet de récompenser les meilleurs entrepreneurs quel que soit leur domaine d'activités et de leur offrir une reconnaissance internationale du milieu des affaires. Ce concours, d'abord mis sur pied par Ernst & Young aux États-Unis, s'est graduellement étendu à toute l'Amérique du Nord et à l'Europe également. C'est donc dire l'intérêt qu'il suscite.

Est-il alors possible d'imaginer que l'entrepreneurship et ses adeptes puissent un jour rivaliser en popularité avec le sport et ses athlètes ? Difficile à concevoir.

Pourtant, la passion des Québécois pour le sport et pour tout ce qui s'y rattache est une ferveur bien nouvelle. Il y a 30 ans, on n'en avait que pour le hockey et l'équipe des Canadiens. On réussissait bien à amener un ou deux skieurs aux Jeux olympiques, et le patin artistique gagnait en popularité. Mais les sports étaient alors considérés comme un loisir et traités comme tel. La véritable passion n'est apparue qu'au moment où les médias s'en sont mêlés. En effet, lorsqu'ils ont découvert que les reportages sportifs faisaient vendre plus de publicité et de copies et, qu'en plus, les gens en redemandaient, ils ont, sans trop l'avoir planifié, contribué à l'engouement des gens pour les sports et les athlètes qui les pratiquent. Ces derniers sont alors devenus des vedettes littéralement adulées par les foules. Leurs salaires ont atteint des sommets dignes des plus grandes stars d'Hollywood et leur vie privée a commencé à faire la une des journaux.

Tout ce battage médiatique a eu pour effet d'augmenter le nombre de gymnases, d'arénas, de pistes de course, de terrains de tennis, de magasins d'articles de sport, etc. Il fallait satisfaire la demande grandissante de tous ceux qui désiraient joindre les rangs des athlètes. Cet effet d'entraînement a évidemment créé de nombreux emplois et, en bout de ligne, une industrie du sport extrêmement florissante.

Dans cet ordre d'idée, est-il possible d'imaginer que le même phénomène puisse se répéter avec l'entrepreneurship ? Afin d'y répondre, essayons, pour le simple plaisir de l'exercice, de transposer tout ce qui existe déjà dans le domaine du sport dans le domaine de l'entrepreneurship.

Examinons d'abord le milieu scolaire. Pour rivaliser avec ce qui se fait déjà dans le domaine du sport, il faudrait :

- L'instauration d'une à deux périodes obligatoires par semaine d'enseignement de l'entrepreneurship tant au niveau primaire et secondaire qu'au cégep ;

- L'organisation d'activités parascolaires en entrepreneurship auxquelles les jeunes pourraient participer le midi ;

- La formation d'équipes de jeunes entrepreneurs qui entreraient en compétition avec d'autres équipes de niveaux intercollégial, régional et national ;

- L'identification d'un pavillon de l'entrepreneurship sur les campus universitaires.

Au niveau des municipalités :

- L'allocation de budgets destinés à l'entrepreneurship de la localité ;

- L'attribution à l'ordre du jour du conseil municipal de points réservés aux discussions concernant l'entrepreneurship ;

- L'organisation de conférences de presse par les élus pour rendre compte de leurs efforts en matière d'entrepreneurship et de démarrage d'entreprises ;

- L'établissement d'un service de l'entrepreneurship offrant une foule d'activités et de cours destinés à la population municipale, tout comme l'actuel service des loisirs et des sports.

En ce qui concerne les médias, ça donnerait à peu près ceci :

Journaux : • publication quotidienne d'un supplément de format tabloïd sur l'actualité entrepreneuriale ;

• affectation d'une équipe complète de journalistes à la couverture de l'entrepreneurship.

Radio : • périodes de tribunes téléphoniques pour recueillir les commentaires du public ;

• conception d'émissions spéciales et d'entrevues exclusives avec des entrepreneurs d'ici et d'ailleurs ;

• période équivalant au quart des bulletins de nouvelles pour les nouvelles sur l'entrepreneurship.

Télévision : • priorité aux émissions spéciales traitant de l'entrepreneurship sur la programmation régulière ;

• conception d'un bulletin de nouvelles distinct pour traiter de l'actualité entrepreneuriale ;

- couverture régulière des ouvertures d'entreprises ;

- conception d'émissions spéciales pour faire état des succès dans le domaine ;

- cours télévisés de formation en entrepreneurship ;

- cours à distance des universités et des collèges ;

- création d'un réseau de l'entrepreneurship à l'image du réseau des sports (RDS).

De plus, chaque année, il y aurait les « Jeux du Québec de l'entrepreneurship » où les participants mettraient à l'épreuve leurs connaissances en entrepreneurship. Les « Championnats canadiens » auraient pour but d'évaluer et de récompenser l'habileté de chaque participant à régler, par exemple, un problème spécifique au secteur industriel. Tous les quatre ans, les entreprises œuvrant dans des secteurs désignés à l'avance par un comité de sélection délégueraient aux « Jeux olympiques de l'entrepreneurship » leurs meilleurs entrepreneurs pour une compétition à l'échelle internationale.

On ouvrirait aussi des restaurants pour entrepreneurs qu'on appellerait la Cage aux entrepreneurs ; on organiserait des camps d'entraînement pour entrepreneurs, des camps d'été pour les jeunes à l'esprit entrepreneurial et l'on distribuerait même des cartes à collectionner et à échanger avec, dessus, la photo des meilleurs entrepreneurs. Pour boucler la boucle, on pourrait vendre des T-shirts, des casquettes, des vestes, des verres et autres objets du même acabit.

Cela vous étonne ? Pourtant si l'on pouvait seulement concrétiser, ne serait-ce qu'une partie de cette projection, l'économie du pays ferait un bond sans précédent.

LE PLEIN EMPLOI : PLUS QU'UN RÊVE

Le plein emploi existe et sa réalisation est à la portée de tous. D'ailleurs, le discours que véhicule la Fondation de l'Entrepreneurship est d'une logique et d'une simplicité déroutantes. Voyez plutôt :

– C'est l'entrepreneur qui crée l'entreprise et nous avons dans nos localités tout le potentiel entrepreneurial nécessaire à la création des entreprises et des emplois qui s'y rattachent.

– C'est l'entreprise qui crée l'emploi et la richesse d'une société. C'est principalement la nouvelle et la très petite entreprise qui créent la majorité des nouveaux emplois.

– Il n'y a pas de limites à la créativité des hommes et des femmes, ni de limites à la diversité des besoins humains. Il y a et il y aura toujours des occasions d'affaires pour qui sait bien chercher.

– Nos localités n'ont jamais été aussi bien outillées que maintenant pour assurer le virage de l'emploi grâce à l'entrepreneurship. Qu'il s'agisse de compétence, de capital de risque ou d'aide au développement, elles en sont pourvues.

– Les élites locales font la différence. À preuve, il y a plus d'une quinzaine de municipalités au Québec qui ont atteint le plein emploi grâce à l'action concertée menée par les élus et les autres groupes du milieu.

– L'école joue un rôle essentiel dans la transmission de la culture entrepreneuriale, mais le développement de cette culture n'est possible qu'avec la complicité des médias.

En fait, une localité sans projets n'a pas d'avenir. Alors, pourquoi ne pas conjuguer nos efforts dans un projet collectif qui a déjà fait ses preuves, et développer, dans nos milieux, une véritable culture entrepreneuriale?

Bernard PECQUEUR
Institut de recherche économique production et développement (IREPD) – France

CHAPITRE 4

LE SYSTÈME LOCAL DES ACTEURS : ÉMERGENCE DU DÉVELOPPEMENT ÉCONOMIQUE LOCAL

Le discours sur le développement économique local (DEL) est aujourd'hui empreint d'ambiguïtés. Le succès de la formule nuit à la clarté de la notion. Dans la longue période de mutation que nous connaissons dans les pays industrialisés depuis la crise du milieu des années soixante-dix, la recherche des solutions miracles ou des recettes de cuisine constitue une tentation permanente dont n'est pas exempte la réflexion sur le DEL. Celui-ci s'utilise trop souvent comme slogan recouvrant tout type d'action publique d'animation économique qui se situe à un niveau infranational (région, département, commune, canton, bassin d'emploi, etc.).

Le DEL doit être clairement distingué des politiques localisées de développement économique. Ces dernières peuvent venir appuyer une dynamique d'acteurs, mais elles sont rarement génératrices de DEL à elles seules, si le milieu local n'y est pas favorable sociologiquement et culturellement.

Nous nous proposons, ici, de préciser les notions principales qui aident à faire avancer la réflexion sur le DEL considéré comme un renouvellement du regard porté par l'analyste sur le processus fondamental du développement. Nous partirons de la définition possible suivante :

> Le développement économique local (DEL) désigne tout **processus de mobilisation** d'acteurs qui aboutit à l'élaboration de **stratégies d'adaptation** aux contraintes extérieures, sur la base d'une **identification collective** à une culture et à un territoire.

Cette définition appelle quelques remarques.

Le DEL ne peut pas être repéré de manière statique ; il s'agit essentiellement d'une dynamique. Les acteurs sont divers et ont des intérêts non nécessairement concordants, mais peuvent être en mesure de coordonner leur action sur des projets communs[1].

Une telle dynamique se traduit concrètement par une stratégie, c'est-à-dire une coordination implicite ou, au contraire, concertée des actions des acteurs. Cette stratégie vise l'adaptation à une situation devenue difficile. La coopération ne peut s'articuler dans un univers de concurrence que lorsque chaque acteur estime que la concurrence pure est plus coûteuse pour lui que la coopération, même partielle. Le DEL ne peut être imposé aux acteurs ; il naît de l'intérêt bien compris de chacun au sein d'un milieu où existent des connivences minimales entre les personnes concernées. De telles connivences ne résultent pas du calcul économique individuel, mais relèvent de phénomènes d'apprentissage

1. À propos des problèmes de coordination entre acteurs économiques, on lira avec profit une synthèse récente de R. Salais et M. Storper (1993) qui s'attache à donner un cadre théorique aux différentes situations de coopération ou de concurrence réglées par des conventions à une échelle régionale, voire locale.

collectif inscrits dans l'histoire et la culture des lieux concernés.

Le fait qu'un territoire cherche à s'adapter aux contraintes extérieures montre que le DEL n'est pas l'expression d'un *localisme* étroit, mais qu'il relie directement le local au mondial. Nous nous situons donc au-delà du propos de Schumacher (1973) qui, le premier, a attiré l'attention sur la relation entre taille des unités de production et efficacité productive. Nous adoptons plutôt la problématique de la « globalisation » (Porter, 1990). Aujourd'hui, l'avantage décisif pour une nation (mais aussi pour une région) ne provient plus de l'exploitation rentière de dotations en facteurs, mais plutôt de la capacité à innover. Cette capacité s'organise et se construit non pas à la suite d'actions d'acteurs isolés, mais à l'intérieur de grappes industrielles, comprenant fournisseurs, clients et activités apparentées, au sein desquelles circulent les savoir-faire et les technologies qui se renforcent mutuellement. Ainsi, le besoin de *reterritorialisation* des stratégies d'acteurs croît en proportion de la mondialisation des échanges.

Après avoir proposé dans cette introduction une définition large du DEL, nous examinerons, dans une première partie, le contexte de son émergence, notamment dans le cas français, et les mutations irréversibles qui dictent aujourd'hui de nouvelles perspectives à l'organisation de la production. La seconde partie propose une illustration du DEL en action à partir de l'exemple des systèmes productifs locaux qui sont des cas particuliers, notamment en Italie, ayant puissamment contribué à mieux faire comprendre ce qui se passe au sein des tissus économiques à l'échelle de la proximité des relations humaines. La troisième partie s'attache à définir quelques notions et concepts utiles à l'analyse des situations de DEL. Les termes de *réciprocité*, *partenariat*, *réseau* ou encore *interface* fonctionnent souvent comme des vocables « passe-partout » dont le sens s'affaiblit, faute d'être précis. Cette troisième partie a une prétention méthodologique pour analyser les différentes situations de DEL en amont des organisations de projets.

En d'autres termes, ce texte se veut une introduction préalable aux nombreuses dynamiques de l'action qui forgent tous les jours, en Europe comme en Amérique, des politiques d'action économique locale qui ne sont pas seulement une réaction à des situations de crise, mais qui écrivent l'avenir en s'efforçant de renouveler les fondements organisationnels des tissus économiques.

ÉMERGENCE DU DÉVELOPPEMENT ÉCONOMIQUE LOCAL

La problématique du DEL apparaît au terme d'un long processus historique qui souligne sa pertinence dans la phase actuelle de mutation des structures et de l'organisation de l'économie. Sans partager la totalité de leurs conclusions, nous suivons l'intuition fondamentale de Piore et Sabel (1984) pour qui la flexibilité dans la production et sa répartition à travers les spécificités locales et régionales constituent les bases de la régulation post-fordiste qui s'élabore lentement sans que ses contours soient encore très précis.

Cadrage historique rapide

Des foires de Champagne à la Ligue hanséatique, l'histoire européenne est riche d'exemples de coopérations sur des bases géographiques, dans lesquels l'économique est lié au politique.

Le XVIIIe siècle va marquer la naissance de l'économie politique moderne. Pour notre propos, la conséquence majeure sera l'automatisation de l'économique par rapport au politique et l'affirmation de l'individualisme. **La notion d'agent supplante celle d'acteur.** L'économie est une mécanique du comportement des agents qui ne tient pas compte des territoires sur lesquels elle se déroule.

De la loi Le Chapelier (1791) à la circulaire Poniatowski (1976), la législation française réaffirme le libre jeu de la concurrence, les prérogatives de l'État central et la séparation de l'économique et du social.

Pourtant, le « socialisme municipal » (Zévaes, 1947) de la fin du XIXᵉ siècle préfigurait l'action contemporaine des collectivités territoriales en Europe.

En Allemagne ou en Angleterre, la municipalisation des tramways ou l'exploitation de la distribution (eau, gaz, électricité) ont permis de diminuer la pression fiscale. En Italie ou en Autriche, les initiatives sont davantage sociales, telle l'installation d'un four municipal à Livourne, destiné à servir à la fois de modèle technique et hygiénique pour la fabrication du pain et de modérateur du prix du pain pour la classe pauvre de la commune.

En France, le mouvement a pris une grande ampleur et s'insère dans l'histoire du socialisme. On retrouve les velléités d'autonomie d'action économique des communes dans les programmes municipaux des villes devenues socialistes à l'issue des scrutins de 1892 (Marseille, Roubaix, Toulon, La Ciotat, Narbonne, Vierzon, Firminy, Limoges, Calais, etc.).

Il faudra attendre les lois de 1982 portant sur la décentralisation pour aboutir à de véritables politiques municipales.

La question du DEL ne réapparaît pas, depuis quelques années, de façon purement fortuite, elle **émerge comme conséquence de grandes mutations structurelles** que nous examinons maintenant.

Les grandes mutations récentes

Les mutations spatiales résultent de mutations organisationnelles plus profondes et irréversibles.

a) Les mutations spatiales

La géographie industrielle de la France a longtemps
reflété la hiérarchie des activités économiques : les
régions riches et d'industrie lourde opposées aux
régions pauvres, à dominante agricole. Depuis le
Second Empire, la France économique peut se décrire
de part et d'autre d'une diagonale allant du Havre à
Marseille. L'essentiel des pôles de la France industrielle
ancienne se situait à l'est de cette ligne. De l'autre côté,
on trouvait des flots industriels qui, pour être parfois
importants, restaient cantonnés dans des zones res-
treintes au milieu d'un paysage rural. La prépondérance du Nord-Est sur le Sud-Ouest s'est renforcée par
la présence de la concentration parisienne. Cette dernière exerce toujours un formidable pouvoir d'attraction qui déséquilibre le territoire français. L'industrie
lourde drainait les emplois. On trouvait à l'Est des taux
de chômage plus faibles et des flux migratoires positifs.
La France rurale s'exilait vers les centres industriels
sous la poussée de l'amélioration de la productivité
agricole et de la concentration industrielle avide de
main-d'œuvre peu qualifiée.

Dans les années soixante, la politique d'aménagement du territoire va tenter de rompre le dualisme du
territoire français. Cette politique volontariste de délocalisation d'emplois au moyen de primes et d'incitations
fiscales a permis le transfert de quelque 400 000 emplois,
notamment vers l'Ouest. Ce mouvement a tout de même
trouvé ses limites, car il ne sortait pas du schéma
intellectuel dominant dans lequel seule l'implantation de
grosses unités permettait de favoriser un développement
industriel.

Aujourd'hui, les priorités ont changé : il ne s'agit plus de délocaliser des emplois, mais de les maintenir là où ils sont, sous peine de les voir disparaître sans que personne n'en bénéficie. Les changements structurels profonds que subit l'espace français se manifestent d'abord par l'inversion des flux migratoires. La Lorraine, par exemple, après avoir attiré les migrants nationaux et étrangers, voit de plus en plus de ses habitants partir chercher du travail soit dans la région parisienne, qui continue d'avoir un pouvoir attractif, soit vers le Sud-Ouest. La couronne côtière de Nantes à Nice exerce une séduction croissante, surtout auprès des cadres d'entreprises.

Tout se passe comme si la région parisienne étendait sa zone d'influence vers le Nord-Ouest, tournant le dos à un système oriental et méridional en plein renouveau économique. Entre les deux se situerait ce que les géographes de Reclus[2] nomment « la diagonale aride » traversant la France des Ardennes au Béarn.

L'émergence de nouveaux dynamismes régionaux consacre la fin de la suprématie des régions anciennement industrialisées et illustre la montée en puissance de zones de tradition rurale qui, s'appuyant sur des technologies et des produits nouveaux, sont en train de faire l'économie d'une révolution industrielle. Ces mutations, brièvement évoquées ici, interrogent fortement les pratiques publiques d'aménagement du territoire.

b) Les mutations organisationnelles

Les mutations spatiales ne peuvent se comprendre que comme le résultat de changements plus profonds qui travaillent le corps social et économique, et annoncent un mode de développement nouveau.

---

2. Équipe de recherche de géographes de Montpellier dirigée par R. Brunet.

Sans pouvoir en détailler les caractéristiques et l'évolution, on peut en faire apparaître trois composantes principales.

1. **Un nouveau système technique** émerge dans les pays industrialisés. Autour du microprocesseur et de l'ordinateur, les technologies de l'information constituent le cœur d'un nouveau système technique en cours de formation. « Des percées nouvelles en organisation, relayées ou appuyées sur une nouvelle génération d'outils et de supports scientifiques et techniques agissent et interagissent dans un contexte où la production de masse classique se trouve sommée de faire face à la différenciation des comportements et à l'incertitude devenue structurelle des marchés » (Coriat, 1990).

   Ce changement progressif laisse présager un glissement des priorités dans les besoins. **L'information devient un véritable facteur de production**, souvent plus précieux que la matière première énergétique (charbon, puis électricité et nucléaire).

2. La nouvelle donne technologique se double d'une **évolution de la demande**. La période de forte croissance dans l'équipement des ménages débouche sur une relative saturation du marché des produits standard (Boyer et Durand, 1993).

   La demande tend donc à se diversifier. Les consommateurs souhaitent une personnalisation des produits. Un tel phénomène réduit le cycle du produit et exige une plus grande adaptabilité des unités de production. La seconde composante des mutations organisationnelles est donc **un nouveau mode d'organisation de**

la production. Aux côtés de la production tay-
lorienne, apparaissent des formes de spécialisation flexible (produits modulaires, flexibilités
de gamme et de volume, etc.) qui favorisent les
PME et les petits établissements par rapport
aux grands groupes.

3. Enfin, la troisième composante est **la mondialisation accélérée des échanges**. Ce phénomène, qui combine concurrence sur des
marchés plus volatils et évolution rapide des
technologies de l'information, exige de la part
des acteurs une beaucoup plus grande vitesse
d'adaptation et donc une organisation au
niveau territorial mieux élaborée. En ce sens,
la mondialisation n'est pas contradictoire avec
la *reterritorialisation* : elle en est largement la
cause.

Ces bouleversements exigent le développement
de capacités de réaction rapide et d'adaptation.
En ce sens, la mobilisation des potentiels territoriaux présente des avantages qui peuvent
déboucher sur de **véritables stratégies de
développement**.

LE DÉVELOPPEMENT
ÉCONOMIQUE LOCAL EN ACTION

Le DEL, considéré comme une stratégie de développement, a été expérimenté en France au début des années
soixante-dix dans les zones rurales en difficulté. Il
s'agissait de mobiliser réseaux et potentiels individuels
autour de l'idée de « pays », espace identitaire culturellement et économiquement. L'inspiration théorique
venait d'une critique du développement octroyé « par en
haut » et exigeait un retour à l'endogénéité en réclamant
un développement « par en bas » (Friedmann et Weaver,
1983).

Les systèmes productifs locaux

Cependant, derrière ces expériences très volontaristes, les économistes italiens ont mis en évidence l'existence de systèmes productifs locaux dont la performance était suffisamment évidente pour qu'on puisse s'interroger sur leur caractère de modèle.

Ces systèmes, appelés « districts industriels » (en référence à l'économiste A. Marshall qui en avait décelé l'existence au début de ce siècle dans toute l'Europe industrialisée), ont des caractéristiques particulières dans le cas italien (Becattini, 1979 et Garofoli, 1983) :

- L'absence d'entreprises leaders. Cela signifie que l'on est en présence de multiples petites entreprises sans que l'une ne domine les autres avec les phénomènes corollaires de domination ou d'effets d'entraînement.

- Les produits fabriqués par le système sont compatibles avec la petite dimension. Les produits incorporent un haut niveau de technologie dans des productions généralement dites traditionnelles (chaussure, textile, meuble, petite mécanique, etc.).

- On observe, entre les PME, une forte division du travail interentreprises. Certaines entreprises occupent l'amont, d'autres l'aval du processus de production au long d'une filière aboutissant aux produits finis.

- Les entreprises entretiennent entre elles des relations d'échanges non marchands de forte densité. Concrètement, cela se traduit par des prêts de machines, des concentrations informelles et des échanges d'information sur l'état du marché et des techniques. La relation entre les entreprises n'est pas de pure concurrence ; il s'y mêle une coopération qui s'inscrit dans un ensemble d'accords tacites et réciproques dont chacun tire avantage.

– La constitution de ces systèmes est le résultat d'une histoire très longue.

– La production de ces systèmes représente une proportion significative de la production nationale et de l'exportation nationale. Cela indique que ces systèmes ont une place qui n'est pas marginale dans l'économie.

– Enfin, ces systèmes, essentiellement situés en milieu rural (gros bourgs ou petites villes), présentent de fortes densités de population et un grand nombre d'entreprises : à Carpi (textile-habillement), nous avons 2 000 PME sur 30 km^2 ; à Val Vibrata (peaux et cuirs), 1 600 PME et 12 000 emplois pour une surface équivalente.

Depuis quelques années, les économistes ont cherché à recenser ces systèmes en Europe.

On en compterait près de 80 en Italie, presque autant en Espagne (Catalogne et Levant), et environ une quarantaine en France (Courlet et Pecqueur, 1993). Le phénomène est également visible en Écosse, dans l'Allemagne du Sud ou encore dans le Jutland (Danemark). La liste n'est pas exhaustive.

Ces systèmes évoluent avec le temps. Ils s'ouvrent à l'extérieur. Ces changements fragilisent l'équilibre efficacité économique – culture territoriale, car ces systèmes doivent affronter :

• L'adaptation aux nouvelles technologies. L'utilisation intensive du travail peu qualifié ne prédispose pas à l'adoption de technologies nouvelles en provenance de l'extérieur et l'appui sur les savoir-faire anciens peut être remis en

101

cause par les « sauts technologiques » (passage, par exemple, de la mécanique à l'électronique pour l'usinage des pièces). La reproduction des compétences professionnelles est alors rendue plus difficile et exige un effort d'adaptation.

• La reproduction entrepreneuriale. Le moteur social principal qui a permis la création d'entreprises dans ces systèmes est la mobilité sociale, c'est-à-dire la possibilité pour tous (ou presque tous!) d'accéder à la position de chef d'entreprise. La génération suivante n'a pas la même fluidité et l'âge moyen des entrepreneurs augmente, posant avec plus d'acuité qu'ailleurs le problème de la transmission d'entreprises.

Malgré ces difficultés, les systèmes productifs locaux vivent et évoluent. L'avatar le plus récent pourrait être le district technologique.

Les principales caractéristiques du district technologique restent les mêmes que les systèmes locaux, mais s'appliquent à un milieu urbain dense et riche en ressources technologiques et scientifiques. Les réseaux dominants qui structurent les relations entre acteurs ne sont pas ici familiaux mais plutôt professionnels. Les connivences s'établissent sur la base de formations technologiques communes, d'une identité de pratiques professionnelles ou encore d'origines universitaires semblables.

Le rôle **d'incubateur** caractérise assez bien ce type de système dans la mesure où la diffusion des projets d'entreprises provient le plus souvent des entreprises elles-mêmes. La mobilisation des ressources stratégiques ne se fait donc pas directement à partir des structures de solidarité sociale qui entourent l'entreprise, mais plutôt à partir de pratiques internes propres aux entreprises, venant ensuite induire des solidarités sociales. **La culture d'entreprise vient se substituer à la culture familiale**.

Il ne suffit pas d'être dans une grande ville pour se trouver en présence d'un district technologique. Seules les agglomérations où fonctionnent des réseaux qui lient la production avec la formation et la recherche dans un ensemble modulé relèvent du district technologique. Pensons à Toulouse ou encore à Grenoble. Cependant, le district technologique doit être distingué de la technopole.

Il existe de nombreuses formes technopolitaines. Rares sont celles qui peuvent être identifiées à des dynamiques de développement local. Le plus souvent, nous sommes en présence d'une infrastructure sophistiquée de locaux et de services destinée à attirer des entreprises en voie de délocalisation.

Quelle généralisation ?

Les systèmes productifs locaux et leur évolution récente, tels que nous les avons présentés, ne constituent que des cas particuliers. L'intérêt de les décrire tient dans le fait qu'ils sont **représentatifs** de ce qu'est une dynamique locale. Nous en préciserons les concepts dans le point suivant.

Nous avons montré plus haut que les mutations récentes constituent un contexte favorable aux stratégies de coopération interentreprises et aux synergies avec d'autres acteurs. Ainsi l'on trouve, sous des formes atténuées, des caractéristiques proches des systèmes productifs locaux dans tous les tissus industriels.

Les grands groupes modifient leurs relations avec les sous-traitants (passage à la cotraitance et au partenariat). Le modèle japonais des clubs d'entreprises trouve des émules en Occident. Les grands groupes français (timidement mais de façon significative) cherchent à se doter d'un environnement immédiat performant sur le lieu d'implantation de leurs établissements, notamment par le biais de leurs sociétés de reconversion qui voient leurs missions s'élargir.

Les PME élargissent leur horizon à leur environnement de proximité sous la pression de la nécessité . « Les entreprises dialoguent avec le territoire » (comme le montre le rapport Bouvard-Calame rédigé pour le ministre français de l'Équipement en 1988). Des institutions-relais entre la demande des entreprises et l'offre de services apparaissent de plus en plus actives : les centres techniques, les centres de transfert de technologie (CRITT-public , CREATI-privé), les services économiques des grandes villes et des départements, sans oublier, en certains lieux, les organismes consulaires, etc.

La principale question qui se pose aux animateurs de DEL est de reconnaître, d'identifier et d'évaluer les modes d'organisation locale qui agissent spontanément dans les territoires pour dynamiser les tissus économiques.

Ce travail est un préalable à toute action publique. Pour le mener à bien, il est nécessaire de revenir aux fondements conceptuels du DEL que nous examinons dans le point suivant.

NOTIONS ET CONCEPTS UTILES À L'ANALYSE DES SITUATIONS DE DÉVELOPPEMENT ÉCONOMIQUE LOCAL

Nous aborderons ici une introduction qui appelle naturellement de plus amples précisions, démonstrations et illustrations qui dépassent le cadre nécessairement limité de notre intervention.

Nous retiendrons quatre notions essentielles : la *réciprocité*, le *partenariat*, le *réseau* et l'*interface*.

La réciprocité

Dans la tradition de l'économie orthodoxe, le seul lieu de rencontre entre les entreprises est le marché. À lui seul, il contient toute l'information utile et nécessaire à l'entreprise. Tout a un prix, quel que soit le besoin de chacun. Il appartient aux entreprises d'engager des stratégies individuelles pour entrer sur ce marché.

Or, dans la réalité, les relations humaines n'ont pas cette sécheresse. Nous l'avons vu, dans le cas des systèmes productifs locaux, les entreprises ont des relations de coopération ; non pas par philanthropie ou morale communautaire, mais par intérêt bien compris. De telles relations existent, plus ou moins développées, partout où existe une concentration suffisante d'entreprises. Nous appellons ces relations la réciprocité[3].

Tableau 4.1

MARCHÉ	RÉCIPROCITÉ
– L'échange est libre	– L'échange est contraint (obligation sociale)
– L'échange est immédiat	– Le retour de l'échange n'est pas précis dans le temps
– L'échange s'effectue en monnaie (il existe un prix)	– L'échange s'effectue de diverses manières (services, considération, pouvoir, alliances, etc.)

3. Cette notion s'appuie sur les résultats de l'école d'anthropologie qui a théorisé sur le don, notamment M. Mauss (1925).

La vie économique est régulée par la coexistence de ces deux formules d'échange. Le marché est d'abord perçu dans la proximité, mais il est aussi national, voire international. Les acteurs pratiquent la réciprocité dans leur environnement proche. C'est la réciprocité qui illustre l'unité culturelle d'un territoire, même si les entreprises qui en font partie n'ont que peu de relations de marché entre elles.

Le partenariat

Une approche des réalités du développement économique par le biais du DEL amène à considérer les territoires comme une organisation sociale animée par un jeu (ou des jeux) d'acteurs. Il s'agit d'abord de comprendre les stratégies institutionnelles et les intérêts en cause avant d'agir. L'acteur, c'est plus que l'agent. Il peut avoir à gérer des intérêts contradictoires (faire du profit, gagner du pouvoir, ne pas prendre de risques, justifier son existence institutionnelle, etc.).

L'acteur devient partenaire sous certaines conditions :

- Les partenaires agissent dans un univers de concurrence, mais ils admettent entretenir au sein de cet univers des relations de coopération, car il y va de l'intérêt de chacun ;

- Les partenaires ne se contentent pas de coopérations ponctuelles, il y a stabilité et systématisation de la coopération. Les partenaires se définissent par rapport à un projet ;

- Chaque institution-partenaire a un rôle spécifique à jouer. La répartition de ces rôles se fait sur un mode implicite ;

- La relation partenariale exige un minimum de confiance mutuelle qui distingue les partenaires des autres concurrents ;

> – Le partenariat provoque un fonctionnement non pas deux à deux (comme des agents sur le marché), mais en réseaux.

Le réseau

Le réseau est l'ensemble des flux d'échanges, matériels ou non, pécuniers ou non, qui relient les partenaires (Pecqueur, 1989, Vachon et Coallier, 1993).

Les réseaux sont multiples et les échanges innombrables. C'est pourquoi il faut limiter l'observation aux « réseaux à finalité productive », c'est-à-dire les réseaux qui ont explicitement pour objet la production et la répartition des biens et des services.

On peut alors repérer deux formes polaires de réseaux : les réseaux **institutionnels** et les réseaux **informels**. Dans la réalité, ces deux formes sont souvent mélangées. Tel réseau sera plus ou moins marqué par l'une ou l'autre forme.

L'analyse d'une situation passe par la compréhension des différents niveaux de réseaux, même sommaire, pour accéder à une évaluation des forces dynamiques en présence.

L'observation d'une situation de DEL, c'est l'analyse :

1. de la combinaison des réseaux de partenaires,

2. des modalités de la régulation locale.

En effet, les réseaux institutionnels et informels ainsi que toutes les formes hybrides de relations peuvent se conforter, se neutraliser ou encore se contrarier. Dans le cas où ils se confortent, il y a apparition d'un milieu économique ancré dans un territoire au sein duquel les acteurs admettent implicitement des règles et des valeurs culturelles communes (la régulation locale).

Tableau 4.2

| CARACTÉRISTIQUES DES DEUX FORMES DE RÉSEAUX ||
RÉSEAUX INSTITUTIONNELS	RÉSEAUX INFORMELS
Il existe une finalité	Pas de finalité précise
Il existe une frontière	Pas de frontière nette
Il y a spécialisation et faible redondance	Redondance des fonctions des membres de ces réseaux
Il y a officialisation, régulation explicite	Pas d'officialisation, régulation implicite
Exemple : le réseau institutionnel d'aide à la création d'entreprise	Exemple : la famille, le réseau professionnel

L'interface

Au sein des réseaux de partenaires, nous pouvons distinguer au moins trois rôles distincts. En premier lieu, l'entreprise qui cherche à obtenir du milieu local un certain nombre d'avantages : elle est demandeuse de services de proximité. En second lieu, les institutions qui sont mises en place pour offrir ces services soit sur le mode privé, soit sur le mode public. Nous pourrions penser que l'offre cherche à s'adapter naturellement à la demande et qu'il y a donc un marché du service de proximité. Dans la réalité, il n'en est rien. Les entreprises ne savent pas nécessairement identifier leur propre demande et les offreurs de services ne peuvent s'adapter spontanément à une demande fluctuante et imprécise. C'est ici qu'interviennent les **interfaces**, troisième rôle du jeu local des acteurs. Ces institutions jouent un rôle d'animation et d'identification des besoins individuels dans un projet collectif. La dynamique locale de développement s'opère par itération et tâtonnement (essai-erreur-essai) ; les interfaces arbitrent entre les besoins individuels de court terme et les besoins collectifs du territoire de plus long terme.

Les institutions interfaces telles que les sociétés d'économie mixte de développement local, les syndicats intercommunaux, les comités d'expansion, les organismes consulaires, les centres techniques et de transfert de technologie, etc. jouent ou doivent jouer ce rôle dans la mesure où ils sont des lieux investis par plusieurs acteurs (entreprises, élus, techniciens, enseignants, chercheurs, etc.). Les interfaces doivent être des organes de délibération, des **espaces de négociation** et d'équilibre des tensions et des conflits. Il ne peut y avoir de construction du développement local s'il n'y a pas d'espace laissé libre à la confrontation et à l'ajustement des intérêts particuliers.

CONCLUSION

Le DEL n'est ni un modèle exhaustif et exclusif d'autres trajectoires de développement ni une collection de recettes et de techniques pour le traitement de l'emploi au niveau local. Il s'agit plus sûrement d'un **changement de regard** sur les éléments constitutifs des tissus économiques, d'une méthode de mobilisation des potentiels humains et d'une appréciation du temps du développement à long terme.

Le DEL ne peut mettre en valeur que ce qui existe potentiellement et peut être révélé par les stratégies d'acteurs. Il ne réduit pas les inégalités entre les territoires dans le sens qu'il avive les concurrences. Les différences de développement ne se situent plus au niveau du stock de facteurs de production détenu sur le territoire à un moment donné (abondance de matières premières, ou disponibilité en travail ou en capital), elles résident dans la capacité, sur le plan local, de coordonner des stratégies d'acteurs et d'innover collectivement. L'entrepreneurship ne peut donc être l'aventure individuelle de quelques entrepreneurs intrépides et inspirés dans un monde hostile à leur action. L'entrepreneurship se développe comme résultat des synergies produites par tout un milieu capable de dépasser l'entropie engendrée par la diversité pour se mobiliser sur un projet de développement. Dans ce contexte, les politiques publiques et parapubliques de DEL sont parfois nécessaires, mais elles ne peuvent que conforter ou soutenir des dynamiques préexistantes. Il y a bien une pédagogie du projet de DEL qui requiert une méthodologie précise, un véritable professionnalisme et des procédures d'évaluation régulières, mais cette analyse n'est pas l'objet de ce texte[4].

RÉFÉRENCES BIBLIOGRAPHIQUES

BOYER, R. et DURAND, J.P., *L'après-fordisme*, collection Alternatives Économiques, Syros, Paris, 1993, 174 p.

CORIAT, B., *L'Atelier et le robot*, éd. C. Bourgois, Paris, 1990, 303 p.

COURLET, C. et PECQUEUR, B., « Les systèmes industriels localisés en France : un nouveau modèle de développement » *in* BENKO, G. et LIPIETZ, A., éditeurs, *Les Régions qui gagnent*, Presses Universitaire de France, Paris, 1993, p. 81 à 102.

---

4. Nous renvoyons le lecteur à une première approche méthodologique : M. Cuaresma et B. Pecqueur : *Le Projet de développement local*, La lettre du cadre territorial, dossier d'expert, BP 215, 38506 Voiron Cedex.

FRIEDMANN, J. et WEAVER, C., *Territory and Function : the Evolution of Regional Planning*, E. Arnold publications, Londres, 1993.

MAILLAT, D. et PERRIN, J.C., *Entreprises innovatrices et développement territorial*, éd. GREMI-EDES, Neuchâtel, 1992, 255 p.

MAUSS, M., « Essai sur le don, forme archaïque de l'échange », l'*Année Sociologique* In *Sociologie et Anthropologie*, PVF, Paris, 1985, p. 145 à 279.

PECQUEUR, B., *Le Développement local : mode ou modèle ?*, collection Alternatives économiques, Syros, Paris, 2e édition de 1992, 1989, 147 p.

PIORE, M. et SABEL, Ch., *The Second Industrial Divide*, Basic Books, New York, 1984, édition française, Les chemins de la prospérité, Hachette, Paris, 1989, 441 p.

PORTER, M., *The Competitive Advantage of the Nations*, Mac Millan, Londres, 1990, 855 p.

SALAIS, R. et STORPER, M., *Les Mondes de production, enquête sur l'identité économique de la France*, éd. de l'École des Hautes Études en Sciences Sociales, Paris, 1993, 467 p. (une édition en anglais sur l'identité économique des États-Unis est en préparation).

SCHUMACHER, E.F., *Small is Beautiful, a Study of Economics as if People Mattered*, Blond and Briggs Ltd, Londres, 1973, édition française, Le Seuil, Paris, 1978, 318 p.

VACHON, B. et COALLIER, F., *Le Développement local : théorie et pratique*, gaëtan morin éditeur, Boucherville, 1993, 331 p.

ZEVAES, A., *Histoire du socialisme et du communisme en France de 1871 à 1945*, éd. France-Empire, Paris, 1947, 402 p.

PÉRIODIQUES

BECATTINI, G., « Dal settore industriale al distretto industriale. Alcune considerazioni sull'unità di indagine dell'economia industriale », *Rivista di Economia e Politica Industriale*, vol.5, n° 1, 1979, p. 35 à 48.

GAROFOLI, G., « Le aree-sistema in Italia », *Politica ed Economia*, vol. XIV, n° 11, november 1983, p. 3 à 43.

PROULX, M.-U., « Activité résilière et organisation économique de l'espace », *Revue d'Économie Régionale et Urbaine*, n° 3, 1989, p. 575 à 600.

André Joyal, professeur
Département des sciences économiques – Université du Québec à Trois-Rivières

CHAPITRE 5

LES PRÉS DU DÉVELOPPEMENT ÉCONOMIQUE LOCAL EN FRANCE : AUSSI VERTS OU PLUS VERTS QU'AU QUÉBEC ?

« **L**es spécialistes québécois du développement local s'enthousiasment exagérément de ce qui se fait en France. En réalité, à part les expériences du pays du Méné (Bretagne) et du Plateau Picard (Picardie), il ne se fait pas grand-chose. » Ces propos nous ont été adressés en 1992 par un représentant du **Comité d'études de liaison des associations à vocation agricole et rurale** (CELAVAR). Ce n'était pas la première fois que nous entendions de tels propos, et notre réaction est toujours la même. En 1988, nous participions, à Paris, à un colloque sur le financement du développement économique local (DEL) organisé par la Fédération des CIGALES[1]. Lors d'une période de discussion, à la suite d'un commentaire d'un des deux coauteurs d'un rapport intitulé « Pour développer l'emploi », publié quelques mois plus

---

1. Club d'investissement pour une gestion alternative et locale de l'épargne.

tôt et qui avait fait couler beaucoup d'encre, nous n'avons pu nous empêcher d'intervenir. Nous avons alors attiré l'attention sur la propension des Français à trop admirer la qualité des pâturages du voisin. En effet, pour ce participant dont le rapport regorge d'exemples américains et japonais, rien à l'intérieur de l'Hexagone ne semblait digne d'intérêt en matière d'initiatives de création d'emplois. Avons-nous réagi par excès d'enthousiasme en nous référant à ce qu'il nous avait été donné d'observer dans le quartier des Trois Cités de Poitiers, ou au pays du Haut-Couserans en Ariège, ou encore dans celui du Beaufortain en Savoie, pour ne prendre que quelques exemples ?

Ce foisonnement d'initiatives – en bonne partie relié aux lois de la décentralisation – que rapporte depuis deux ans à chaque semaine la section *Heure Locale* du journal *Le Monde*, est-il vraiment significatif ? Ou n'est-il qu'une vue de l'esprit de ceux qui aiment croire à l'avènement d'un nouveau mode de développement économique ? Le fait d'affirmer qu'il se fait beaucoup de choses en France en matière de DEL est-il une réaction suscitée par la conviction qu'au Québec il ne s'en fait pas assez ? Notre vision est-elle symétrique de celle d'un responsable français du colloque *Le local en action*[2] ? Celui-ci voyait en la SOCCRENT[3] du Saguenay la preuve de l'avance du Québec (!) sur la France. Et pourtant, c'est par dizaines – Henri Le Marois, fondateur d'ESPACE à Lille pourrait en témoigner – que l'on trouve en France des organismes à vocation similaire.

Les comparaisons sont souvent trompeuses et les impressions dégagées s'éloignent parfois de la réalité. C'est avec ces mises en garde bien en tête que nous brossons un tableau de la situation du DEL au pays des

---

2. Colloque tenu à Montréal en décembre 1988 sous l'égide de l'ANDLP (Paris) et de l'IFDEC (Montréal), Éditions de l'Épargne, Paris, 1989.

3. Société en commandite de création d'entreprises.

ancêtres, un peu plus de 10 ans après l'adoption de la deuxième loi Deferre sur la décentralisation.

La conception du DEL retenue ne diverge pas, bien sûr, de celle des autres auteurs de cet ouvrage. C'est bien de développement endogène, ou par le bas, dont il est question. Un type de développement qui, comme au Québec, a vu ses premières manifestations en milieu rural au début des années soixante-dix. La Gaspésie des Français était alors le Larzac, qu'il fallait sauver des mains du gouvernement désireux d'implanter une base militaire dans cette région du Midi.

C'était le temps des ex-soixante-huitards qui souhaitaient *vivre et travailler autrement*, à l'image des disciples de Mao de Montréal qui (avant ceux de Moïse...) tentèrent la même aventure aux confins du Québec. Le temps de perdre leurs illusions. En France comme au Québec, ceux qui persisteront dans cette voie le feront au prix de l'eau à verser dans leur cuvée du révolutionnaire, et au prix d'accepter de vivre et de travailler avant tout avec les populations locales désireuses de maintenir leur collectivité bien en vie.

Le dogmatisme cédant le pas au pragmatisme, de l'autre côté de l'Atlantique on parlera de plus en plus de DEL, alors que pour la même stratégie, sur les rives du Saint-Laurent, on parlera plutôt de « développement communautaire ». La distinction de langage durera le temps que des voyageurs québécois, au début des années quatre-vingt, répandent l'expression couramment utilisée en France[4].

---

4. Aujourd'hui, en partie à cause de l'influence de l'Institut de formation en développement économique communautaire (IFDEC), au Québec, on tend à voir dans le développement économique local (DEL) et le développement économique communautaire, deux réalités différentes. Se reporter au chapitre sur l'exemple montréalais dans *Community Economic Development in Canada*, André Joyal, sous la dir. de D. Douglass, McGraw-Hill Ryerson, Toronto, 1994.

Comme on parlera de plus en plus d'acteurs du DEL, un certain nombre d'entre eux, de toutes les régions de la France, se réunirent à l'intérieur de l'**Association nationale pour le développement local et des pays** (ANDLP). Par «pays», on comprendra qu'il ne s'agit pas des quelque 170 inscrits à l'ONU. Non, c'est bien de collectivités ou de micro-régions dont il s'agit. Au nombre de 300, ils ne sont inférieurs à celui des fromages (400) qu'à cause des nouvelles variétés issues du génie humain qui apparaissent sur le marché de temps à autre ! Le slogan mis de l'avant deviendra *Vivre et travailler au pays*. Une rencontre à Mâcon en 1982 va permettre de formuler les cinq commandements des «pays» dont l'un stipule que le DEL peut constituer un modèle alternatif. Somme toute, dans la mesure du possible, on ne s'éloigne guère d'une volonté de vivre et travailler de façon différente par rapport à ce qui s'observe à l'intérieur du modèle dominant.

D'autres organismes, plus ou moins liés à une certaine aile militante de la gauche alors au pouvoir, partageant une vision similaire, ont fait avancer la réflexion à la faveur de différentes rencontres, comme celles d'Aurillac, où l'on a cherché à porter le flambeau du DEL autant en milieu rural qu'en milieu urbain. Mais, s'il se fait des choses, rien n'étant facile, le nombre de chômeurs, entre-temps, ne cesse de s'accroître. Quand une fonderie ferme ses portes et licencie 300 travailleurs, comme il a été dit, *Small is beautiful*, mais une initiative de DEL qui crée cinq emplois c'est *small*, point à la ligne.

La grande diversité des initiatives de DEL et leur insuffisance en création d'emplois explique en partie le fait que l'ANDLP connaîtra, avec le colloque «Le local en action» son chant du cygne. *C'est la faute à Rocard*[5] dira-t-on, *il ne veut plus nous financer sous le prétexte*

---

5. À l'époque locataire de Matignon, c.-à-d. chef du gouvernement.

qu'avec la décentralisation, un organisme centralisateur (jacobin ?) *n'a plus sa place à Paris.* Vrai ou faux ? Les avis divergent ici. Enfin, pour se donner une nouvelle image et pour mieux rebondir, on se fait hara-kiri et l'on crée un « nouvel » organisme, l'**Union nationale des acteurs et des structures de développement local** (UNADEL). En fait, il s'agit de la fusion de l'ANDLP et de la Fédération des pays de France. Une union qui facilite l'interrelation entre élus et non-élus. Ce serait là, selon le nouveau président, l'une des clés du changement de la société. Pourquoi pas ?

Pendant ce temps, au début des années quatre-vingt-dix, la gauche revenue au pouvoir donne lieu à la création du **Groupe interministériel pour le développement local** (GIDEL) d'où sortira un an plus tard un organisme moins politique, doté évidemment du statut d'association 1901[6], le **Centre de rencontres et d'initiatives pour le développement local** (CRIDEL). Ce dernier, comme son nom l'indique, se rend responsable de rencontres d'acteurs du DEL (deux fois à Angers et tout récemment à Strasbourg) en plus de prendre des initiatives touchant la collecte de l'information et la publication sur les expériences en cours partout à travers le pays. Mais, encore une fois, rien n'est facile, la dégradation de l'économie se poursuit, la droite revient au pouvoir, et voilà que l'existence, ou du moins la vocation première de cet organisme, est menacée ou à tout le moins remise en cause.

Alors, quel bilan peut-on faire de ces quelque 10 ans de tentatives de prise en main de leur destin de la part des populations locales ? Quelles leçons peut-on dégager et quelles espoirs est-il possible de caresser pour les années à venir ? Que penser de l'affirmation du

6. L'équivalent de notre troisième loi des compagnies qui encadre nos organismes sans but lucratif (OSBL).

président du sénat, René Monory[7], pour qui : *La décentralisation, c'est d'abord se mettre à son compte.*

OÙ EN EST-ON ?

Dans un article du *Monde Diplomatique*[8], le sociologue Alain Bihr présente un bilan particulièrement négatif des conséquences sur le DEL de 10 ans de décentralisation. Même s'il ne fallait pas s'attendre à un constat plutôt flatteur dans les pages du plus important journal anti-impérialiste francophone[9], force est de reconnaître une certaine pertinence à l'argumentation partagée en trois points.

Tout d'abord, la décentralisation aurait contribué à renforcer le pouvoir de la technostructure locale. Des élus locaux et les bureaucrates qui les entourent ont profité de leur nouvelle marge de manœuvre pour consolider leur pouvoir (« le sacre des notables ») et se constituer des chasses gardées ; les nouveaux venus, pour y pénétrer, doivent montrer patte blanche. De cette façon, les représentants des forces vives locales, indispensables rouages de toute stratégie de DEL, se butent à des résistances de nature à compromettre leur enthousiasme et leurs ardeurs. Un état de fait qui, hélas, se vérifie trop souvent.

Les deux autres arguments avancés paraissent moins percutants. L'un concerne la professionnalisation des agents de DEL à qui l'on a appris l'art de la planification stratégique. Bien sûr, en France comme au Québec, on tend parfois à voir dans l'approche stratégique la

---

7. Également maire de Loudun et président du Conseil général de la Vienne.

8. Le mirage des politiques de développement local, novembre 1992.

9. Nous faisons référence aux allusions, dans le texte, à la formation du profit, à l'accumulation du capital et à l'exploitation d'une force salariée de la part des « nouveaux entrepreneurs » issus d'une stratégie de DEL.

panacée des maux dont souffrent les régions économiquement fragiles. Mais peut-on s'opposer à la mise en place de programmes de formation, académiques ou pas, visant à fournir à des intervenants appelés à travailler avec divers acteurs locaux, l'information et les outils susceptibles d'accroître leur efficacité ?

Enfin, cet auteur s'en prend au fait que des collectivités soient mises en concurrence les unes avec les autres, donnant lieu au phénomène qui consiste à déshabiller Paul pour habiller Jean. Le DEL représenterait un jeu à somme nulle. Cet argument a déjà été réfuté par le spécialiste américain Stuart Perry[10]. En fait, c'est l'absence de stratégie de DEL qui met les 31 180 communes françaises de moins de 2 000 habitants en concurrence, chacune ayant tendance à tirer la couverture de son côté sous l'impulsion du sempiternel esprit de clocher. L'individualisme local est encore très fort et, pour employer une expression courante au pays de Jeanne-d'Arc, l'intercommunalité ne se décrète pas. Or, est-il nécessaire de le préciser, pour que le DEL donne des résultats, l'intercommunalité est un « must » comme disent nos cousins souvent plus attirés par Shakespeare que par Molière.

LES DIFFÉRENTS PALIERS ADMINISTRATIFS

Mais pour y voir clair, il importe d'avoir en vue les grandes lignes de ces lois votées le 7 janvier 1982 et le 22 juillet 1983. Elles se rapportent aux compétences de trois paliers administratifs. D'abord **les régions** (au nombre de 22) sont investies de la responsabilité de l'aménagement du territoire et de l'intervention économique à travers différents instruments comme les primes régionales à l'emploi, ou à la création d'entreprise,

---

10. *Communities on the way : rebuilding Local Economies in the United-States an in Canada*, State University of New York Press, New York, 1987, 278 p.

les prêts avec bonification de taux d'intérêt, l'aide des sociétés de développement régional et les chartes inter-communales de développement et d'aménagement. C'est de la région que relèvent également les programmes de formation professionnelle ou d'apprentissage dispensés par les lycées d'enseignement professionnel.

Aux **départements** (99 en incluant ceux d'outre-mer), on a accordé en matière économique une sorte de liberté surveillée puisque les actions directes dépendent presque exclusivement de la région. Mais les départe-ments ont su tirer leur épingle du jeu pour mettre à profit une gamme très variée d'aides indirectes : appui à l'acquisition de terrain, exonération temporaire de la taxe professionnelle (venant des entreprises), aide à l'érection de bâtiments, etc. Cependant, l'obligation de consacrer environ 50 % du budget départemental à l'aide sociale représente l'une des contraintes les plus grandes face à l'engagement envers le DEL. Enfin, l'esprit des lois veut que le département soit le niveau intermédiaire, un lieu de convergence d'un mouvement ascendant des communes et des micro-régions et d'un mouvement descendant venant de l'État (Paris) et des régions qui cherchent à s'implanter au niveau local.

Les **communes** (au nombre de 37 000, telles Flavy-la-Fiole, Garges-les-Gonesse et autres Joué-les-Tours), les « pôvres » communes ! sommes-nous tenté d'écrire. Ce qu'ils se sont plaints, les braves maires de la France profonde réunis au palais des congrès du Futu-roscope de Poitiers, au début de février 1994, lors de la Convention nationale sur l'aménagement du territoire. Il s'agissait pour eux de se prononcer sur un vaste projet piloté par l'ineffable ministre de l'Intérieur, Charles Pas-qua, concernant le visage que devrait prendre l'espace français en 2015... Les « petits maires » n'ont pas la patience d'attendre 20 ans. C'est maintenant qu'ils veu-lent des réformes (surtout fiscales) pour que la commune ne soit plus la négligée des lois de la décentralisation. Ces élus veulent faire plus que gérer un urbanisme léger, gérer certaines formes d'aide sociale et choisir la couleur des murs de leur école (pour les communes qui ont encore la chance d'en avoir une). Oui, il a beaucoup été question de péréquation financière à cette grand-messe du Futuroscope (communes contre Paris), ce qui n'est pas sans rappeler à l'observateur québécois les tiraillements entre les provinces et Ottawa.

Le manque de clarté dans la répartition des responsabilités entre les trois paliers administratifs constitue l'une des difficultés de la mise en œuvre des lois de la décentralisation en matière économique. Les possibilités d'empiétement sur le terrain de l'un ou de l'autre sont nombreuses avec les occasions de conflit que l'on imagine aisément. En fait, le département et la commune sont condamnés à harmoniser leurs interventions à caractère économique. Or, l'action du département étant tributaire de celle de la région, une coordination à un autre niveau s'avère donc nécessaire. On trouve ici l'un des écueils de la décentralisation. Mais, à la faveur de l'expérience, le **département** est l'instance qui parvient à mieux tirer son épingle de ce grand jeu. C'est en fait le grand bénéficiaire de la décentralisation.

Dirigé par un conseil général composé d'élus issus d'élections cantonales, le département tend à devenir la pierre angulaire du développement économique. Instauré lors de la Révolution à la suite d'un savant découpage effectué par le prolifique géographe Élisée Reclus, ce palier administratif n'est pas près de disparaître malgré les souhaits de certains.

Le président du conseil général, élu par les conseillers généraux appartenant en grande majorité au milieu rural, tend à prendre une importance grandissante. C'est le « patron » du département, qu'il dirige tel un chef d'entreprise. La décentralisation a fait de lui un personnage aussi important sur son territoire que le chef

121

de l'État sur le sien, rien de moins, selon *Le Monde*[11]. Qu'on en juge à nouveau avec Charles Pasqua qui, évidemment, pour ne pas être de reste, cumule les mandats électifs en étant à la tête des Hauts-de-Seine et se vante de diriger le 21e état du monde pour la production intérieure (...). Et que penser de René Monory dont la présidence du conseil général de la Vienne lui a permis de se faire le « père créateur » du Futuroscope ? Ce parc d'attraction, qui allie merveilleusement bien le ludique et l'informatif, se trouve sur un espace où il y a moins de 10 ans poussaient des betteraves. On attend pas moins de 3 millions de visiteurs en 1994. Ceux-ci, après s'être laissés émerveiller par la magie des technologies visuelles modernes, pourront ensuite aller admirer la magnifique façade de Notre-Dame-la-Grande, rajeunie grâce à l'apport, là aussi, des technologies modernes. Ailleurs, on a un président tout fier d'avoir mené à bien le projet de relier l'île de Ré à la terre par l'érection d'un très beau pont (payant). Ou encore, celui plus connu (Michel Barnier) qui a grandement contribué à la réalisation des J. O. d'hiver en Savoie, une chose impossible sans la présidence du conseil général, aux dires de ce leader départemental.

Grand parc d'attraction, investissement d'infrastructure, jeux olympiques, etc., quel est le lien avec le DEL ? Pour certains, la relation est évidente, *c'est ça le DEL !* n'hésitent-ils pas à s'exclamer. Pas pour nous, ni pour les autres collaborateurs à cet ouvrage. Mais alors, c'est quoi et où en est-on vraiment ? Quel bilan peut-on faire de l'expérience des années quatre-vingt en matière de DEL ? La sous-section suivante cherche à répondre à ce questionnement.

---

11. Mardi 8 mars 1994.

LE DEL DIX ANS PLUS TARD

Dans le cadre d'une opération dite de «télépromotion rurale», un groupe d'experts[12] réunis par le CRIDEL autour d'un pionnier du DEL et un ami du Québec, Georges Gontcharoff, a produit un texte permettant de faire le point sur la situation du DEL en France[13]. Trois pistes de réflexion retiennent l'attention.

1. **Le DEL est territorialisé.** Bien sûr, mais quand vient le temps de définir ce qu'est le « local », les choses sont moins claires. Nous faisons allusion à ce problème dans un chapitre intitulé « PME et développement territorial[14] ». On se rapporte ici à l'espace pertinent, l'espace des actions solidaires où se manifeste une volonté de prise en main afin de « s'en sortir ». Le problème de la masse critique n'échappe pas au groupe de réflexion : trop élevée, on dilue les identités et les réseaux relationnels forts qui induisent le changement social. Trop faible, un « pays » (ou au Québec, une MRC) de 10 000 habitants offre trop peu de possibilités à la diversification des activités et à leurs effets d'entraînement. On trouve ici l'interrelation entre l'ascendant (ce qui vient d'en bas, du local) et le descendant (ce qui vient d'un palier administratif supérieur) en vue d'en arriver à une entente pour une intervention sur un territoire donné à partir de logiques territoriales, hélas, souvent différentes.

Se pose également le problème de l'espace à géométrie variable ou des espaces emboîtés : bassins d'emplois, missions locales, pays d'accueils, parcs naturels,

---

12. Dont Bernard Pecqueur, collaborateur à cet ouvrage, a fait partie.

13. *Problématique du développement local*, Télépromotion rurale, Paris, 1994.

14. Dans *La PME : bilan et perspectives*, Presses Inter Universitaires, Québec et Économica, Paris, 1994, 437 p.

cantons. Quel espace faut-il privilégier ? À cette interrogation, nos experts répondent que le territoire à développer devrait être découpé selon la libre volonté des
communes associées, suivant la logique à la base des
chartes intercommunales de développement et d'aménagement (ententes entre 10 à 20 communes conduisant
un plan quinquennal de développement, au nombre de
282 en 1991 ; aucune progression ne se manifeste
depuis). Enfin, on considère qu'une politique de DEL ne
peut être menée à bien que si elle est reconnue par les
autorités politiques appelées à la soutenir, c'est-à-dire
les différents paliers administratifs qui s'étendent jusqu'à Bruxelles.

2. **Le DEL est un développement global**. À nouveau, on reconnaît ici la nécessité de concilier
à la fois des objectifs sociaux et des objectifs
économiques. Cependant, les experts affirment
que ces derniers ont été négligés par le slogan
Vivre et travailler au pays et qu'à l'avenir, le tir
doit s'orienter différemment. Cela étant admis,
on met en garde contre le danger de se lancer
tête baissée dans le « tout économique » en
n'accordant pas à d'autres secteurs l'attention
qu'ils méritent. De même, les experts insistent
sur la nécessité d'unifier la politique de la ville
et celle de l'espace rural en prévoyant l'inter-
activité entre les deux environnements. À leurs
yeux, il importe d'admettre que la ville a besoin
de son arrière-pays comme le monde rural a
besoin des services collectifs du monde urbain.

Contrairement au Québec (cf. « Les états généraux du monde rural » sous l'instigation de l'**Union des
producteurs agricoles** (UPA)), on assiste toujours à une
surévaluation politique des agriculteurs, de telle sorte
que le développement rural est encore trop souvent
associé au développement agricole. Or, les partisans du
DEL proposent aux agriculteurs une diversification de

124

leurs activités : reprise des productions traditionnelles, mise en valeur du tourisme rural, recours à la pluri-activité, protection de l'environnement, etc. Il faut en arriver à présenter le DEL autrement que comme un processus destiné à réparer les dégâts causés par le modèle productiviste (qui avait été fortement pris à partie au Québec lors des « États généraux du monde rural »). Mais, pas plus en France qu'au Québec, on n'est prêt à aborder le virage écologique aux dépens du modèle agricole productiviste. Actuellement, l'État fran-çais joue sur les deux tableaux : il appuie le modèle productiviste et celui qui se présente (ou se cherche encore...) comme une solution de rechange.

Pour que le DEL soit global, selon le comité d'ex-perts, il importe d'avoir dans le champ de mire un triple objectif :

– Valoriser les atouts d'un territoire ;

– Mettre en cohérence des acteurs locaux en aug-mentant leur efficacité par des effets de syner-gie ;

– Permettre au « local » de profiter d'un projet glo-bal pour mieux utiliser les aides extérieures.

Cela en accordant une attention particulière aux conséquences d'équipements structurants tels que les autoroutes, le TGV, les grands hôpitaux, les hyper-marchés, etc. Ainsi, si le Futuroscope de Poitiers ou les jeux olympiques de la Savoie n'ont rien à voir direc-tement avec une stratégie de DEL, ils ne peuvent être totalement ignorés, bien au contraire. Ce qui conduit à définir le DEL comme un art combinatoire : la capacité des acteurs à jouer sur plusieurs tableaux à la fois.

3. **La rencontre de l'ascendant et du descen-dant**. Faut-il le répéter, le DEL a pris son envol quand, à la base, au niveau local, des acteurs (les fameuses forces vives) ont réagi à l'encontre

125

de décisions prises au niveau d'échelons supérieurs (privés ou publics). Or, non sans pertinence, nos experts estiment que le mouvement en arrive à s'épuiser s'il ne rencontre pas sur sa route un mouvement descendant. Le programme canadien « Développement des collectivités » (sous l'égide de l'ex-ministère Emploi et Immigration Canada) offre une très bonne illustration de cette vision des choses. Nous sommes donc bien loin de cette recherche d'un développement autocentré assorti d'une illusoire volonté d'autarcie dans l'arrière-pays (ce que nous appelons le modèle « fromage de chèvre »).

Ceci étant admis, force est de reconnaître, en France comme ailleurs, qu'il n'est pas facile de mobiliser une gamme variée d'acteurs locaux. On parle de déficit de la démocratie locale (cf. ce que l'on désigne au Québec par le phénomène TLM : toujours les mêmes). Le rapport des experts attire l'attention sur la nécessité d'une réflexion sur la façon de faire participer un plus grand nombre de gens à l'intérieur d'une stratégie de DEL. Pour y arriver, on estime qu'il est urgent de se départir d'une vision largement répandue[15] il y a une dizaine d'années voulant que : « au pays, se seraient inventés un nouveau type de société, de nouveaux types de rapports sociaux, un nouveau monde encore balbutiant, qui trouverait toute sa place sur les ruines de l'ancien ». Avec raison, la plume de notre ami Gontchoroff est on ne peut plus précise en reconnaissant que ce discours est aujourd'hui largement dépassé et qu'il faut à la place parler de **complémentarité**. Complémentarité d'action avec les différents agents économiques qui sont susceptibles de s'engager dans toute stratégie de DEL.

---

15. Que nous avons pu observer au Québec comme en France à l'occasion de nos travaux sur l'économie alternative.

Dans ce contexte, on estime que l'État doit proposer et non imposer. Les lignes qui suivent font ressortir certaines idées issues de ce groupe de réflexion à partir de faits vécus en France rurale.

L'IMPORTANCE DU RURAL

Les prévisions les plus alarmistes sur l'avenir du monde rural ont commencé à se faire entendre il y a une dizaine d'années : disparition de la moitié des quelque 800 000 exploitations agricoles, retour à la friche du septième de la superficie du territoire national, réactualisation de l'image célèbre « Paris et le désert français ». C'est bien sûr ce que veut éviter le projet d'aménagement du territoire pour 2015. Si rien ne sera plus comme avant, heureusement, il y a place pour une alternative au scénario le plus pessimiste.

Notre collègue Bernard Kayser, de l'Université de Toulouse, refuse de croire en l'agonie du monde rural. C'est un son de cloche différent qu'il émet en précisant que si les espaces réellement en voie de désertification, c'est-à-dire les 434 cantons ruraux identifiés comme étant en crise, représentent près du cinquième (ouf !) de la superficie du pays, les zones du « rural profond » comptent moins de deux millions d'habitants. Du Piémont pyrénéen jusqu'au Plateau lorrain en passant par le Massif central, des centaines de villages sont effectivement appelés à disparaître (tout comme au Québec). Mais cet agro-sociologue n'en affirme pas moins que la campagne française est bien vivante, grâce à une population stabilisée parmi laquelle les agriculteurs comptent pour moins de 20 %. Les bourgs et les petites villes offrent aux entreprises et aux habitants un cadre de vie et des charmes qui exercent des effets d'attraction[16].

---

16. *Le Quotidien de Paris*, dossier spécial « Aménagement du territoire : le débat qui doit tout changer », 12 janvier 1994, p. 13.

Effectivement, lorsque l'on parcourt la France rurale, on ne peut que demeurer admiratif en présence de ces lieux aux noms pittoresques qui semblent résister à la force centripète exercée par la restructuration généralisée de l'économie mondiale. Mais les trop nombreuses petites communes ne pourront s'en tirer en faisant cavalier seul. C'est pourquoi, depuis quelques années, l'intercommunalité fait partie du programme des conseils municipaux.

Si les résultats ont longtemps tardé à poindre, ils commencent à se manifester. Seulement pour l'année 1993, on enregistre l'avènement de 250 **communautés de communes** (CdC) comprenant de 2 à 30 villages. Une loi sur l'administration territoriale adoptée l'année précédente a sûrement exercé un effet favorable en ce sens. Elle encourage l'intercommunalité sur la base de deux compétences : l'aménagement de l'espace et le développement économique. C'est là un net progrès par rapport à la législation en vigueur depuis des lustres (1890) sur la simple gestion de la tuyauterie au sens propre du terme (adduction d'eau, assainissement) autour de syndicats intercommunaux (à vocation unique ou multiple).

On le comprend bien, l'intercommunalité offre aux habitants une possibilité de se procurer des services qu'ils ne pourraient obtenir autrement tout en donnant une meilleure image de leur environnement immédiat. « Depuis quelques années, nous avons cessé d'agir chacun de notre côté et nous avons développé une conscience territoriale » m'a affirmé avec fierté, en mars 1994, le maire-instituteur de Gavaudun (380 hab.) lors d'un déjeuner dans l'unique restaurant de cette très belle petite commune de la vallée du même nom (Lot-et-Garonne). Là comme ailleurs, on cherche à substituer la solidarité à la compétition en vue d'attirer les entreprises. On remet à l'ordre du jour le slogan qu'Alexandre Dumas a mis dans la bouche de ses mousquetaires : Un pour tous, tous pour un.

Ainsi, dans une autre région, une CdC a été formée à partir des 19 communes du district de Laval (Mayenne) avec compétence sur le développement économique. Et la fameuse taxe professionnelle, source de si nombreuses tensions, sera prélevée par la CdC et non plus par les communes. De cette façon, la vision du DEL se situe à l'échelon pluricommunal et présente ainsi un plus grand nombre de possibilités. Comme on le voit, malgré le piétinement du programme visant l'implantation de chartes intercommunales de développement et d'aménagement, les regroupements se font par d'autres canaux.

La création de **sociétés d'économie mixte** (SEM), dont le nombre est passé de 600 à plus de 1 260 (grâce aux lois de la décentralisation) ces 10 dernières années, représente une autre manifestation du dynamisme issu du regroupement de communes. Considérées comme de véritables entreprises du DEL, elles doivent leur origine, comme leur nom l'indique, à un partenariat public-privé établi en vue d'intervenir dans la gestion des services publics (41 % : transports urbains, centres culturels, équipements sportifs), l'immobilier (30 % : logements sociaux, locaux professionnels) et l'aménagement (29 % : zones d'habitation ou d'activités).

La loi exige que les collectivités locales détiennent la majorité de l'avoir en capital des SEM. Alors que les entreprises privées travaillent sous l'influence de la rentabilité à court terme, les SEM offrent la possibilité d'intervenir dans le contexte global d'une collectivité avec d'autres objectifs que la simple recherche du profit. Toujours en mars 1994, il nous a été possible de visiter l'Agropole d'Agen, une SEM de création récente qui se consacre à l'accueil d'entreprises faisant appel aux nouvelles technologies dans le domaine agro-alimentaire. Les effets de synergie dont bénéficient les quelque 20 entreprises déjà en place nous ont paru évidents.

En somme, que ce soit dans le « pays » de Bray en Picardie, dans celui du Baugeois dans le Maine et Loire, dans celui de Vasle dans les deux Sèvres, dans celui du Fumélois dans le Lot-et-Garonne, il se fait des choses, et ce, à l'aide d'une panoplie de programmes. Ces derniers viennent de différents paliers administratifs dont certains relèvent de la Communauté européenne, tel le programme LEADER, dont la présentation s'accompagne ici d'une application dont nous avons pu être témoin en février 1994.

LE PROGRAMME LEADER

Le programme **Liaison entre actions de développement de l'économie rurale** (LEADER) est identifié comme étant de type « initiative communautaire ». Même s'il relève de la responsabilité de la Commission de la Communauté européenne, le mot « communautaire » ici peut très bien prendre le sens qu'on lui donne en Amérique du nord. En effet, l'objectif du programme est d'offrir un soutien direct aux initiatives collectives de développement prises par les communautés rurales estimées en retard ou en difficulté. Aux yeux de ses promoteurs, l'aspect innovateur du programme réside dans la programmation et la gestion faites au niveau du territoire retenu par les partenaires institutionnels, économiques et sociaux réunis au sein d'un « groupe d'action locale ».

Un autre de ses traits spécifiques prend la forme d'un vaste réseau rassemblant les 217 groupes locaux dont 50 pour la France. La tenue de séminaires permet les échanges d'information et l'élaboration, lorsque cela est pertinent, d'approches communes. La population de chacun de ces territoires varie entre 5 000 et 100 000 habitants. Prévu pour une durée de trois ans (renouvelable), le programme offre une assistance se rapportant à la formation au tourisme rural, au soutien aux PME, à la valorisation des produits agricoles, etc.[17]

---

17. *Leader Magazine*, revue trimestrielle du programme européen LEADER, n° 3, printemps 1993.

Pour l'observateur canadien ou québécois, les affinités de ce programme avec celui de l'ex-ministère Emploi et Immigration Canada sont particulièrement frappantes. Comme pour ce dernier, le programme LEADER comprend les éléments suivants :

– Un territoire et une population limitée où le sentiment d'appartenance est suffisamment important pour concevoir un projet global cohérent ;

– L'implication de partenaires locaux représentatifs de divers groupes socio-économiques et en mesure de concevoir et de mener à bien la réalisation d'un projet de développement dans le cadre d'une démarche ascendante ;

– Une relation de partenariat entre tous les groupes à l'échelle de la Communauté européenne en vue de favoriser la coopération et l'échange d'expertise.

Toujours à l'instar du programme Développement des collectivités, l'approche LEADER fait appel à la préparation et à la mise en œuvre d'un plan stratégique : objectifs et choix stratégiques, coûts, calendrier, etc. Les actions possibles sont réparties en sept catégories de mesures suivant le choix des groupes. Une fois son plan approuvé, chaque groupe touche une avance de trésorerie de 40 % du montant de son budget (quelques millions de dollars). Le reste du montant est attribué suivant, bien sûr, l'évolution favorable du programme.

Consultante à titre d'experte dans le cadre de ce programme, Marie-Élisabeth Chassagne tire de ce dernier quelques premiers enseignements :

– La philosophie de LEADER se répand et fait école au point que certains pays s'en inspirent pour leur propre politique rurale ;

 – Les pays latins et anglo-saxons tirent un grand
 avantage de la comparaison de l'expérience des
 uns et des autres ;

 – Les groupes LEADER constituent un vivier riche
 d'expériences innovantes qui méritent d'être diffusées et, à cet effet, les publications du réseau
 jouent un rôle utile ;

 – Les responsables des groupes LEADER, en règle
 générale, sont jeunes et bien formés. Cependant, comme au Québec, ils manquent d'expérience en matière de conduite de projet de développement territorial. Mais eux aussi peuvent
 apprendre rapidement pour autant qu'on leur
 en donne la chance[18].

Si une hirondelle ne fait pas le printemps, l'observation d'une seule expérience sur 217 ne permet pas
d'obtenir une appréciation représentative de l'ensemble
des groupes concernés. Néanmoins, nous considérons
que le projet LEADER du Plateau de Millevaches (rien à
voir avec le nombre de limousines... sur quatre pattes
que l'on y trouve) illustre assez bien ce qui se fait, en
apparence et en réalité, en matière de DEL en France.

LE PLATEAU DE MILLEVACHES

La fédération du Millevaches comprend 106 communes
de Corrèze, de la Creuse et de la Haute-Vienne totalisant
une population de 41 000 habitants. En mars 1992, une
enveloppe de 2 millions d'écus (1 écu = 1,50 $ US) a été
consentie par le programme LEADER en complément
des aides accordées par les instances départementales
(les conseils généraux des trois départements) et du Conseil régional du Limousin. Dans une pochette d'agréable

---

18. Extrait d'une communication présentée lors d'un colloque organisé par le Département de géographie de l'Université de Montréal en août 1993.

présentation en plusieurs couleurs, le projet est décrit d'une façon identique à ce que l'on observe partout ailleurs où une stratégie similaire de développement est mise de l'avant. Quatre types de mesures ont été retenues par les porteurs du projet :

Agriculture. Fonds d'aide à l'innovation agricole : contribution LEADER à la réalisation d'études préalables à la diversification ; logement des agriculteurs ; centre ressource du bois : documentation technique et lieu de rencontres en collaboration avec des institutions d'enseignement ; accueil d'une entreprise agroalimentaire.

Communication. Élargissement du rôle d'une télé communautaire ; création d'une tête de réseau en vue de faciliter les échanges avec les autres groupes LEADER.

Tourisme. Développement d'un système de communication touristique performant ; élaboration et mise en réseau de produits touristiques ; organisation de manifestations culturelles et sportives ; appui aux structures d'accueil.

Entreprise. Recherche d'investisseurs et promotion du plateau ; services aux PME : secrétariat, réception téléphonique, gestion de personnel ; soutien aux investissements dans le domaine de la bureautique et de la gestion informatisée ; prise en charge des surcoûts d'investissement lors d'une implantation : surcoût architecturaux et des travaux d'intégration au site.

Pour des raisons évidentes, le volet « entreprise » est celui auquel nous nous sommes le plus intéressé en nous adressant à des entrepreneurs ruraux que nous visitions pour la deuxième fois en cinq ans. Partageant notre point de vue, ces derniers considèrent que ce volet – tout comme les autres – pèche par un manque de substance. « C'est une coquille vide », ont-ils affirmé avec un

133

effort d'objectivité après avoir avoué ne pas être admissibles à une assistance de la part du programme étant donné que leur entreprise (filière bois) est en activité depuis six ans. Pourtant, nous aurions cru que l'aide aux PME implique autant la consolidation que la création, comme cela se fait au Québec.

Aux yeux de ces entrepreneurs, contrairement à toute approche de DEL, le programme apparaît davantage comme une démarche descendante. « C'est une pompe à fric activée par les élus locaux pour donner suite à leurs ambitions », ont-ils affirmé le plus sérieusement du monde. Conscients que des sommes d'argent étaient disponibles, ces leaders traditionnels n'avaient qu'à s'entendre pour concevoir un plan d'action suffisamment précis pour sauver les apparences et se pencher ensuite pour ramasser la manne. Une situation qui semble confirmer l'opinion de Bihr décrite au début de ce chapitre.

Le représentant de Télé-Millevaches, dont l'organisme bénéficie d'une assistance financière nous a, bien sûr, donné un son de cloche un tantinet plus nuancé, sans toutefois contredire les avis déjà recueillis. Chose certaine, on semble bien loin d'un plan d'action issu d'une vision élaborée à la faveur de l'engagement des différentes catégories d'acteurs du milieu[19].

L'exemple d'un projet de création d'un **Parc naturel régional** (PNR), toujours pour le Plateau de Millevaches, illustre une fois de plus toute la problématique associée à une démarche de DEL. Un PNR est un territoire à dominante rurale reconnu par tous les paliers

---

19. Pour preuve, une réunion de quelque 80 personnes à laquelle nous avons assistée dans... un centre de prières du Plateau et animée par un prêtre ouvrier. Cette rencontre avait pour but d'échanger des réflexions sur l'avenir de la collectivité. La seule référence au programme LEADER fut faite à l'occasion de l'utilisation d'un montage vidéo réalisé par Télé-Millevaches.

administratifs pour la qualité de son patrimoine naturel, architectural, culturel et pour la diversité des paysages que ses habitants ont à cœur d'entretenir et de préserver. C'est aussi un moyen que possèdent les collectivités locales de mettre en œuvre un plan global d'aménagement, de développement et de sauvegarde du patrimoine. Il suppose implicitement des interventions économiques favorisant le maintien des populations sur place.

À travers toute la France, il n'existe pas moins de 27 PNR, qui couvrent environ 8 % du territoire national, auxquels s'associent près de 2 millions d'habitants. Le premier PNR fut créé en 1969. Les lois de la décentralisation reconnaissent les PNR comme des structures de planification régionale, mais ce n'est qu'en 1988 qu'un décret leur a conféré une réelle compétence en matière de développement économique.

C'est alors que le Conseil régional du Limousin a entrepris une réflexion sur la création éventuelle d'une telle structure de développement en faveur de la région. Et, en 1991, le Conseil régional a adopté la constitution d"un Comité de pilotage chargé d'élaborer une charte de développement devant être soumise à l'approbation de 11 communes avant de suivre le cheminement de la filière institutionnelle classique. Or, aux dernières nouvelles, le tout piétine. « C'est l'affaire d'un groupe d'élus qui ne parviennent pas à obtenir un consensus plus vaste, alors le projet traîne de la patte », a-t-on affirmé. À nouveau, nous ne résistons pas à l'envie de citer Gilles Vigneault en paraphrasant une de ses vieilles ballades : *Qu'il est difficile de faire du DEL, qu'il est difficiiiiiiiiiiile...*

CONCLUSION

Tout compte fait, par son portrait du DEL plutôt pessimiste, notre interlocuteur du CELAVAR était peut-être plus près de la réalité qu'il nous avait alors paru.

135

Soyons clair. Il se fait des choses en milieu urbain, et tout autant, sinon davantage, en milieu rural. Les exemples d'initiatives de tout genre peuvent remplir un volumineux catalogue mais, pour reprendre le titre d'un article ô combien! toujours d'actualité d'Alain Lebaude, tout se fait dans un ordre dispersé. Et comme il l'a écrit, l'hypothèse du DEL est toujours à l'ordre du jour : « Mais de l'intention proclamée à son orchestration, on ne devait pas tarder à découvrir qu'il y avait un pas immense, malgré les énergies déployées de toutes parts[20] ».

Cinq ans plus tard, le tableau demeure le même. Le foisonnement d'activités lancées de Dunkerque à Menton (et non pas à Tamanrasset comme on disait au temps de la colonisation) proviennent d'une gamme très variée d'origines. Il y a peu d'exemples de cas où les initiatives prennent place à l'intérieur d'un processus intégral de planification stratégique tel que le conçoivent nos collègues Christopher Bryant, Paul Prévost et Bernard Vachon, également collaborateurs à cet ouvrage.

Les acteurs locaux appartenant au secteur associatif ou à l'appareil administratif, comme fonctionnaires ou élus, ne se comptent pas. On les retrouve ici et là à l'occasion des multiples colloques ou rencontres qui se tiennent année après année sur la problématique du DEL. Mais il faut causer avec eux pour réaliser toute l'ampleur de leur tâche. Certains s'épuisent manifestement à porter le flambeau en retour d'une rémunération à peine supérieure au salaire minimum, toujours préoccupés par le renouvellement du financement de leur structure d'intervention. Est-ce ainsi parce que trop de gens susceptibles d'apporter une contribution quelconque ne sont toujours pas conscients des potentialités que recèle la démarche propre au DEL? Autour de villes moyennes comme Dijon, Poitiers, Tours, etc., les effets

---

20. « Le développement local en ordre dispersé », *Le Monde*, mercredi 15 novembre 1989.

de polarisation sont-ils trop grands pour amener les acteurs des communes qui les entourent à concevoir qu'un autre développement pour leur collectivité s'avère possible ? Les aléas du mécanisme du marché sont-ils trop grands pour qu'il soit vraiment possible de « voir » l'avenir d'une collectivité sur un horizon de cinq ans ? Enfin, faut-il en arriver à concevoir le DEL différemment, comme l'ont fait avec beaucoup de lucidité les experts réunis par le CRIDEL ? Sûrement.

Du rapport de ces experts, le constat que le DEL est à la fois ascendant et descendant est, à n'en pas douter, celui qui mérite le plus d'attention. Si les économies nationales doivent faire l'objet d'une importante décentralisation, l'État n'en doit pas moins conserver certaines prérogatives. Et parmi celles-ci doit se retrouver la promotion de programmes conçus en vue d'aider les collectivités à se prendre en main.

Si le DEL est autre chose que l'implantation d'un gigantesque parc d'attraction exigeant des centaines de millions de dollars en investissements, ce peut être, par ailleurs, comme pour cette petite commune de la Vienne, Le Vigeant, l'implantation d'un circuit automobile. Remplacer des prés, où paissent on ne peut plus paisiblement des brebis accompagnées de leurs agneaux, par un anneau d'asphalte pour y faire tourner des bolides dont le bruit fait fuir les oiseaux à des kilomètres à la ronde, peut faire sourciller les plus écolos des partisans du DEL. Et pourtant, si un tel projet, qui a pour conséquence d'attirer quelques entreprises et des équipements touristiques, émane de la volonté des forces vives du milieu – et non de quelques élus ou particuliers essentiellement motivés par leurs intérêts particuliers – il peut très bien alors servir d'exemple de DEL.

En ce qui concerne les étudiants inscrits dans l'un des quelque 10 ou 12 programmes universitaires de 2e cycle en développement local dispensés ici et là, l'avenir n'est pas bouché. Des postes les attendent dans les comités d'expansion économique (plus ou moins semblables à nos commissariats industriels) ou à l'intérieur des nombreuses structures légères et locales qu'a suscitées la décentralisation de l'administration du pays.

Ces futurs acteurs d'un DEL mis en œuvre, aussi dispersé soit-il, peuvent trouver une source d'inspiration dans cette déclaration de René Monory lors de la Convention nationale sur l'aménagement du territoire de février 1994 : « Puisque dans les prochaines années, les Français ne doivent pas compter sur un accroissement de leur pouvoir d'achat, il faudra compenser ce manque par d'autres choses : la convivialité, les racines, les valeurs et, parmi elles, l'espace qui est, pour nous provinciaux, un atout exceptionnel. »

Enfin, comme on le voit, la couleur des prés, en ce qui regarde le DEL, est assez semblable de part et d'autre de l'Atlantique.

Paul Prévost, professeur
Institut d'entrepreneuriat – Université de Sherbrooke

CHAPITRE 6

DÉVELOPPEMENT ÉCONOMIQUE LOCAL ET STRATÉGIE ENTREPRENEURIALE

INTRODUCTION

Nous vivons une période de mutations profondes qui bouleversent à bien des égards les fondements mêmes de l'organisation sociale, économique et politique sur lesquels avait reposé le développement depuis la fin de la Seconde Guerre mondiale. La mondialisation des économies, un nouveau partage international de la production et du travail, l'accélération des changements technologiques, les modifications du marché du travail, et l'endettement des gouvernements sont parmi les éléments les plus importants à la base de cette restructuration. Les effets sont désastreux sur l'emploi, et devant la montée de la pauvreté et du chômage, nos gouvernements sont, semble-t-il, à court de solutions.

Pour certains, il faut délaisser les stratégies centralisatrices et retourner à la base pour mobiliser les communautés locales, leurs leaders et leurs entrepreneurs dans une véritable reprise en main de leur développement.

L'**Organisation de coopération et de développement économique** (OCDE), dans une étude entreprise auprès de ses membres sur l'entrepreneurship et le **développement économique local** (DEL), a constaté que **lorsque les autorités locales s'engageaient dans leur propre développement, elles obtenaient habituellement de meilleurs résultats que l'ensemble national.** Aux dire de l'organisme :

> Les incidences des solutions de nature macroéconomique, nationales ou externes, sont limitées car ces réponses globales ne peuvent prendre en compte des conditions locales extrêmement diversifiées. Des solutions locales sont recherchées qui mettent l'accent sur la création et la croissance de petites entreprises, le développement de l'esprit d'entreprise, la valorisation des potentialités locales et la recherche de modèles de développement endogènes (OCDE, 1987, p. 9).

Plus près de nous, Charland et Young (1992), intrigués par ce phénomène, ont tenté d'identifier les critères de succès des expériences de DEL dites heureuses. Pour ce faire, ils ont passé en revue les études américaines et canadiennes sur le sujet pour procéder ensuite à l'étude de huit expériences canadiennes considérées positives. Dans tous les cas, l'esprit d'entreprise et le leadership local se sont avérés des éléments cruciaux. À cela s'ajoutent le développement d'initiatives locales, l'engagement de la communauté, la création et le développement de PME, la mise en place d'organismes de développement et la planification d'objectifs aussi bien à court terme qu'à long terme. Bien que ces communautés ait été appuyées à divers degrés par les gouvernements supérieurs, aucune ne doit son démarrage à un programme ou à des initiatives gouvernementales. Dans tous les cas, l'effort à été soutenu sur des périodes de 10 à 30 ans. Enfin, les auteurs ont souligné la constante présence d'une forte dimension humaine dans

140

toutes ces expériences, que ce soit par l'entremise de personnages clefs, de leaders locaux ou par la participation de la communauté.

Au Québec, des organismes tels la Fondation de l'Entrepreneurship et l'**union des municipalités régionales de comté et des municipalités locales du Québec** (UMRCQ), inspirés par ce courant, ont retenu l'hypothèse de l'approche locale et de l'entrepreneurship comme stratégie de développement. Ils ont voulu identifier et propager des modèles, des méthodes et des outils de DEL proprement québécois. Dans ce texte, nous avons tenté de passer en revue les notions et les concepts que recouvre ce rapprochement, et de préciser le contenu et les défis de ce qui pourrait être une stratégie entrepreneuriale de DEL.

LA NOTION DE DÉVELOPPEMENT

Dans le parler populaire, on confond souvent croissance et développement. Or, ce ne sont pas des synonymes. Le développement implique accroissement de bien-être et changement dans la structure économique et sociale. Il engage une société sous tous ses aspects. La croissance est une notion plus simple. Elle se réfère à un accroissement des activités de production de biens et de services, mais n'implique pas nécessairement des changements dans la structure, et n'engage pas non plus une société sous tous ses aspects. Le concept de développement contiendrait donc l'idée de croissance (Furtado, 1975).

Ainsi, la notion de développement englobe une multitude de composantes économiques, sociales et politiques et doit tenir compte des valeurs et des attitudes d'une population. C'est d'ailleurs dans cette optique que François Perroux définissait le développement comme :

La combinaison des changements mentaux et sociaux d'une population qui la rendent apte à

141

faire croître cumulativement et durablement son produit réel global (Perroux, 1970).

C'est une perspective beaucoup plus exigeante pour toute personne ou organisme préoccupées par le bien-être d'une population.

LES COMPOSANTES DU DÉVELOPPEMENT ÉCONOMIQUE

Le développement économique, comme le développement social ou le développement du territoire, ne représente qu'un aspect du développement. Toutefois, si l'on se réfère aux notions décrites plus haut, il n'est pas possible de parler vraiment de développement économique sans inclure dans le débat tout un ensemble d'éléments normalement exclus du discours de l'analyse économique. En effet, pour compléter le point de vue, il faut ajouter des aspects politiques, sociaux, culturels, etc., en fait, tout élément susceptible d'influencer la réalité économique et d'aider à mieux la saisir. C'est ainsi que dans le modèle présenté ci-dessous, nous avons mis en relief cinq composantes sans cesse présentes, d'une manière ou d'une autre, dans la dynamique du développement économique (Perrin, 1974[1]).

- l'appareil économique de production de biens et de services proprement dit ;

- la population organisée sur un territoire donné ;

- l'appareil financier ;

- l'appareil décisionnel ;

- les aspects socioculturels liés au développement.

---

1. Perrin a identifié les quatre premiers éléments, le dernier, les aspects socio-culturels, a été ajouté par l'auteur.

L'appareil économique

Le premier élément, l'appareil économique, comprend l'ensemble des activités de production de biens et de services réparties sur le territoire local. Il se subdivise en trois blocs interreliés :

- Le bloc interne, qui comprend les entreprises travaillant directement ou indirectement pour le marché interne d'un territoire ;

- Le bloc exportateur, qui est constitué des entreprises exportatrices de biens et de services ; cet ensemble réalise une injection nette de revenus dans la population. On y réfère souvent sous le nom d'industries motrices ;

- Le bloc intermédiaire, qui regroupe les entreprises qui fournissent des biens et des services aux deux blocs précédents.

La politique des grappes industrielles est un exemple d'initiative s'adressant directement à l'appareil économique. Elle propose une stratégie susceptible de densifier les relations entre les différents blocs économiques sur un territoire.

La population organisée sur un territoire donné

La population d'un territoire est répartie entre des zones rurales ou urbaines reliées par un réseau de transport. L'armature urbaine et les réseaux de transport assurent la propagation du progrès économique sur l'ensemble du territoire en permettant l'ouverture des marchés, la diffusion de l'information et la spécialisation. De plus, cette population constitue un marché, un bassin de main-d'œuvre et une source d'épargne. Enfin, elle constitue sans contredit la ressource la plus fondamentale d'un territoire. **Mieux la population est formée, plus elle possède des compétences variées, meilleure est la base de développement d'une communauté**. On

143

Figure 6.1

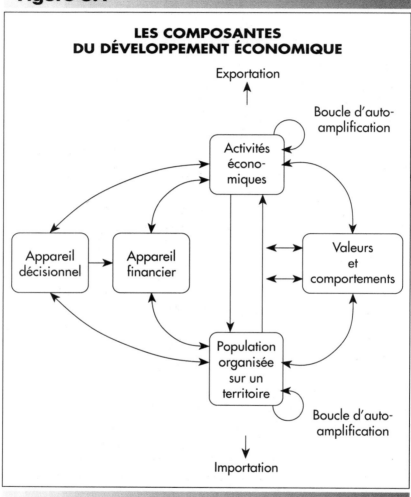

**LES COMPOSANTES
DU DÉVELOPPEMENT ÉCONOMIQUE**

comprend donc facilement l'émotion que suscitent les débats sur l'éducation et la formation.

Les universités, les collèges, les commissions scolaires et la Société québécoise de la main-d'œuvre sont tous des initiatives qui s'inscrivent dans ce deuxième module. Bref, on y retrouve toutes les politiques et tous les programmes destinés à la formation de la main-d'œuvre et à l'éducation des jeunes et des adultes.

Le territoire, de son côté, donne accès à des ressources naturelles : mines, poisson, terres agricoles ou espaces de loisirs.

Tous les programmes de développement économique axés sur l'amélioration des infrastructures, tels les parcs industriels, les incubateurs, les motels industriels, etc., s'adressent à ce module de notre modèle de développement économique. Nous pouvons de plus ajouter les schémas d'aménagement, les politiques environnementales et toutes les politiques liées au développement des ressources naturelles d'un territoire.

Les liaisons entre ces deux premières composantes du modèle forment le circuit économique de base d'un territoire. Les entreprises offrent des biens, des services et des emplois, et la population, ainsi que le territoire sur lequel cette dernière est organisée, offrent un potentiel de consommation, de la main-d'œuvre, des ressources naturelles et des conditions de vie. Cette relation d'échange permet la distribution de revenus à chaque groupe participant à l'effort économique.

Plus le tissu économique est varié et dense, plus les revenus d'exportation auront des effets d'entraînement positifs sur l'ensemble de l'économie (effet multiplicateur), et plus il sera facile et intéressant de créer de nouvelles entreprises. Les structures économiques désarticulées et centrées sur un nombre limité d'activités économiques sont des défis beaucoup plus grands.

Enfin, l'accroissement de l'activité économique entraînera une division du travail plus rationnelle, une meilleure utilisation des équipements disponibles et, en conséquence, des économies d'échelle. D'autre part, sur le territoire, une augmentation de la population et une

145

meilleure utilisation des ressources favoriseront des économies d'infrastructures et de superstructures (services publics). Ces deux phénomènes forment ce qu'il est convenu d'appeler des boucles d'auto-amplification du développement.

La stratégie des commissariats industriels, qui suggérait de concentrer les efforts de développement industriel sur les entreprises motrices, c'est-à-dire les entreprises ayant un potentiel exportateur, s'inscrit dans ce module et s'appuie sur les notions de circuit économique et d'effet multiplicateur. Dans cette stratégie, l'hypothèse est que les importations sont relativement faibles (fuite du système) et que l'entrée nette d'argent frais de l'extérieur est dépensée en grande partie sur le territoire.

L'appareil financier

Le troisième élément, l'appareil financier, comprend les circuits d'épargne et de financement qui relient l'appareil économique de production de biens et de services à la population organisée sur un territoire. Les entreprises et les ménages engendrent une épargne qui sert à financer l'investissement et la consommation. C'est donc ce module qui finance le développement. Selon l'organisation financière, le circuit épargne-financement d'une communauté est plus ou moins autonome par rapport à l'extérieur (capacité des institutions financières de mobiliser et d'affecter l'épargne sur une base nationale, provinciale, régionale ou locale). Cette composante, dans ce modèle, a été isolée de l'appareil économique de production de biens et de services à cause de son importance stratégique en matière de développement.

La création de fonds régionaux de capital de risque et de capital de démarrage est une stratégie de mobilisation et d'affectation de l'épargne à des projets de création d'entreprises locales. Les **sociétés locales**

d'investissement pour le développement de l'emploi (Solides) en région sont aussi des initiatives de ce type.

L'appareil décisionnel

L'appareil décisionnel, le quatrième élément, comprend les responsables des stratégies, des programmes et des décisions qui orientent, règlent et contrôlent le fonctionnement et le développement économique d'une population. On y retrouve non seulement les gouvernements et les administrations publiques de tout niveau mais aussi les administrations privées. Sur un territoire, ces administrations privées seront plus ou moins autonomes par rapport aux centres de décisions extérieurs, et pourront posséder, ou non, suffisamment de levier pour jouer efficacement un rôle d'agent de développement. La situation géographique des preneurs de décisions n'est pas sans conséquence sur l'élaboration des politiques et des programmes de développement, de même que sur les décisions d'investissement et de création d'entreprises.

Par exemple, tout le débat sur la décentralisation et l'émergence des pouvoirs locaux s'inscrit dans ce module.

Les comportements ou les aspects socioculturels liés au développement

Le dernier élément concerne les aspects socioculturels susceptibles d'affecter la capacité de développement d'une population. Plusieurs intervenants jouent un rôle important dans le développement économique. Que l'on pense seulement aux élus, aux entrepreneurs, aux gens d'affaires, aux administrateurs, aux agents de développement socioéconomique, aux investisseurs, aux travailleurs, etc. Tous et chacun ont des valeurs, des attitudes et des comportements qui forment un véritable tissu de relations humaines qui influencent leurs orientations, leurs choix et leurs décisions. Selon les conditions prédominantes, ces éléments seront des empêchements ou des « actifs » dans le contexte d'un projet particulier de développement. Enfin, et peut-être sont-ils les éléments les plus importants dans l'optique d'une reprise en main du développement par la population, on retrouve dans ce module le sentiment d'appartenance, l'esprit d'initiative et le goût de l'innovation qui regroupent, qui motivent et qui font participer une population dans ses propres affaires.

À titre d'exemples, se retrouvent dans ce module le « cours-concours », organisé dans plusieurs régions du Québec par la Fondation de l'Entrepreneurship, et les actions du mouvement Jeunes Entreprises, dans des programmes de sensibilisation à l'entrepreneurship offerts dans les écoles ou par les cégeps.

Par l'intermédiaire des politiques et des programmes qui nous touchent régulièrement, le lecteur avait certes, intuitivement, déjà reconnu les composantes de ce modèle. Les visualiser de façon structurée aide à mieux saisir la variété nécessaire des propositions soumises par les différents acteurs engagés dans le développement économique. Cette prise de conscience est déjà un atout qui permet d'assurer que les politiques, les programmes et les actions élaborés par nos gouvernements auront la diversité et la complexité nécessaires pour toucher tous les aspects du développement.

LE DÉVELOPPEMENT ÉCONOMIQUE LOCAL

L'OCDE définit le niveau local en ces termes :

> Le niveau local est l'environnement immédiat dans lequel la plupart des entreprises – et en particulier les petites – se créent et se développent, trouvent des services et des ressources, dont dépendent leur dynamisme et dans lequel elles se

raccordent à des réseaux d'échange d'information et de relations techniques ou commerciales [...] Le niveau local, c'est-à-dire une communauté d'acteurs publics et privés, [...] offre un potentiel de ressources humaines, financières et physiques, d'infrastructures éducatives et institutionnelles dont la mobilisation et la valorisation engendrent des idées et des projets de développement (OCDE, 1990, p. 3).

Il serait facile de conclure que le DEL est celui qui s'exprime sur un territoire donné, en l'occurence ici, le niveau local. Le phénomène est toutefois plus complexe. Le DEL est un concept relativement nouveau dans le vocabulaire des développeurs québécois. Pour bien le comprendre et saisir l'intérêt qu'il suscite, il faut introduire quelques notions nouvelles, telles communauté locale, autorités locales et dimension humaine.

Communauté locale

Il n'est pas facile de définir une communauté locale. Les notions qu'elle recouvre dépendent d'un large éventail de facteurs : géographiques, historiques, culturels, administratifs, économiques et sociaux.

Nous pourrions définir une communauté locale comme étant un regroupement organisé sur un territoire naturellement et historiquement constitué. Elle est composée de valeurs, de personnes, d'institutions, d'entreprises, d'activités et de ressources. Ce territoire forme une zone à l'intérieur de laquelle la majorité des travailleurs peuvent changer d'emplois sans avoir à déménager (une zone d'emplois). On peut raffiner la définition en y ajoutant un critère de « cohérence économique et sociale ». La communauté locale est capable de générer ses propres objectifs ou projets, et de se définir par rapport au cadre régional, au cadre national et aux autres communautés. Dans la délimitation du territoire des

149

communautés locales, il faut également tenir compte des découpages administratifs, pour des raisons pratiques, et parce qu'ils contribuent généralement à déterminer la structure des services dispensés.

Au Québec, la notion de territoire, ou plutôt les notions de territoire, prêtent particulièrement à confusion. Chaque ministère ou organisme gouvernemental possède ses subdivisions territoriales, sans compter celles du gouvernement fédéral. Pour l'observateur non averti, il est facile d'y perdre son latin. Pour les fins de ce document, disons que, dans une perspective de développement économique, le niveau local, plus près de la réalité et des gens, serait ainsi le lieu de définition des besoins et de réalisation des actions. Le niveau régional, quant à lui, serait plutôt le lieu de concertation des stratégies de développement local, de partage de programmes et services supérieurs (ex. : commissaire à l'exportation, université) et de concertation des politiques gouvernementales à effet régional (ex. : application régionale de politiques des ministères à vocation sectorielle). Bien que le niveau provincial ait souvent pris en charge dans le passé une grande variété de besoins de la population, il semble, pour sa part, plutôt vouloir se définir aujourd'hui comme le lieu réservé à la conception de politiques et programmes cadres de développement. Il devient partenaire et accompagnateur d'initiative de développement[2].

Bien que le découpage du Québec en **municipalités régionales de comté** (MRC) ne respecte pas intégralement cette esquisse de définition, c'est tout de même la réalité territoriale administrative la plus rapprochée de la notion de communauté locale. Dans les grandes

2. Ces définitions des rôles des niveaux régional et provincial se retrouvent dans le document publié par l'ex-ministre du Gouvernement du Québec, Yvon Picotte, et intitulé *Développer les régions du Québec*, Bibliothèque nationale du Québec, 1er trimestre, 1992.

villes comme Montréal, cette notion pourrait s'appliquer aussi à certains quartiers. Le concept de région sera réservé pour sa part aux régions administratives telles que définies par le Secrétariat aux affaires régionales (ex. : Montérégie).

Autorités locales

Le niveau local est aussi souvent caractérisé par la présence d'autorités locales. Ce sont des pouvoirs politiques responsables devant la population, des pouvoirs qui, bien qu'encadrés par des niveaux politiques supérieurs, peuvent lever des taxes et promouvoir ainsi des actions originales au niveau des communautés locales. C'est une caractéristique intéressante qui peu se transformer en véritable levier de développement.

Qu'entend-on par autorités locales responsables au Québec ? Les possibilités ne sont pas très vastes. Il y a les commissions scolaires et les gouvernements municipaux[3]. Les premières ont une vocation sectorielle, l'éducation, et un pouvoir de taxation sévèrement limité, qui encadrent leur champ d'action. En définitive, seuls les gouvernements municipaux ont le pouvoir réel d'activer et de coordonner d'en bas les initiatives locales. Réunis au sein des MRC, ces gouvernements recouvrent en général un territoire économique suffisamment large pour comprendre au moins une zone d'emplois complète et suffisamment homogène pour être mobilisatrice pour la population qui y vit. Ils peuvent, en fonction d'orientations et de stratégies strictement locales, lever des taxes et en consacrer une partie au développement économique. Enfin, sur un plan plus pragmatique, les MRC sont aussi des découpages administratifs provinciaux et des zones de regroupements statistiques.

---

3. L'Église et la paroisse sont aussi des pouvoirs locaux. Historiquement, elles ont à l'occasion joué des rôles socioéconomiques très importants.

Dimension humaine

Un autre aspect important du niveau local est la dimension humaine de son organisation, de ses initiatives et de ses actions.

Au niveau national, il est possible d'élaborer des politiques économiques reposant sur des modèles mécaniques permettant d'identifier des indicateurs de performance, des stratégies et des leviers d'ordre général susceptibles de produire des effets prévisibles. Les concepts d'industries motrices, de filières économiques, de grappes industrielles, d'effets multiplicateurs, etc. sont dérivés de ces modèles. Ils reposent sur l'hypothèse que les acteurs économiques ont un comportement standardisé, que l'appareil de production forme un certain tissu et que la population partage à peu près le même système de valeurs. Cette approche est peut-être utile pour intervenir au niveau de grands ensembles, mais elle semble tout à fait insuffisante au niveau local pour orchestrer le développement économique.

En effet, les communautés locales ne sont pas des ensembles suffisamment grands pour se plier facilement aux généralisations. Tout y est personnalisé : le leadership, les institutions, les entreprises, les groupes communautaires. Tout, en définitive, a un nom et possède des qualités et des faiblesses connues, largement liées à la personnalité des acteurs. En conséquence, le développement local n'est pas un processus mécanique, il est avant tout l'affaire d'intervenants, d'acteurs de toutes sortes qu'il faut mettre en rapport, mobiliser pour en assurer la participation, pour stimuler une synergie créatrice, porteuse d'effets de développement. Le développement local est avant tout un processus organique, un phénomène humain (Charland et Dennis, 1992).

Il semble donc qu'aux théories économiques, il faille ajouter celles du management des organisations et

152

de l'animation sociale pour tenir compte de la réalité particulière du développement local.

LA STRATÉGIE ENTREPRENEURIALE

L'entrepreneurship est cette habileté de créer et de construire une vision à partir de pratiquement rien : fondamentalement, c'est un geste humain et un acte de créativité. C'est appliquer de l'énergie et des efforts à la promotion et à la construction d'entreprises ou d'organisations plutôt que de simplement observer et analyser. Cette vision nécessite une volonté de prendre des risques calculés – personnels et financiers –, puis de faire tout en son possible pour réduire les risques d'échec. L'entrepreneurship implique aussi l'habileté à réunir une équipe entrepreneuriale pour compléter ses propres ressources et ses propres talents. C'est aussi cette capacité de voir des bonnes occasions là ou les autres ne perçoivent que chaos, contradiction et confusion. Enfin, c'est posséder les connaissances pour trouver, organiser et contrôler des ressources (souvent possédées par d'autres). (Traduit de Timmons, Smollen et Dingee, 1985, p. 1.)

Autonome et indépendant, l'entrepreneur est un être confiant dans ses ressources, responsable de ses initiatives et orienté vers la solution des problèmes. Il affiche une grande tolérance face à l'ambiguïté et, aura tendance à considérer l'échec comme une source d'apprentissage (Kuratko et Hodgetts, 1992).

Un stratégie de DEL axée sur l'entrepreneurship implique, on s'en doute fort bien, que l'on privilégie, comme levier de développement économique, les entrepreneurs, les PME et les entreprises bien ancrées dans leur milieu. Cette stratégie exige aussi, et cela est toujours apparu moins aisé, d'amener les leaders de la communauté locale et la population en général à partager les valeurs et d'approuver les comportements des entrepreneurs dans les actions quotidiennes de ces derniers, aussi bien que dans l'élaboration de leurs stratégies respectives. Pour mobiliser une communauté, il est indispensable non seulement de partager une vision commune minimale de la problématique visée, mais aussi du type de développement privilégié.

Adopter **une vision entrepreneuriale du DEL** impliquera donc :

- La valorisation de l'entrepreneurship comme source de création d'emplois.

Mais cela suppose aussi :

- La promotion d'un développement fortement endogène ;

- L'adoption d'une démarche entrepreneuriale de la part des principaux intéressés ;

- L'adoption résolue du partenariat pour mobiliser les énergies et les ressources locales.

La valorisation de l'entrepreneurship

Dans le cadre d'une stratégie entrepreneuriale, si les PME, les nouvelles entreprises et les entrepreneurs sont d'emblée le champ d'action privilégié des communautés locales pour assurer leur développement économique, ce n'est pas un choix de deuxième ordre. Les petites entreprises ont largement contribué à l'essor de l'économie canadienne en tant qu'employeurs et créateurs d'emplois.

Entre 1978 et 1988, 81,2 % de tous les emplois créés au Canada l'ont été par des entreprises de moins de 100 employés, et 76,2 % par des entreprises de moins de 50 employés. Ce sont les entreprises de moins de 20 employés qui ont créé la grande majorité de ces emplois avec plus des deux tiers du total. Le rôle joué par les entreprises de moins de 5 employés a été particulièrement important (près de 50 %). (ISTC, 1990, p. 4.)

Malgré leur taille, ou à cause de leur taille, les PME affichent des statistiques impressionnantes même dans les secteurs de pointe.

Roger Blais, professeur à l'École polytechnique de Montréal, a étudié les entreprises du Québec dont les activités reposent sur la technologie. Il a constaté qu'elles affichaient des taux de croissance élevés et qu'elles doublaient leurs ventes tous les ans (ISTC, 1990, p. 17.).

Dans une étude réalisée aux États-Unis dans 10 zones urbaines, le professeur Birch (1987) montre, de plus, qu'entre la moitié et les deux tiers des nouveaux emplois créés étaient dus à la naissance de nouvelles entreprises. Il confirme ainsi le rôle des entrepreneurs dans le processus de création de nouveaux emplois aux États-Unis.

Le développement endogène

Le développement endogène est celui qui émerge des initiatives et du dynamisme des communautés locales. Il valorise les ressources humaines, financières et matérielles locales, et il suscite des comportements novateurs axés sur la prise en charge, la créativité et l'esprit d'entreprise. Le développement endogène valorise aussi parfois des pratiques très imaginatives.

Lorsque l'on tente de décrire la réalité locale à l'aide du modèle de développement économique présenté précédemment, il est facile de se rendre compte que les valeurs, les activités et les organisations du territoire font souvent partie d'ensembles beaucoup plus grands, et qu'elles obéissent à des règles largement téléguidées de l'extérieur (voir Figure 6.2).

Toutefois, si l'on se réfère à la définition que nous venons de faire du développement endogène, il faudrait qu'une communauté, pour s'assumer, retrouve sur son territoire sinon le maximum, du moins suffisamment de leviers économiques, décisionnels, financiers et culturels pour influencer son avenir de façon positive et assurer elle-même une grande partie de l'accroissement de son bien-être. Ainsi, toute stratégie de développement endogène devrait privilégier seulement les projets qui offrent le potentiel d'internaliser sur le territoire l'un ou l'autre des éléments du modèle, et de développer la qualité, la quantité et la variété des ressources humaines ou matérielles locales.

Dans ce contexte, de façon plus générale, une activité porteuse d'effets de développement serait celle qui optimise le couplage sur le territoire local de toutes les composantes du modèle et valorise les ressources humaines et les ressources naturelles de la communauté. Une activité qui désarticulerait le système en accentuant la dépendance externe serait par contre porteuse d'un germe de sous-développement.

Pour être plus concret, voici ce que serait le projet idéal dans le cadre des présentes réflexions. Ce projet serait celui de l'implantation d'une entreprise exportatrice respectueuse de l'environnement, développée par des entrepreneurs locaux dans un secteur de pointe, qui crée des emplois spécialisés stables et qui favorise l'émergence d'activités de recherche – développement. C'est un projet modèle qui contribue au renforcement de toute les composantes associées au développement local endogène.

À la lumière de ces réflexions, nous pourrions redéfinir le DEL endogène comme étant le processus historique par lequel une communauté locale fait et

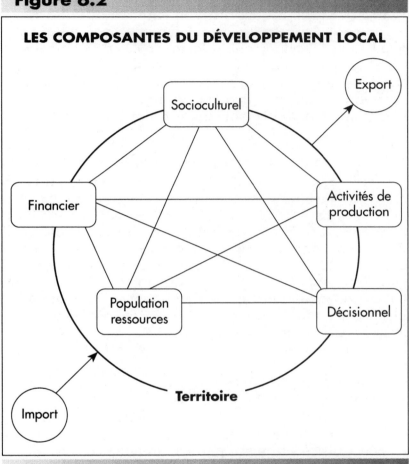

Figure 6.2

LES COMPOSANTES DU DÉVELOPPEMENT LOCAL

refait harmonieusement, et en interrelation avec son environnement régional, national et international, ses structures de façon à obtenir les leviers appropriés, économiques ou non, nécessaires pour influencer ou même élaborer son propre devenir économique et l'accroissement de son bien-être.

La notion d'harmonie est utilisée ici dans un sens écologique, c'est-à-dire que l'on entend par là un développement économique en harmonie avec les autres aspects du développement local, soit le développement culturel, le développement social, le développement politique et l'aménagement du territoire. Un développement économique harmonieux est celui qui s'insère de façon cohérente dans l'ensemble du développement local.

Adoption d'une démarche entrepreneuriale

Les promoteurs de projets, comme la communauté en général, doivent aussi adopter une démarche entrepreneuriale. Ainsi, ils n'hésiteront pas à prendre des risques, à innover, à multiplier les initiatives et les propositions. Ils se montreront capables de faire face aux changements, de communiquer, coopérer, négocier, participer, s'engager, etc. Ces comportements, qui ont souvent plus d'importance que les structures mises en place, sont comparables à ceux d'une entreprise moderne et sont porteurs de « valeurs de développement ». Bref, cela s'appelle accorder les comportements avec les objectifs poursuivis...

Le partenariat

Nous savons déjà que le développement au niveau local est un phénomène surtout humain et, que le pouvoir local est nécessairement partagé au Québec entre différentes instances. Dans ce contexte, le partenariat entre les pouvoirs publics de tout niveau, l'entreprise privée et les institutions à caractère social est donc nécessaire. En effet, il faut associer les forces locales existantes selon de nouvelles formules et former les coalitions nécessaires aux démarches de reprise en main. **Au niveau local, ce partenariat reposera sur des projets et sur des personnes, non sur des institutions**. Ce sont les objectifs communs et les missions précises qui réunissent les partenaires et facilitent les consensus.

158

Être partenaire, c'est entreprendre en commun quelque chose dans lequel chacun trouve son intérêt. Les partenaires ont donc des intérêts différents qui convergent ponctuellement vers une aventure vécue en commun (Poirier, nov. 1991.).

Le partenariat va plus loin que la simple concertation qui vise à harmoniser orientations et stratégies. Il veut réaliser autre chose, soit de nouvelles actions qui vont au-delà des mandats individuels de chacun.

Même si le partenariat s'inspire d'une logique de l'action, les partenaires ne sont pas seulement des gens que l'on appelle et regroupe dans le simple but de réaliser certaines opérations. Ce ne sont pas des exécutants, mais plutôt des collaborateurs qui définissent ensemble ce qu'ils désirent faire, et qui coordonnent leurs actions respectives à toutes les étapes de l'intervention.

LES RÔLES DU LEADERSHIP LOCAL

Dans toutes les communautés, il y a des personnes qui occupent des fonctions politiques, sociales ou économiques leur donnant non seulement un statut, mais aussi des responsabilités envers la population. Ces personnes formeront, si elles le désirent, le leadership local. Ce sont les élus, les dirigeants d'entreprises, d'institutions et de syndicats, les agents de développement et les dirigeants d'organismes locaux et communautaires. Dans le cadre d'une stratégie de création d'emplois axée sur l'entrepreneurship, les responsabilités de ces personnes, quoique différentes, sont aussi grandes que celles des entrepreneurs. Ainsi, elles devront :

- Adopter des valeurs et des comportements entrepreneuriaux ;

- Favoriser la transformation de leur communauté en un véritable milieu incubateur de l'entrepreneurship ;

159

- Se donner collectivement une démarche cohérente de développement ;

- Se doter d'outils de prise de décision et d'évaluation de projet favorisant les choix stratégiques de la communauté.

Adopter des valeurs et des comportements entrepreneuriaux

Comme nous l'avons déjà souligné plus haut, les comportements et les pratiques ont souvent plus d'importance que les discours et les structures mises en place. Dans le cadre d'une stratégie de développement axée sur l'entrepreneurship et le dynamisme de la communauté, on estime que les leaders locaux doivent se comporter un peu comme des entrepreneurs. Bien sûr, ils ne créeront pas d'entreprises, mais ils adopteront des pratiques, des valeurs et des comportements que l'on définira de façon très globale comme relevant d'une approche entrepreneuriale : volonté de réussir, goût du risque, dynamisme dans l'action, encouragement de l'initiative, orientation clients et besoins.

Tout cela se traduira en pratique par un partage du leadership, une volonté d'agir rapidement, des projets réalistes et une souplesse toute pragmatique dans les relations entre les promoteurs du développement eux-mêmes, et entre ces promoteurs et les entrepreneurs.

Dans le tableau qui suit, on retrouvera une liste non exhaustive de valeurs et de comportements qui pourront être adoptés pour assumer des responsabilités collectives dans le cadre d'une stratégie entrepreneuriale de développement.

Tableau 6.1

VALEURS ET COMPORTEMENTS DE DÉVELOPPEMENT

Leadership – vision – mobilisation	**Partenariat** – concertation et collaboration – convergence – action
Sentiment d'appartenance – identification – responsabilisation – solidarité	**Entrepreneurship** – autonomie et indépendance – initiative et action – goût du risque calculé
Ouverture sur le monde – curiosité (occasions) – échanges (produits, idées, etc.)	**Pragmatisme politique** – souci de bien faire les bonnes choses, au bon moment, avec le minimum d'énergie

Transformer une communauté en un milieu incubateur de l'entrepreneurship

André Belley a défini un milieu incubateur de l'entrepreneurship comme :

> L'ensemble des circonstances physiques et l'entourage social qui influent sur l'individu, et sur lesquels il agit lui-même, et qui forment les conditions favorables à l'émergence et au développement de l'entrepreneurship (Belley, 1987, p. 4.).

Le processus de transformation d'une communauté locale en un milieu incubateur de l'entrepreneurship sera donc considéré comme l'ensemble des activités susceptibles de créer un environnement et un climat favorable à l'émergence de nouveaux entrepreneurs et de nouvelles entreprises, et au développement des PME locales.

Se donner une démarche de développement

Une crise aiguë peut, à l'occasion, susciter une action spontanée et faire émerger un leadership capable de mobiliser une communauté et de l'entraîner dans des projets de développement remarquables. Une communauté peut aussi, sans attendre la crise, décider de passer à l'action pour s'engager dans son propre développement. Dans l'un et l'autre cas, l'initiative, pour être durable et dépasser les aventures sans lendemain, devra s'inscrire dans une démarche structurée et cohérente, capable de servir de base d'apprentissage pour renouveler continuellement la quête d'une société meilleure. Actuellement, au Québec, le processus de planification stratégique pilotée par les Conseils régionaux de développement, l'instauration de la deuxième vague des schémas d'aménagement, les résultats de l'expérience pilote de l'UMRCQ et de la Fondation de l'Entrepreneurship (Prévost, 1993) et les travaux du professeur Bernard Vachon (1993) sont différentes démarches qu'une communauté peut s'approprier et adapter pour encadrer ses stratégies et ses actions de développement.

Même si l'entrepreneurship est une activité créatrice qui ne peut se commander par décret, la mobilisation d'une population et de ses forces vives, de même que la création et le maintien d'un environnement entrepreneurial favorable sont des activités complexes qui ne peuvent s'improviser longtemps.

Se doter d'outils de prise de décision et d'évaluation de projet

Dans une économie de libre entreprise, tout projet de développement qui respecte la personne humaine et l'environnement, et qui ne demande aucun soutien spécial de la communauté n'est « normalement » pas concerné par des préoccupations de DEL. Toutefois, si un promoteur fait appel, d'une manière ou d'une autre, à l'aide des autorités locales ou à tout autre soutien public, ou si le promoteur épouse les projets et les préoccupations de la communauté, les choses sont différentes. À ce moment, on voudra s'assurer d'une contribution ou d'un juste retour en retombées économiques et sociales pour la communauté. De là la nécessité de développer des outils d'évaluation de projet et d'élaborer des critères de prise de décision. Ces derniers assureront la convergence des effets de développement des actions des intervenants de la communauté et mettront en valeur le potentiel de développement de leurs projets et de leurs décisions.

CONCLUSION

En adoptant une stratégie entrepreneuriale de développement, une communauté entame un véritable changement de perspective et se place au centre des efforts de développement économique sur son territoire. Ainsi, le lesdership local et l'entrepreneurship auront désormais tendance à remplacer l'État planificateur comme pourvoyeur direct de solutions. Les gouvernements fédéral et provincial ne disparaîtront pas nécessairement pour autant de l'échiquier économique.

> Au contraire, c'est leur rôle [les gouvernements] qui change seulement. Plus récemment, l'évolution s'est caractérisée par le passage de l'État-providence à l'État-partenaire. L'État n'est plus seul à pouvoir et à devoir assumer le développement économique des régions par des interventions ou des investissements massifs et directs[4]...

Ce changement de perspective a des conséquences majeures sur la population et sur l'organisation de

---

4. Gouvernement du Québec, *Développer les régions du Québec*, ex-ministre Yvon Picotte, Bibliothèque nationale du Québec, 1er trimestre 1992, p. 18.

son mode de développement. Il implique des changements de valeurs, des changements politiques et des changements de procédures.

Ainsi, en ce qui concerne les valeurs, cette nouvelle approche demande une revalorisation des valeurs entrepreneuriales. C'est le retour à l'initiative et à la responsabilisation des individus et de toutes les instances locales dans leur propre développement économique. Finies la recherche ou l'attente de solutions miracles venant de l'extérieur. Cette modification affecte non seulement les entreprises et les organisations vouées au développement économique, mais aussi la population en général.

Sur le plan politique, ce changement de perspective implique aussi une décentralisation plus grande des actions de soutien au développement. Il propose une accentuation du leadership local sur le plan du développement économique et demande un partenariat accru entre les pouvoirs politiques locaux, les entreprises et les agents de développement.

Cette approche demande aussi des modifications significatives dans la façon de faire les choses. Elle demande des méthodes de travail différentes, de nouveaux cadres de références plus pertinents et des structures d'appui novatrices, adaptées aux nouvelles réalités.

Les défis sont variés et de taille. Ils nécessiteront du temps, de la persévérance et la souplesse nécessaire aux remises en question.

RÉFÉRENCES BIBLIOGRAPHIQUES

AUDETTE, R., *Les MRC, dix ans après : un bilan de leur engagement*, Conseil des affaires sociales, Québec, 1992, 39 p.

BELLEY, A., *Les Milieux incubateurs de l'entrepreneurship*, Fondation de l'Entrepreneurship, Charlesbourg, 1987, 106 p.

BIRCH, D. L., *Job Creation in America : How Our Smallest Companies Put the Most People to Work*, Free Press, Macmillan, Londres, 1987, 244 p.

BLAKELEY, E. J., *Planning Local Economic Development*, Sage Library of Social Research, Californie, 1989, 307 p.

CHARLAND, J. et YOUNG, D., *Successful Local Economic Development Initiatives*, ICUUR Press, Toronto, 1992, 53 p.

Conseil des affaires sociales, *Un Québec solidaire : rapport sur le développement*, gaëtan morin éditeur, Boucherville, 1992, 209 p.

Conseil économique du Canada, *From the Bottom Up : The Community Economic-Development Approach*, Ottawa, 1990, 18 p.

FORTIN, P.-A., *Devenez éntrepreneur : pour un Québec plus entrepreneurial*, Les Presses de l'Université Laval, Fondation de l'Entrepreneurship et Les éditions Transcontinentales inc., Québec, Charlesbourg, Montréal, 1992, 360 p.

FURTADO, C., *Théorie du développement économique*, coll. SUP, PUF, Paris, 1975, 262 p.

GODBOUT, L., Prévost, P. et al., *La Transformation de la MRC en un milieu incubateur de l'entrepreneurship*, Rapport de recherche, UMRCQ, Québec, 1992, 270 p.

Gouvernement du Québec, *Développer les régions du Québec*, ministre Yvon Picotte, Bibliothèque nationale du Québec, 1er trimestre 1992, 47 p.

HUMEREZ-COMTOIS, N., *Effet multiplicateur qualitatif de la formation à la Chaîne coopérative du Saguenay*, Thèse de doctorat, Faculté des sciences de l'éducation, Université de Montréal, nov. 1987, 1250 p.

ISCT, *La petite entreprise au Canada*, Industrie, Sciences et Technologie Canada, 1990, 91 p.

KURATKO, D. F. et HODGETTS, R. M., *Entrepreneurship: A Contemporary Approach*, The Dryden Press, Floride, 1992, 726 p.

LAPOINTE, A., PRÉVOST, P. et SIMARD, J. P., *Économie régionale du Saguenay-Lac-Saint-Jean*, gaëtan morin éditeur, Boucherville, 1981, 272 p.

LECLERC, Y. et TRUDEL, R., *Deux Québec dans un : rapport sur le développement social et démographique*, Conseil des Affaires sociales, gaëtan morin éditeur, Boucherville, 1989, 124 p.

MAILLAT, D. et PERRIN, J. C., *Entreprises innovatrices et développement territorial*, éd. GREMI, EDES, Neuchâtel, 1992, 260 p.

Ministère des affaires sociales, *La Révision des schémas d'aménagement : bilan des schémas d'aménagement et perspectives de révision*, Québec, février 1992, 95 p.

OCDE, *De nouveaux rôles pour les autorités locales : initiatives locales et création d'emplois*, Paris, France, 1987, 76 p.

OCDE, *Réussir le changement : entrepreneuriat et initiatives locales*, Paris, France,1990, 88 p.

PECQUEUR B., *Le Développement local*, Syros-Alternatives, Paris, 1989, 149 p.

PERRIN, J. C., *Le Développement régional*, PUF, Paris, 1974, 208 p.

PERROUX, F., *L'Économie du XXe siècle*, PUF, 2e édition, Paris, 1970, 814 p.

POIRIER, C., *Le Partenariat*, Texte inédit, Centre objectif travail de l'Estrie. Sherbrooke, nov. 1991, 25 p.

PRÉVOST, P., « Coopération et développement régional », édité par Marcel Laflamme *in Le Projet coopératif québécois, un projet social*, gaëtan morin éditeur, Boucherville, 1982, p. 171-192.

PRÉVOST, P., *Entrepreneurship et développement local : quand la population se prend en main*, Fondation de l'Entrepreneurship et Les éditions Transcontinentales inc., Charlesbourg, Montréal, 1993, 198 p.

QUINTIN, G., *Les Coopératives industrielles de Mondragon*, Éditions Économie et Humanisme, Les éditions ouvrières, Paris, 1970, 168 p.

TIMMONS, J. L., SMOLLEN, E. et DINGEE, A.M., *New Venture Creation, a Guide to Entrepreneurship*, Homewood, Richard D. Irwin, 1985, 700 p.

VACHON, B., *Le Développement local : théorie et pratique*, gaëtan morin éditeur, Boucherville, 1993, 313 p.

PÉRIODIQUES

BROADHEAD, D., LAMONTAGNE, F. et PIERCE, J., « The Local Development Organisation : A Canadian Perspective », *Local Development Paper*, n°. 19, Conseil économique du Canada, Ottawa, avril 1990, 80 p.

PERRIN, J.C., « Pour une revision de la science régionale : l'approche en terme de milieu », *Revue Canadienne des Sciences Régionales*, vol. XV, n° 3, 1992, p. 155-199.

PERRY, S. E., « The Community as a Base for Regional Development », *Local Development Paper*, no. 1, Conseil économique du Canada, Ottawa, déc. 1989, 69 p.

PIERCE, J., « The Process of Local Development in Canada : As Illustrated in four Recent Cases »,

167

Local Development Paper, no. 22, Conseil économique du Canada, Ottawa, avril 1990, 73 p.

RACICOT, P., « La réforme du développement régional », *Le Sablier*, vol. 10 no. 1, septembre 1992, 3 p.

Yvon Gasse, professeur – Directeur du programme sur la petite et moyenne entreprise
Institut de recherches politiques Université Laval
Gilles Roy, étudiant au doctorat – École des Hautes Études Commerciales à Montréal
Jean-Marie Toulouse, professeur – Directeur de la Chaire d'entrepreneurship Maclean Hunter
École des Hautes Études Commerciales à Montréal

CHAPITRE 7

LE PROFIL ENTREPRENEURIAL DES RÉGIONS DU QUÉBEC

INTRODUCTION

Nous avons entrepris, il y a quelque temps déjà, la mise en œuvre d'un programme de recherche assez ambitieux sur le thème de la dynamique régionale de création d'entreprises au Québec. Ce projet a été inspiré par deux observations majeures : l'existence de fortes variations dans le taux régional de création d'entreprises, et le lien étroit entre ces variations et la distribution spatiale des revenus, de l'emploi et de la richesse. C'est pour apporter un éclairage particulier à cette problématique et tenter de faire ressortir les facteurs économiques et socio-démographiques les plus significatifs que nous avons entrepris nos travaux. L'identification de tels facteurs favorisera une meilleure structuration des interventions publiques en matière de développement régional.

On retrouvera dans le présent document un résumé des travaux préliminaires que nous avons menés dans le cadre de notre projet. Il s'agit essentiellement de la compilation exhaustive d'un ensemble de statistiques de création d'entreprises pour les différentes régions du Québec. Ces statistiques permettent de brosser un véritable palmarès entrepreneurial du Québec.

LE TAUX DE CRÉATION D'ENTREPRISES
Le choix d'une base de données

Nous avons trouvé deux sources possibles pour représenter le taux de création d'entreprises au Québec : les répertoires de la société Dun & Bradstreet (D&B) et la base de données de la **Commission des normes du travail du Québec** (CNT). Chacune comporte des avantages et des inconvénients majeurs.

Le groupe Dun & Bradstreet collige des données sur les entreprises au sujet desquelles des demandes de renseignements lui sont présentées dans le cadre de son service d'information de crédit. L'avantage principal de cette banque est son caractère étendu : D&B est active en effet dans l'ensemble des provinces canadiennes et dans plusieurs pays du monde, incluant les États-Unis. Cela assure donc une base de données uniforme pour les différentes régions que nous désirons étudier ou avec lesquelles nous aimerions comparer nos résultats. Mentionnons que D&B exerce un contrôle sévère sur la qualité des informations qu'elle recueille.

La banque de D&B comporte cependant de nombreuses faiblesses. Le désavantage majeur est son caractère fragmentaire. La société ne s'intéresse en effet qu'aux entreprises au sujet desquelles des demandes formelles d'information lui sont présentées. Cela ne veut pas dire que les petites firmes sont nécessairement sous-représentées (celles-ci représentant un risque plus grand sur le plan financier), mais plutôt que certains types de firmes le sont, notamment celles qui œuvrent dans le secteur des services. Comme plusieurs auteurs l'ont constaté, les répertoires de D&B ne sont pas conçus pour la conduite d'études économiques mais plutôt pour la recherche commerciale. Certaines conventions utilisées n'ont pas de sens sur le plan méthodologique. Soulignons finalement que ce ne sont pas toutes les entreprises qui acceptent de dévoiler leurs chiffres à D&B.

La Commission des normes du travail du Québec (CNT) est un autre organisme qui rassemble de l'information sur les entreprises qui font affaire au Québec. La banque de données qui en résulte ne souffre pas des mêmes déficiences. Celle-ci est en effet construite à partir des renseignements que lui transmet le **Bureau du fichier central des entreprises du Québec** (BFCE), et à partir de ceux qu'elle réussit elle-même à recueillir. Cela signifie que toutes les sociétés incorporées sont automatiquement enregistrées dans cette banque. Les sociétés en nom collectif et les travailleurs autonomes sont aussi inclus lorsqu'ils s'enregistrent directement auprès de l'organisme. Cette banque de données est donc beaucoup plus complète que celle de D&B. Mentionnons que les données de la CNT sont disponibles pour un nombre important d'années antérieures, alors que celles de D&B ne sont disponibles que pour 1991. Nous avons décidé de mener une étude comparative des deux bases de données afin d'en vérifier le niveau de convergence.

Le taux de création d'entreprises : définition méthodologique

Différentes approches ont été proposées dans la littérature pour mesurer les variations régionales dans le taux de création d'entreprises. Par exemple, un certain nombre d'auteurs ont utilisé les variations annuelles nettes dans le nombre d'entreprises comme estimateur du phénomène étudié. D'autres ont eu recours au ratio des nouvelles entreprises sur le stock d'entreprises ou sur l'emploi sectoriel (Schell, 1983). Les études plus récentes tendent cependant à rejeter ces approches à cause des biais qui sont introduits dans le calcul des estimateurs (impact de la structure industrielle régionale par exemple). L'approche la plus répandue actuellement est de ne considérer que le nombre brut de nouvelles entreprises, pondéré par le nombre d'habitants ou de ménages (Johannisson, 1991 ; Garofoli, 1992 ; Westhead et Moyes, 1992). De cette façon, on évite les problèmes potentiels de colinéarité entre la variable indépendante et les variables explicatives. C'est l'approche que nous allons privilégier dans la première phase de notre étude.

En fait, les données de D&B et de la CNT nous permettent de circonscrire trois grands types de variables endogènes : les nouvelles entreprises créées (D&B et CNT), les entreprises ayant entre un et deux ans d'existence (D&B) et les entreprises ayant entre trois et cinq ans d'existence (D&B). Il serait théoriquement possible de pondérer ces variables à l'aide de différents indices (par habitant, par habitant actif, par ménage, etc.). Pour les fins du présent rapport, nous avons utilisé le nombre de nouvelles entreprises par 1 000 habitants. Cela nous amène à proposer quatre définitions possibles du taux de création d'entreprises : les nouveaux enregistrements compilés par la CNT et les trois catégories d'enregistrements de D&B. Nous sommes enclins à penser que la définition la plus prometteuse est celle qui est basée sur les données de la CNT.

Profil entrepreneurial du Québec

Statistique Canada utilise un certain nombre d'unités géographiques pour regrouper les nombreuses statistiques qu'elle publie. L'unité normalisée la plus petite est appelée **secteur de dénombrement** (SD). Ces secteurs (150 à 300 ménages) sont ensuite regroupés en **subdivisions de recensement** (SDR), à leur tour regroupées en **divisions de recensement** (DR) et en « régions

Tableau 7.1

DÉFINITIONS POSSIBLES DU TAUX DE CRÉATION D'ENTREPRISES

- DB0191 : nombre d'entreprises enregistrées en 1991 auprès de D&B, ayant moins d'un an d'existence, par mille habitants.

- DB1291 : nombre annuel moyen d'entreprises enregistrées en 1991 auprès de D&B, ayant entre un et deux ans d'existence, par mille habitants.

- DB3591 : nombre annuel moyen d'entreprises enregistrées en 1991 auprès de D&B, ayant entre trois et cinq ans d'existence, par mille habitants.

- CNT8692 : nombre annuel moyen d'entreprises enregistrées auprès de la CNT au cours de la période 1986-1992, ayant moins d'un an d'existence, par mille habitants.

infraprovinciales » (RI). On retrouve aussi un regroupement en **agglomérations de recensement** (AR) pour les noyaux urbanisés d'au moins 10 000 habitants, et en **régions métropolitaines de recensement** (RMR) pour les noyaux urbanisés d'au moins 100 000 habitants.

À cause des impératifs méthodologiques, le découpage en divisions de recensement apparaît comme la meilleure solution pour tester les différents modèles que nous avons définis. Leur nombre (99) est en effet suffisant pour que les tests soient statistiquement significatifs. Nous avons aussi combiné les régions métropolitaines de recensement (5) et les agglomérations de recensement (25) de façon à faire ressortir l'impact du facteur urbain.

Pour les fins de l'étude, nous avons utilisé les nouvelles délimitations territoriales définies par Statistique Canada dans la **Classification géographique type** (CGT) de 1991. Il faut noter que cette classification a subi des modifications substantielles depuis le recensement de 1986. L'organisme fédéral a en effet décidé d'harmoniser sa classification avec le découpage en **municipalités régionales de comté** (MRC) du gouvernement du Québec. Les divisions de recensement (DR) ont donc toutes été transformées pour calquer les frontières des différentes MRC. Cette réforme a posé des contraintes importantes au niveau méthodologique : il nous a fallu établir une table de concordance entre les anciennes et les nouvelles divisions de recensement pour permettre le traitement des séries chronologiques. Ce travail a été rendu possible par le recours aux subdivisions de recensement (SDR) qui, malgré un changement de numérotation, ont conservé les mêmes frontières.

Nous avons regroupé toutes les DR dans leur région infraprovinciale respective afin de circonscrire les différents taux moyens régionaux de création d'entreprises. Les chiffres entre parenthèses indiquent le classement des régions dans chaque catégorie. La population du recensement de 1991 a été utilisée pour pondérer les indicateurs.

L'analyse comparative des différents taux régionaux présentés au Tableau 7.2 fait ressortir des lignes de fond intéressantes. Ainsi, au niveau de la CNT, la région de Montréal (Communauté urbaine de Montréal) domine largement le classement cumulatif avec un taux annuel moyen par mille habitants de 18,81 au cours de la période 1986-1992. Suivent ensuite trois régions qui composent la ceinture nord de la métropole québécoise, soit Laval (16,54), les Laurentides (15,69) et Lanaudière (13,78). Comme on pouvait s'y attendre, **les régions les moins entrepreneuriales sont celles qui se retrouvent les plus éloignées du centre métropolitain**,

Tableau 7.2

CLASSEMENT DES RÉGIONS INFRAPROVINCIALES DU QUÉBEC

RI-DR	Appellations	POP91	DB0191	DB1291	DB3591	CNT8692
10	Gaspésie-Îles-de-la-Madeleine	105 080	0,67 (15)	0,84 (16)	0,99 (15)	7,80 (15)
15	Bas-Saint-Laurent	202 140	1,10 (09)	1,34 (11)	1,30 (08)	8,53 (13)
20	Québec	607 087	1,19 (07)	1,30 (12)	1,33 (05)	12,66 (07)
25	Chaudière-Appalaches	362 820	0,99 (14)	1,29 (13)	1,25 (10)	10,21 (11)
30	Estrie	263 710	1,05 (12)	1,34 (10)	1,17 (14)	13,01 (06)
35	Montérégie	1 187 342	1,09 (10)	1,36 (09)	1,28 (09)	13,54 (05)
40	Montréal	1 749 303	1,35 (02)	1,77 (01)	1,86 (01)	18,81 (01)
45	Laval	311 170	1,21 (06)	1,52 (05)	1,48 (02)	16,54 (02)
50	Lanaudière	331 208	1,14 (08)	1,29 (14)	1,21 (13)	13,78 (04)
55	Laurentides	377 342	1,27 (04)	1,55 (04)	1,33 (06)	15,69 (03)
60	Outaouais	281 765	0,59 (16)	0,97 (15)	0,84 (16)	10,39 (10)
65	Abitibi-Témiscamingue	150 625	1,25 (05)	1,59 (02)	1,34 (04)	10,55 (08)
70	Mauricie-Bois-Francs	459 038	1,07 (11)	1,37 (08)	1,23 (12)	10,46 (09)
75	Saguenay-Lac-Saint-Jean	283 596	1,38 (01)	1,55 (03)	1,47 (03)	9,43 (12)
80	Côte-Nord du Québec	102 557	1,28 (03)	1,43 (06)	1,24 (11)	8,27 (14)
90	Nord-du-Québec	36 041	1,03 (13)	1,39 (07)	1,30 (07)	6,22 (16)
	Province de Québec	6 807 362	1,17	1,46	1,42	13,96

soit le Nord-du-Québec (6,22), la Gaspésie-Îles-de-la-Madeleine (7,80), la Côte-Nord du Québec (8,27) et le Bas-Saint-Laurent (8,53).

Les statistiques pour les trois catégories d'enregistrements de D&B montrent des divergences majeures avec celles de la CNT, sauf pour la région de Montréal, qui domine dans DB12 et DB35, et arrive bonne

175

deuxième dans DB01. La région du Saguenay-Lac-Saint-Jean arrive par exemple bonne première dans DB01 et troisième dans DB12 et DB35, alors qu'on la retrouve au 12e rang dans le classement de la CNT. Les régions de l'Abitibi-Témiscamingue et de la Côte-Nord se positionnent aussi relativement mieux auprès de D&B que par rapport aux statistiques de la CNT.

Le Tableau 7.3 présente les taux de création d'entreprises pour les grands centres urbains du Québec. **Les statistiques confirment l'importance du facteur d'agglomération pour expliquer le dynamisme entrepreneurial des régions**. C'est ainsi que la RMR Montréal domine dans toutes les catégories sauf DB0191. Soulignons que nous avons divisé cette RMR dans ses constituantes régionales (Communauté urbaine de Montréal, Laval, Montérégie, Lanaudière) pour obtenir une image plus précise de la région métropolitaine. Cela permet de voir que la ceinture nord de la métropole (Laval, Lanaudière) montre des taux de création d'entreprises plus élevés que la ceinture sud (Montérégie). La RMR Ottawa-Hull, la partie québécoise de la Capitale nationale, est celle qui montre la plus faible propension entrepreneuriale. L'influence négative de la fonction publique y apparaît plus forte que dans la RMR Québec, la région de la capitale provinciale.

La Communauté Urbaine de Montréal est considérée comme une division de recensement unique aux fins de Statistique Canada. Pour obtenir une information plus détaillée, il nous a fallu recourir aux statistiques des subdivisions de recensement, soit les différentes municipalités qui composent la CUM. Ces statistiques sont reproduites au Tableau 7.4.

Selon les données de la CNT, les cinq municipalités les plus entrepreneuriales au cours de la période 1986-1992 ont été Dorval (28,17), Ville-Mont-Royal (23,81), Ville-Saint-Laurent (23,58), Montréal (21,93) et

176

Tableau 7.3

CLASSEMENT DES RÉGIONS MÉTROPOLITAINES DE RECENSEMENT DU QUÉBEC

RMR	Appellations	POP91	DB0191	DB1291	DB3591	CNT8692
408	Chicoutimi-Jonquière	159 610	1,43 (01)	1,60 (02)	1,42 (03)	9,63 (10)
421	Québec (Québec)	524 000	1,16 (04)	1,28 (07)	1,36 (04)	13,23 (06)
421	Québec (Chaudière-App.)	113 750	1,10 (05)	0,99 (09)	0,98 (09)	10,70 (07)
433	Sherbrooke	136 700	1,02 (07)	1,36 (05)	1,24 (07)	14,37 (04)
442	Trois-Rivières	134 884	0,99 (09)	1,22 (08)	1,09 (08)	10,66 (08)
462	Montréal (Montérégie)	676 135	1,10 (06)	1,35 (06)	1,25 (06)	14,30 (05)
462	Montréal (CUM)	1 749 303	1,35 (02)	1,77 (01)	1,86 (01)	18,81 (01)
462	Montréal (Laval)	311 170	1,21 (03)	1,52 (03)	1,48 (02)	16,54 (02)
462	Montréal (Lanaudière)	71 230	1,01 (08)	1,43 (04)	1,31 (05)	14,51 (03)
505	Ottawa-Hull (Outaouais)	225 305	0,53 (10)	0,92 (10)	0,78 (10)	10,53 (09)
	Régions métropolitaines de recensement (RMR)	4 102 087	1,20	1,51	1,51	15,66

Westmount (20,46). Les moins entrepreneuriales ont été Hampstead (11,44), Lasalle (11,24), Montréal-Nord (11,09) et Côte-Saint-Luc (10,77). **Ce classement confirme l'importance du facteur de concentration dans le domaine de la création d'entreprises**. Les municipalités où l'on retrouve déjà une forte activité économique ont montré les taux les plus élevés alors que les villes-dortoirs ont montré les taux les plus faibles. La ville de Dorval peut s'enorgueillir du championnat toute catégorie du taux de création d'entreprises au Québec (28,17).

Il y a encore une fois des divergences profondes entre les banques de la CNT et celles de D&B. Les deux villes les plus entrepreneuriales selon cette dernière

Tableau 7.4

CLASSEMENT DES SUBDIVISIONS DE RECENSEMENT DE LA CUM

SDR-91	Appellations	POP91	DB0191	DB1291	DB3591	CNT8692
2466005	Montréal-Est	3 660	2,46 (04)	7,10 (02)	6,01 (08)	17,45 (08)
2466010	Anjou	36 915	1,00 (14)	3,66 (09)	4,74 (12)	15,09 (14)
2466015	Saint-Léonard	73 110	1,67 (07)	3,65 (10)	5,29 (09)	15,16 (12)
2466020	Montréal-Nord	84 070	0,80 (20)	2,27 (17)	3,88 (15)	11,09 (27)
2466025	Montréal	999 680	1,43 (09)	3,87 (08)	6,10 (06)	21,93 (04)
2466030	Westmount	19 960	2,20 (05)	5,16 (05)	8,02 (04)	20,46 (05)
2466035	Verdun	59 930	0,65 (24)	1,57 (23)	2,97 (20)	12,77 (24)
2466040	Lasalle	73 350	0,74 (21)	1,77 (21)	2,84 (22)	11,24 (26)
2466045	Montréal-Ouest	5 175	1,35 (10)	2,51 (14)	3,29 (18)	13,50 (20)
2466050	Saint-Pierre	4 830	1,45 (08)	2,28 (16)	6,42 (05)	13,52 (19)
2466055	Côte-Saint-Luc	27 615	0,91 (17)	1,81 (20)	3,04 (19)	10,77 (28)
2466060	Hampstead	8 645	0,35 (27)	1,04 (28)	2,54 (26)	11,44 (25)
2466065	Outremont	22 670	0,97 (16)	3,04 (12)	6,09 (07)	17,79 (07)
2466070	Mont-Royal	17 960	2,73 (02)	6,90 (03)	13,31 (01)	23,81 (02)
2466075	Saint-Laurent	71 895	3,05 (01)	7,51 (01)	10,40 (02)	23,58 (03)
2466080	Lachine	34 870	1,18 (12)	2,64 (13)	5,25 (10)	13,05 (22)
2466085	Dorval	17 125	2,04 (06)	6,36 (04)	9,34 (03)	28,17 (01)
2466090	Île-Dorval	–	–	–	–	–
2466095	Pointe-Claire	27 485	1,13 (13)	3,38 (11)	4,69 (13)	17,94 (06)
2466100	Kirkland	17 485	0,40 (26)	2,12 (18)	2,86 (21)	14,23 (16)
2466105	Beaconsfield	19 535	0,51 (25)	1,43 (26)	2,20 (27)	13,19 (21)
2466110	Baie-d'Urfé	3 850	2,60 (03)	4,16 (06)	4,16 (14)	16,85 (09)
2466115	Sainte-Anne-de-Bellevue	3 310	1,21 (11)	3,93 (07)	5,14 (11)	15,02 (15)
2466125	Senneville	960	0,00 (28)	2,08 (19)	1,04 (28)	12,80 (23)
2466130	Pierrefonds	48 465	0,68 (22)	1,75 (22)	2,74 (23)	13,80 (17)
2466135	Sainte-Geneviève	3 050	0,66 (23)	2,30 (15)	3,61 (17)	15,69 (10)
2466140	Dollard-des-Ormeaux	46 645	0,88 (18)	1,50 (25)	2,72 (24)	15,09 (13)
2466145	Roxboro	5 875	0,85 (19)	1,53 (24)	3,74 (16)	15,32 (11)
2466150	Île Bizard	11 180	0,98 (15)	1,34 (27)	2,59 (25)	13,75 (18)
	Communauté urbaine de Montréal	1 749 303	1,35	3,55	5,58	19,08

sont Ville-Saint-Laurent (1er/28 dans DB01, 1er/28 dans DB12 et 2e/28 dans DB35) et Ville-Mont-Royal (2e/28 dans DB01, 3e/28 dans DB12 et 1er/28 dans DB35) tandis que Dorval (6e/28 dans DB01, 4e/28 dans DB12 et 3e/28 dans DB35) et Montréal (9e/28 dans DB01, 8e/28 dans DB12 et 6e/28 dans DB35) réussissent beaucoup moins bien.

Le Tableau 7.5 contient les statistiques relatives aux agglomérations de recensement du Québec, soit les noyaux urbanisés d'au moins 10 000 habitants et d'au plus 100 000. Selon les données de la CNT, l'agglomération la plus entrepreneuriale du Québec au cours de la période 1986-1992 a été la ville de Granby (15,32), suivie de Magog (15,22) et Saint-Jérôme (15,14). Les villes de La Tuque (6,01), Baie-Comeau (8,26), Shawinigan (8,52) et Matane (8,54) sont celles qui ont présenté les taux les plus faibles. Ce sont des villes situées dans des régions rurales ou en déclin industriel.

Le classement des AR selon les statistiques de D&B montre des écarts parfois importants avec les résultats de la CNT. Ainsi, dans DB01, Cowansville arrive bonne première (1,86), suivie de Lachute (1,82) et Val-d'Or (1,81). Cette dernière occupe la première place du peloton de DB12 (2,40) devant Rivière-du-Loup (2,16) et Saint-Georges-de-Beauce (2,06). Celle-ci occupe à son tour la première place dans DB35 (2,10), suivie de Victoriaville (1,85) et Alma (1,83). Rouyn-Noranda ferme la marche dans les trois catégories, suivie de Shawinigan et La Tuque. Malgré les écarts, on peut dire que les données de D&B font ressortir les mêmes grandes tendances régionales que celles de la CNT.

Le Tableau 7.6 renferme les statistiques de création d'entreprises de la CNT pour l'ensemble des divisions de recensement du Québec. On y retrouve les nouveaux enregistrements bruts pour chacune des années de la période 1986-1992 (CNT86ET, CNT87ET,

179

Tableau 7.5

CLASSEMENT DES AGGLOMÉRATIONS DE RECENSEMENT DU QUÉBEC

AR	Appellations	POP91	DB0191	DB1291	DB3591	CNT8692
408	Chicoutimi-Jonquière	159 610	1,43 (01)	1,60 (02)	1,42 (03)	9,63 (10)
403	Matane	14 700	1,50 (04)	1,70 (06)	1,41 (15)	8,54 (22)
404	Rimouski	47 310	1,33 (11)	1,42 (14)	1,49 (11)	9,86 (18)
405	Rivière-du-Loup	22 965	1,48 (05)	2,16 (02)	1,64 (05)	10,12 (16)
406	Baie-Comeau	32 650	1,13 (17)	1,33 (21)	1,10 (24)	8,26 (24)
410	Alma	29 800	1,38 (09)	1,49 (12)	1,83 (03)	10,33 (15)
411	Dolbeau	14 835	1,08 (21)	1,42 (15)	1,30 (17)	9,64 (21)
412	Sept-Îles	27 145	1,36 (10)	1,58 (09)	1,49 (12)	9,68 (20)
428	Saint-Georges	22 535	1,46 (06)	2,06 (03)	2,10 (01)	12,89 (07)
430	Thetford-Mines	29 605	0,98 (24)	1,40 (17)	1,50 (09)	10,05 (17)
435	Magog	20 045	1,45 (07)	1,62 (08)	1,26 (20)	15,22 (02)
437	Cowansville	11 815	1,86 (01)	1,35 (20)	1,50 (10)	11,68 (13)
440	Victoriaville	38 950	1,44 (08)	1,99 (04)	1,85 (02)	12,41 (09)
444	Shawinigan	60 655	0,99 (22)	1,26 (22)	1,10 (23)	8,52 (23)
446	La Tuque	12 870	1,09 (20)	1,01 (25)	1,19 (22)	6,01 (25)
447	Drummondville	58 860	1,22 (14)	1,69 (07)	1,35 (16)	11,97 (11)
450	Granby	58 680	1,12 (18)	1,94 (05)	1,52 (08)	15,32 (01)
452	Saint-Hyacinthe	48 935	0,98 (23)	1,40 (18)	1,59 (06)	12,32 (10)
454	Sorel	45 775	1,09 (19)	1,50 (11)	1,20 (21)	9,73 (19)
456	Joliette	36 575	1,18 (15)	1,54 (10)	1,42 (13)	13,21 (05)
459	Saint-Jean-sur-Richelieu	67 685	1,15 (16)	1,40 (16)	1,30 (18)	13,45 (04)
465	Salaberry-de-Valleyfield	39 555	1,26 (13)	1,39 (19)	1,53 (07)	11,72 (12)
468	Lachute	11 520	1,82 (02)	1,48 (13)	1,42 (14)	12,91 (06)
475	Saint-Jérôme	51 330	1,27 (12)	1,22 (23)	1,28 (19)	15,14 (03)
480	Val-d'Or	29 825	1,81 (03)	2,40 (01)	1,80 (04)	12,88 (08)
485	Rouyn-Noranda	38 500	0,94 (25)	1,21 (24)	0,99 (25)	11,17 (14)
	Agglomération de recensement	873 120	1,23	1,55	1,43	11,65

...CNT92ET), les enregistrements annuels moyens pour la même période (CNT8692EM) et les enregistrements annuels moyens par 1 000 habitants (CNT8692EH).

Le classement cumulatif confirme les grandes tendances observées au niveau des régions et des centres urbains. C'est ainsi que les neuf divisions les plus entrepreneuriales du Québec se retrouvent au centre et dans la ceinture nord de la région métropolitaine avec la CUM au 2e rang (18,81) et Laval au 5e rang (16,54). Il faut souligner ici la performance assez surprenante de la division Les Pays-d'en-Haut (Sainte-Adèle) qui arrive en tête du peloton avec un taux de création d'entreprises de 26,31, soit presque le double du taux provincial moyen. En fait, on retrouve 6 DR de la région des Laurentides dans les 10 premières de l'ensemble du Québec (Les Pays-d'en-Haut, Mirabel, Les Laurentides, Thérèse-de-Blainville, la Rivière-du-Nord et Deux-Montagnes). Il faut évidemment pondérer ces résultats par le fait que la CUM et Laval sont considérées comme des divisions de recensement uniques par Statistique Canada. Il est intéressant de constater que la division la plus entrepreneuriale de la Montérégie, La Vallée-du-Richelieu (Saint-Bruno), ne se classe qu'au 10e rang, avec un taux de 14,98. La Rive-Sud de Montréal a donc été beaucoup moins entrepreneuriale que la Rive-Nord au cours de la période étudiée.

Si l'on regarde le milieu du classement (45e au 55e rang), on retrouve quatre divisions de l'Estrie (le Haut-Saint-François, Le Granit, Asbestos et Coaticook), deux divisions de la Mauricie-Bois-Francs (Francheville, Maskinongé) et deux divisions de l'Outaouais (La Vallée-de-la-Gatineau, La Communauté urbaine de l'Outaouais). Ces régions se classent respectivement au 6e, 9e et 10e rang du palmarès des régions du Québec (sur 15). Il y a donc une certaine convergence des résultats.

Tableau 7.6

CLASSEMENT DES DIVISIONS DE RECENSEMENT DU QUÉBEC

DIVISIONS DE RECENSEMENT DU QUÉBEC

Rang	RI	DR	Appellation	Ar	POP91	CNT86ET	CNT87ET	CNT88ET	CNT89ET	CNT90ET	CNT91ET	CNT92ET	CNT8692EM	CNT8692EH
1	55	77	Les Pays-d'en-Haut		23 088	508	616	652	676	632	552	616	607,43	26,31
2	40	66	Communauté urbaine de Montréal		1 775 871	28 800	33 481	34 752	35 049	34 541	33 973	33 268	33 409,14	18,81
3	33	74	Mirabel		17 971	186	302	288	330	323	318	357	300,57	16,73
4	55	78	Les Laurentides		31 580	455	522	559	551	564	521	497	524,14	16,60
5	45	65	Laval		314 398	4 102	5 175	5 467	5 539	5 568	5 518	5 030	5 199,86	16,54
6	55	73	Thérèse-De Blainville		104 693	1 133	1 534	1 787	1 837	1 665	1 829	1 751	1 676,57	16,01
7	50	64	Les Moulins		91 156	1 032	1 317	1 441	1 464	1 504	1 422	1 424	1 372,00	15,05
8	55	75	La Rivière-du-Nord		73 896	811	1 077	1 142	1 161	1 205	1 147	1 206	1 107,00	14,98
9	55	72	Deux-Montagnes		71 667	830	1 034	1 096	1 132	1 188	1 175	1 079	1 076,29	14,98
10	35	57	La Vallée-du-Richelieu		105 032	1 353	1 615	1 661	1 634	1 604	1 604	1 469	1 562,86	14,88
11	35	58	Champlain		312 734	3 808	4 632	4 917	4 870	4 986	4 715	4 478	4 629,43	14,80
12	50	62	Matawinie		35 253	438	486	520	578	574	517	530	520,43	14,76
13	35	59	Lajemmerais		85 720	943	1 220	1 287	1 339	1 325	1 419	1 246	1 254,14	14,63
14	35	47	La Haute-Yamaska		73 351	955	1 064	1 117	1 066	1 141	1 105	999	1 063,66	14,50
15	30	43	Sherbrooke		127 224	1 650	2 044	1 942	1 948	1 884	1 689	1 725	1 840,29	14,46
16	35	71	Vaudreuil-Soulanges		84 503	916	1 128	1 342	1 279	1 326	1 247	1 226	1 209,14	14,31
17	30	45	Memphrémagog		35 984	410	529	531	573	520	513	481	508,14	14,12
18	50	60	L'Assomption		91 537	1 002	1 206	1 299	1 336	1 356	1 298	1 230	1 246,71	13,62
19	20	23	Communauté urbaine de Québec		491 306	5 693	6 284	6 295	6 506	6 816	7 228	7 414	6 605	13,44
20	35	68	Les Jardins-de-Napierville		21 977	255	266	299	330	298	313	306	295,29	13,44
21	35	55	Rouville		31 370	369	440	458	433	397	436	385	416,86	13,29
22	35	56	Le Haut-Richelieu		92 889	954	1 246	1 264	1 400	1 280	1 277	1 208	1 232,71	13,27
23	50	63	Montcalm		32 872	400	414	425	422	476	461	429	432,43	13,15

Tableau 7.6 (suite)

Rang	RI	DR	Appellation	Ar	POP91	CNT86ET	CNT87ET	CNT88ET	CNT89ET	CNT90ET	CNT91ET	CNT92ET	CNT8692EM	CNT8692EH
24	50	61	Joliette		48 303	638	622	569	621	651	648	583	618,86	12,81
25	55	79	Antoine-Labelle		32 019	368	405	407	436	438	427	386	409,57	12,79
26	35	54	Les Maskoutains		76 828	824	1 061	954	1 016	948	1 033	899	962,14	12,52
27	25	25	Les Chutes-de-la-Chaudière		67 479	710	855	825	855	847	874	871	833,86	12,36
28	35	46	Brome-Missisquoi		45 257	442	635	599	549	608	567	488	555,43	12,27
29	35	67	Rousillon		123 818	1 177	1 420	1 596	1 659	1 556	1 536	1 629	1 510,43	12,20
30	70	49	Drummond		79 654	898	1 044	996	1 024	884	960	944	964,29	12,11
31	70	39	Arthabaska		60 257	715	781	707	689	749	701	706	721,14	11,97
32	35	48	Acton		14 613	170	184	159	152	221	162	172	174,29	11,93
33	50	52	D'Autray		35 727	395	440	436	436	439	401	415	423,14	11,84
34	65	89	Vallée-de-l'Or		43 121	503	610	582	556	449	435	426	508,71	11,80
35	35	70	Beauharnois-Salaberry		59 785	676	781	758	750	689	664	607	703,57	11,77
36	30	42	Le Val-Saint-François		32 304	339	368	375	394	371	368	357	370,29	11,46
37	25	26	La Nouvelle-Beauce		24 362	306	341	290	280	244	248	224	276,14	11,33
38	25	29	Beauce-Sartigan		44 218	509	544	570	530	469	417	466	500,71	11,32
39	25	33	Lotbinière		26 633	306	343	276	300	306	296	265	299,124	11,23
40	20	20	L'Île-d'Orléans		6 938	71	97	63	76	90	71	77	78	11,22
41	20	22	La Jacques-Cartier		23 282	234	265	248	269	260	279	270	261	11,20
42	60	80	Papineau		19 526	204	234	226	213	213	198	229	216,71	11,10
43	55	76	Argenteuil		27 232	222	294	338	305	326	293	301	297,00	10,91
44	65	86	Rouyn-Noranda		42 033	367	489	486	475	489	466	436	458,29	10,90
45	30	41	Le Haut-Saint-François		20 769	217	202	236	267	214	223	214	224,71	10,82
46	25	27	Robert-Cliche		18 586	207	236	194	206	210	186	162	200,14	10,77
47	60	83	La Vallée-de-la-Gatineau		18 979	204	208	190	214	176	210	220	203,14	10,70
48	60	81	Communauté urbaine de l'Outaouais		201 536	1 836	2 087	2 110	2 109	2 228	2 386	2 247	2 143,29	10,63
49	70	32	L'érable		24 680	228	285	281	270	263	248	259	262,00	10,62
50	30	30	Le Granit		20 993	206	280	231	212	240	190	200	222,71	10,61
51	70	37	Francheville		137 458	1 368	1 459	1 424	1 435	1 479	1 488	1 518	1 453,00	10,57

Tableau 7.6 (suite)

Rang	RI	DR	Appellation	Ar	POP91	CNT86ET	CNT87ET	CNT88ET	CNT89ET	CNT90ET	CNT91ET	CNT92ET	CNT8692EM	CNT8692EH
DIVISIONS DE RECENSEMENT DU QUÉBEC														
52	65	88	Abitibi		25 334	250	303	284	285	251	250	241	267,57	10,56
53	70	51	Maskinongé		23 802	243	272	272	243	260	243	220	250,43	10,52
54	30	40	Asbestos		15 381	148	171	159	187	170	159	133	161,00	10,47
55	30	44	Coaticook		15 758	141	187	169	176	156	188	134	164,43	10,43
56	20	21	La Côte-de-Beaupré		21 214	192	188	206	245	264	207	233	219	10,34
57	70	38	Bécancour		19 175	184	219	170	209	201	200	192	196,43	10,24
58	65	85	Témiscamingue		17 381	170	202	154	184	173	176	182	177,29	10,20
59	70	50	Nicolet-Yamaska		23 817	234	278	225	242	234	230	238	240,14	10,05
60	35	53	Le Bas-Richelieu		53 909	545	558	541	622	506	522	419	530,43	9,84
61	15	10	Rimouski-Neigette		51 290	527	594	574	470	435	483	421	500,57	9,76
62	75	91	Le Domaine-du-Roy		33 299	305	353	324	328	325	321	302	322,57	9,70
63	25	19	Bellechasse		29 475	275	340	289	274	282	267	269	285,14	9,67
64	25	31	L'Amiante		45 851	467	476	453	435	439	420	397	441,00	9,62
65	75	94	Le Fjord-du-Saguenay		172 793	1 513	1 776	1 667	1 639	1 680	1 597	1 677	1 649,86	9,55
66	15	12	Rivière-du-Loup		31 485	299	317	310	349	282	280	263	300,00	9,53
67	35	69	Le Haut-Saint-Laurent		23 294	181	224	242	238	230	230	194	219,86	8,44
68	75	93	Lac-Saint-Jean-Est		51 963	503	525	453	483	487	508	470	489,86	9,43
69	25	18	Montmagny		23 667	236	248	222	223	215	219	150	216,14	9,13
70	80	95	La Haute-Côte-Nord		13 541	116	132	148	119	129	105	113	123,14	9,09
71	20	15	Charlevoix-Est		17 413	206	155	166	135	141	138	154	156	8,98
72	60	82	Les Collines-de-l'Outaouais		28 894	173	196	236	329	330	272	274	258,57	8,95
73	10	1	Îles-de-la-Madeleine		13 991	133	165	110	116	106	107	125	123,14	8,80
74	20	16	Charlevoix		13 547	118	135	109	134	134	113	86	118	8,74
75	15	7	La Matapédia		20 930	187	197	184	185	184	159	172	181,14	8,65
76	60	84	Pontiac		15 111	127	136	151	125	143	101	132	130,71	8,65

Tableau 7.6 (suite)

Rang	RI	DR	Appellation	Ar	POP91	CNT86ET	CNT87ET	CNT88ET	CNT89ET	CNT90ET	CNT91ET	CNT92ET	CNT8692EM	CNT8692EH
77	20	34	Portneuf		43 179	339	333	343	366	408	424	398	373	8,64
78	80	97	Sept-Rivières – Caniapiscau		40 730	375	317	338	366	347	358	341	348,86	8,57
79	70	36	Le Centre-de-la-Mauricie		67 379	584	595	607	528	550	557	608	575,57	8,54
80	70	35	Mékinac		13 629	105	133	120	134	101	109	111	116,14	8,52
81	25	24	Desjardins		49 076	315	320	323	395	523	525	512	416,14	8,48
82	75	92	Maria-Chapdelaine		28 164	209	223	247	241	243	240	241	234,86	8,34
83	10	5	Bonaventure		19 848	162	161	178	175	181	157	144	165,43	8,33
84	15	11	Les Basques		10 325	98	90	82	93	79	63	79	83,43	8,08
85	10	3	La Côte-de-Gaspé		20 903	179	165	176	167	150	161	172	167,14	8,00
86	65	87	Abitibi-Ouest		24 109	179	255	187	198	191	159	175	192,00	7,98
87	80	96	Manicouagan		36 108	287	282	282	272	288	317	265	284,71	7,89
88	15	8	Matane		24 334	204	209	182	183	184	170	193	189,29	7,78
89	25	17	L'Islet		19 938	144	168	165	184	143	149	112	152,14	7,63
90	15	9	La Mitis		20 157	167	192	143	154	138	143	137	153,43	7,61
91	15	14	Kamouraska		23 268	140	212	201	210	162	166	144	176,43	7,58
92	80	98	Mingonie – Côte-Nord-du-Golf		12 845	79	75	94	114	102	92	123	97,00	7,55
93	10	4	Denis-Riverin		14 019	112	115	123	86	68	121	89	104,86	7,48
94	10	6	Avignon		15 494	111	141	126	92	119	112	98	114,14	7,37
95	25	28	Les Etchemins		18 668	142	166	146	130	135	114	126	137,00	7,34
96	15	13	Témiscouata		23 348	156	179	160	179	168	167	150	165,57	7,09
97	10	2	Pabok		21 713	124	171	170	142	168	141	145	151,57	6,98
98	90	99	Territoire nordique		36 310	203	272	224	226	231	212	213	225,86	6,22
99	70	90	Le Haut-Saint-Maurice		16 272	92	82	108	103	108	111	93	99,57	6,12

Enfin, comme on pouvait s'y attendre, les divisions les moins entrepreneuriales du Québec sont localisées dans les régions qui sont les plus éloignées des grands centres. C'est le Haut-Saint-Maurice (La Tuque) qui a connu le niveau de création d'entreprises le plus faible du Québec au cours de la période 1986-1992, avec un taux de 6,12, suivi des Territoires nordiques (6,22), de Pabok (6,98) et du Témiscouata (7,09). Notons que les 10 divisions qui ferment le classement sont toutes situées dans des régions rurales ou très peu industrialisées.

CONCLUSION

Les statistiques que nous venons d'exposer permettent de brosser un tableau assez exhaustif de la propension entrepreneuriale des différentes régions du Québec. La première chose que l'on peut dire, c'est que la région montréalaise demeure le pôle central du développement économique du Québec avec des taux de création d'entreprises qui sont largement supérieurs à la moyenne provinciale. Soulignons toutefois des débordements importants dans les régions limitrophes, et en particulier dans les régions qui composent la ceinture nord de la métropole (Laval, Laurentides, Lanaudière). Au niveau de l'Île de Montréal, ce sont les villes déjà très industrialisées de Dorval et de Ville-Saint-Laurent qui ont connu les taux les plus élevés, alors que les villes-dortoirs ont montré les taux les plus faibles.

Les résultats globaux résumés au Tableau 7.7 montre la différence entre la région de Montréal et le reste du Québec. Il semble évident qu'en matière de création d'entreprises, la **Communauté urbaine de Montréal** (CUM) est le moteur du Québec. Dès lors il n'est pas surprenant d'observer la contrepartie de ce résultat :

186

Tableau 7.7

TAUX MOYEN DE CRÉATION D'ENTREPRISES / 1 000 PERSONNES	
Ensemble du Québec	13,96
Région métropolitaine du Québec (incluant la CUM)	15,66
CUM seulement	19,08
Ville de taille moyenne (agglomération de recensement)	11,65

Les régions éloignées (Nord-du-Québec, Gaspésie-Îles-de-la-Madeleine, Côte-Nord, Bas-Saint-Laurent, Saguenay-Lac-Saint-Jean) étaient celles où l'on retrouvait la propension entrepreneuriale la plus faible. De toute évidence, cela constitue une mauvaise nouvelle pour les décideurs qui sont responsables des politiques de développement régional. Mentionnons aussi la piètre performance de la Mauricie-Bois-Francs, qui est aujourd'hui à la recherche d'une nouvelle identité industrielle, et de l'Outaouais, une région dont l'économie est dominée par la fonction publique fédérale.

Enfin, on peut noter qu'il n'y a pas nécessairement homogénéité de la propension entrepreneuriale à l'intérieur des différentes régions. Par exemple, la ville de Granby, qui se rattache à la région de la Montérégie, s'est classée au 1er rang du palmarès des agglomérations de recensement du Québec, avec un taux de 15,32, alors que la ville voisine de Sorel n'a pu faire mieux qu'un 19e rang, avec un taux de 9,73. En fait, les statistiques montrent qu'il y a des poches d'activité économique plus intense dans l'ensemble des régions du Québec.

À la lecture de tels résultats, on peut avoir plusieurs réactions. L'une d'elles serait de contester les résultats, car ils ne correspondent pas à ce à quoi l'on s'attendait : on avait pensé que telle ou telle région était celle où il se crée le plus d'entreprises ou, à tout le moins, que la région ne se retrouverait pas parmi la liste de celles qui créent le moins d'entreprises. Cette réaction nous amène à vérifier la qualité de la banque de données. Rien ne permet de mettre en doute les données, en particulier celles de la CNT, car elles sont vérifiées à la source, et elles correspondent à une obligation.

Une autre réaction, c'est la déprime, car on constate peut-être que sa région est parmi celles qui créent le moins d'entreprises. Dans certains cas, il faudrait parler plutôt de désespoir, car depuis plus de 30 ans, on a l'impression que la région se vide, que les forces vives la quittent et que l'on assiste à la création d'un deuxième Québec, le Québec de l'arrière-pays, le Québec en déclin. En fait, cette réaction est exagérée, car la MRC Îles-de-la-Madeleine, par exemple, crée plus d'entreprises que la MRC Pabok, qui est située dans la même région.

À cette réaction de déprime, il faut probablement opposer une réaction d'espoir, car des régions en difficulté ont décidé d'entreprendre leur développement économique. C'est le cas de la MRC Abitibi-Ouest, Mékinac et Le Granit. Dans chacune de ces MRC, la population locale a entrepris un programme visant à reconstruire un tissu industriel générateur de développement économique. Il est un peu tôt pour évaluer ces démarches, mais tout porte à croire que la déprime est en train de céder le pas à l'espoir et à l'optimisme.

Ces résultats peuvent aussi nous suggérer des expériences nouvelles. Certains spécialistes du développement, s'inspirant de Médecins sans frontières, ont mis sur pied Développeurs sans frontières. Il s'agit d'établir un réseau d'échanges entre deux « petites régions » (en ce qui a trait à la population), échanges dans lesquels les régions discutent de leur développement et élaborent des plans d'action. En s'inspirant de cette idée, on pourrait penser à un jumelage entre la MRC Les Etchemins et la MRC La Nouvelle-Beauce ou Antoine-Labelle ; entre la MRC Haut-Saint-Maurice et Abitibi-Ouest.

Bernard Vachon, professeur – Département de géographie
Directeur du Groupe de recherche en aménagement et développement des espaces
ruraux et régionaux (GRADERR) – Université du Québec à Montréal

CHAPITRE 8

LA SYNERGIE DES PARTENAIRES EN DÉVELOPPEMENT ÉCONOMIQUE LOCAL : ENTREPRENEURSHIP ET SYSTÈMES PRODUCTIFS LOCAUX*

INTRODUCTION

Contrairement aux années cinquante, soixante et soixante-dix, les *trente glorieuses*, il ne s'agit plus seulement de produire pour vendre. Aujourd'hui, il faut offrir des produits et des services de qualité, nouveaux, moins coûteux, rapidement disponibles, pour l'emporter

---

* Cette recherche a bénéficié d'une aide financière du ministère du Développement des ressources humaines du Canada et a donné lieu à un rapport préliminaire intitulé «Les entreprises en tenue de campagne. Recherche exploratoire sur la perspective d'un redéploiement de l'activité économique en milieu rural et dans les petites villes», décembre 1993.

sur les concurrents qui sont nombreux et combatifs tant sur les marchés intérieurs qu'extérieurs. Plus que jamais, l'entreprise est soumise à la concurrence et le sera encore davantage demain avec l'escalade de la mondialisation, l'abolition des mesures protectionnistes, le recul des frontières économiques et la montée irréversible des *dragons* d'Asie et d'Amérique latine.

Il en résulte d'importantes conséquences pour la gestion des entreprises. La première est sans aucun doute la nécessité pour l'entrepreneur de rompre avec l'individualisme et l'isolement. L'entrepreneur doit s'ouvrir à l'environnement complexe de son secteur d'activité impliquant non seulement les facteurs directs de production, mais aussi l'ensemble des paramètres matériels et immatériels situés en amont et en aval.

Sur le champ de bataille de la concurrence, l'entrepreneur ne peut plus être un acteur isolé. Sa force est dorénavant fonction de son intégration opérationnelle à un ensemble dont les parties agissent en forte interaction et en complémentarité, procurant à l'entreprise un environnement porteur, dont plusieurs avantages demeureraient inaccessibles pour l'entrepreneur solitaire.

Dans le texte qui suit, nous tenterons d'exposer les principales caractéristiques de cet environnement de production qui se présente comme un système socio-productif sollicitant la solidarité de l'ensemble des acteurs à tous les niveaux, et qui oblige à revoir les concepts de concurrence et de performance économique.

L'IMPÉRATIF DE LA PERFORMANCE GLOBALE

Les nouveaux défis qui confrontent l'activité économique impliquent des changements importants dans le comportement des différents acteurs en cause et dans les relations qu'ils entretiennent entre eux : nouveaux partenariats, nouveaux réseaux, nouvelles solidarités, nouvelles organisations du travail.

Compétitivité, croissance et emploi

Dans une économie ouverte, où les concurrents sont nombreux et combatifs, les marchés seront acquis par la seule capacité concurrentielle des entreprises. C'est l'importance et la stabilité de ces marchés qui détermineront les volumes de production, sources d'emplois pour la population.

Ainsi, **lorsque le taux de chômage d'un pays est élevé, le diagnostic le plus probable est celui d'une cité concurrentielle insuffisante**. Il faut alors, pour aider à rétablir l'équilibre de l'emploi, que la compétitivité des divers secteurs économiques s'améliore, c'est-à-dire que les entreprises deviennent plus concurrentielles et, conséquemment, parviennent à conquérir des parts de marché tant sur le territoire national qu'à l'étranger. La nouvelle demande en biens et en services fait augmenter la production, ce qui entraîne la création de nouveaux emplois.

Nous ouvrons ici une parenthèse pour signaler, bien que ce soit en marge de notre propos, que la croissance de la production, le **produit intérieur brut** (PIB), n'est pas la seule réponse au problème du sous-emploi. On estime d'ailleurs que le taux de croissance de la production canadienne nécessaire pour ramener à 4 % ou 5 % le taux de chômage demeure hors de portée pour un nombre imprévisible d'années. Notre collègue Pierre Fortin, du Département des sciences économiques, affirme que ce taux de croissance doit se situer à 3,5 % pour que le bilan de l'emploi commence à être positif. Les effets sur l'emploi pour un taux inférieur à 3,5 % sont absorbés par l'accroissement de la productivité. Or, le taux de croissance du PIB n'a été que de 2,6 % en 1993, et les prévisions pour 1994 et 1995 laissent entrevoir une croissance très modérée. Des mesures structurelles concernant le fonctionnement du marché du travail peuvent également contribuer, et de façon significative, à réduire le chômage : nous nous référons ici aux *espaces* que peuvent occuper la qualification et la mobilité de la main-d'œuvre, à l'organisation de la production, à la durée du temps de travail, etc. Ces espaces doivent devenir des champs privilégiés d'intervention au même titre que les divers incitatifs à la croissance de la production.

Du point de vue de la compétitivité, deux stratégies seront poursuivies et conjuguées : la **compétitivité-prix**, qui consiste à établir le coût de production des biens et des services à un niveau permettant d'assurer une part des marchés, et la **compétitivité hors-prix**, qui repose sur l'amélioration qualitative des produits, de façon à accroître la préférence pour les productions nationales.

Compétitivité et performance globale

Ce qui a fait le succès de l'entreprise d'hier n'est plus garant du succès des entreprises d'aujourd'hui, et moins encore de celles de demain. **Le modèle fordiste d'organisation de l'entreprise est remis en cause, et un foisonnement d'expériences tracent la voie à l'émergence d'un nouveau modèle, plus souple, plus ouvert, fondamentalement axé sur la concertation et le partenariat.**

Les impératifs de diversification des produits, de qualité, de flexibilité, de juste-à-temps, pour satisfaire un consommateur toujours plus exigeant, convergent pour remettre en cause les anciennes organisations tayloriennes. Ces impératifs transforment également les relations avec les fournisseurs, les sous-traitants, les travailleurs et les clients. Les défis qui se posent dès lors à l'entrepreneur outrepassent les murs de son entreprise pour se situer au niveau d'une organisation interentreprise et dans les sphères de l'éducation, de l'administration publique, de la recherche et des solidarités sociales, impliquant une multiplicité d'acteurs. Le partenariat tend à se propager et à prendre les formes les plus variées.

Dans chacun des domaines, en amont et en aval de la production proprement dite, l'excellence est de rigueur. Il ne suffit pas d'optimiser un ou deux facteurs, car c'est la combinaison de l'ensemble de ceux-ci qui est déterminante. En d'autres termes, la marge de manœuvre pour assurer le succès d'un produit ou d'un service dans un marché hautement concurrentiel est tellement ténue, que la performance d'un facteur ne suffit pas. Il faut tendre à la performance de l'appareil productif dans son ensemble, perçu comme un système. La notion de compétitivité se fond alors à celle de la *performance globale.*

Diversité des facteurs de la performance globale

De la capacité concurrentielle d'une économie nationale dépend la capacité de croissance et de création d'emplois. Atteindre cette capacité concurrentielle suppose, comme on l'a vu précédemment, la performance conjuguée de chacun des facteurs contribuant au système productif. Or, ce dernier est de plus en plus complexe, faisant appel à des facteurs nombreux et diversifiés qui interagissent entre eux. Le rôle de plus en plus grand qu'y exercent les facteurs et les réseaux informels de l'environnement socio-politico-culturel, au-delà des facteurs de production traditionnels, a fait émerger le concept du *système socio-productif.*

Dans les efforts consentis à la poursuite de la performance globale, le système socio-productif distingue deux ensembles de facteurs qui supposent une stratégie d'investissement à deux volets : investissements matériels et investissements immatériels. Les investissements matériels comprennent notamment les matières premières et les sources énergétiques, les bâtiments et l'équipement de production, les infrastructures publiques. Quant à la main-d'œuvre, le système socio-productif va davantage solliciter chez elle sa capacité créatrice et innovante, plutôt que sa force de travail.

Les investissements immatériels en entreprises désignent plusieurs catégories de dépenses dont une large part est consacrée à la transformation du contenu et de l'organisation du travail, ainsi qu'à l'acquisition de nouvelles qualifications pour les travailleurs.

> Dépenses consacrées à la recherche-développement, à la mise au point, à l'amélioration et au renouvellement des produits ; dépenses de formation générale, technique et professionnelle ; dépenses consacrées à la mise en place des systèmes d'information et notamment aux logiciels ; dépenses liées à la modernisation des méthodes de gestion et aux changements dans l'organisation du travail ; enfin, dépenses liées au développement des capacités de vente. Ces dépenses correspondent, pour une large part, à l'emploi de personnels qualifiés et hautement qualifiés. Les investissements immatériels dans les entreprises dépendent ainsi de la qualité de leurs ressources humaines et de la façon dont elles sont utilisées. On conçoit ainsi comment la qualité de l'emploi, de l'organisation du travail et des relations sociales dans l'entreprise importe dans les formes actuelles de la compétitivité qui dépendent largement d'investissements humains (Dubois, 1992).

Quant aux dépenses immatérielles hors de l'entreprise ayant un impact sur la compétitivité, elles sont l'objet d'un intérêt croissant chez les stratèges du développement. Il y a tous ces organismes d'animation, d'avis, de conseil et d'accompagnement mis en place par les trois paliers de gouvernement au service des collectivités pour stimuler les initiatives de développement (corporations de développement économique, comités d'aide au développement des collectivités, centre d'aide aux entreprises, corporations de développement économique communautaire, sevices d'aide aux jeunes entrepreneurs, etc.) ; le réseau éducatif contribue par ses nombreux programmes de formation à rehausser les aptitudes des travailleurs et à porter plus loin les frontières de la connaissance ; les services dans les domaines social et culturel accompagnent le façonnement d'une identité collective qui est de nature à stimuler chez la personne le goût du dépassement et de l'épanouissement personnel ; l'ensemble des organismes bénévoles (chambres de commerce, associations de marchand, fondations, etc.) apportent, par le biais de leurs nombreuses activités, une contribution aux efforts de performance de l'ensemble du système socio-productif.

LES SYSTÈMES PRODUCTIFS LOCAUX : L'INTERACTION DE L'ÉCONOMIQUE ET DU SOCIAL

La capacité de créer de nouvelles activités économiques dépasse la capacité d'entreprendre des individus (entrepreneurship). Elle dépend aujourd'hui de l'organisation des entreprises sur le territoire et de leur relation avec le milieu porteur. Devant l'importance grandissante de ces organisations socio-productives, la connaissance des mécanismes qui régissent les systèmes productifs locaux apportent des données utiles pour les stratégies de création d'emplois et de revitalisation des territoires économiquement déstructurés.

Un essai de définition

Une première donnée est que **les PME s'inscrivent dans une culture locale**. Un modèle de développement économique est par nature *territorialisé*, et les collectivités vivant sur ces territoires possèdent des dynamismes profondément différents qui reposent en grande partie sur des impondérables, des non mesurables qui président aux principes d'organisation spécifiques à cette collectivité. Les décisions administratives supérieures et externes ne peuvent espérer faire progresser la situation qu'en s'appuyant sur cette réalité.

Une deuxième donnée démontre que tous **les comportements ne sont pas régis par des transactions marchandes isolables, et qu'il existe un effet d'émulation, d'échanges informels, d'interaction non tarifiée qui est propre à la collectivité** (Benko et Lipietz, 1992). Il apparaît de plus en plus qu'on ne peut continuer à isoler les mouvements économiques du système de valeurs comme on le fait, en considérant l'économique et le social de façon séparée, même si le poids des relations économiques reste encore disproportionné par rapport à celui des relations socio-culturelles (Becattini, 1992).

La promotion de l'entreprise, lorsqu'il s'agit de PME et de TPE, sans la promotion de son environnement social, économique et culturel, demeure inefficace. Les interventions en matière d'économie devront évoluer vers le souci de l'environnement de l'entreprise par une approche plus globale et qualitative du tissu économique local : rendre visibles et plus intelligibles pour la société locale les structures et les acteurs économiques locaux et systématiser les relations entre partenaires économiques locaux afin de les rendre plus efficaces dans la poursuite des objectifs qu'ils se seront fixés.

L'organisation des activités économiques en système productif local est basée sur une articulation, une osmose même, entre les savoirs, les savoir-faire, l'activité de production et les caractéristiques humaines et sociales qui se retrouvent ou se construisent sur un territoire. Le partage des tâches en vue de la production

198

de biens, de services et d'activités utiles à la collectivité n'existe pas seulement au sein de l'entreprise, mais entre les entreprises et entre les organismes qui ont la responsabilité de développer un territoire.

L'élément central de l'existence d'un système productif local est l'élaboration d'une culture d'entreprise créatrice d'une ambiance ou d'une atmosphère dans laquelle les entreprises dépassent les seules relations de marché et entretiennent des relations privilégiées de réciprocité. Ces relations s'étendent à d'autres secteurs de la vie collective et englobent le pouvoir municipal ou régional, les maisons d'enseignement, les organismes de développement économiques et communautaires, etc.

Les systèmes productifs locaux sont des cas concrets de formes et de structures industrielles typiques de développement économique local (DEL). On en retrouve des exemples éloquents notamment en Italie et en France. Très différents les uns des autres, ils ont en commun une structure qui valorise les stratégies d'acteurs et la solidarité spatiale de ces acteurs. Ces systèmes, qui affirment le dialogue nécessaire entre les entreprises (principalement les PME) et le milieu porteur, ouvrent des perspectives de réflexion sur de nouvelles formes de développement économique. La révolution informatique que nous vivons actuellement facilite cette nouvelle approche de type systémique entre les différents agents économiques, entre la gestion et le contrôle du processus de production.

Les systèmes productifs locaux sont nombreux et surtout très diversifiés dans leurs mécanismes de formation et de fonctionnement. Par contre, certains traits communs peuvent être réunis. Un système productif local consiste d'abord en un regroupement spatial d'entreprises à la fois spécialisées et interconnectées, coopérant dans une même zone dans un climat de forte émulation les poussant à être très performantes et techniquement

199

complémentaires. Ce système de petites et moyennes entreprises permet à la fois de cumuler les économies d'échelle propres aux grandes entreprises et la flexibilité productive des petites organisations. Ce sont des zones de production spécialisées dans lesquelles les petites et les moyennes entreprises développent des mécanismes de concurrence disciplinée, d'émulation et une étroite coopération autour d'un secteur spécifique de production. Il s'agit d'un groupe d'entreprises localisées sur un territoire donné, qui coopèrent pour être concurrentielles.

Ces différents systèmes productifs locaux (principalement les districts industriels et les systèmes de petites entreprises) misent sur une forte valorisation des ressources locales et sur l'utilisation des spécificités locales. Étant formé par une multitude de petites entreprises qui s'organisent autour d'une même production, ce type d'organisation repose sur une forte division du travail entre les entreprises, une spécialisation poussée dans les différentes phases du processus de production global et une forte coopération industrielle.

En définitive, il s'agit d'une véritable articulation territoriale du système socio-économique où l'organisation industrielle est éclatée en une multitude de phases productives autonomes, mais très bien intégrées grâce aux multiples réseaux existant entre les entreprises et les autres acteurs du système productif. Les systèmes productifs sont verticalement désintégrés et constitués d'entreprises interdépendantes. Ce sont des réseaux localisés d'interdépendances productives, un ensemble de réseaux d'entreprises territorialisés.

Pour Lipietz (1992), la formation d'un bloc social territorial va peser sur l'ensemble des acteurs et déterminer le destin du territoire. La combinaison, sur un territoire, d'un certain modèle de relations professionnelles et d'un certain modèle d'organisation professionnelle détermine un modèle de développement.

Au Québec, Mario Carrier et André Billette (1992) ont mené une étude sur l'ensemble des PME industrielles de Saint-Georges-de-Beauce. Les résultats partiels de cette recherche identifient la présence de certaines des caractéristiques des districts industriels italiens et des systèmes localisés français de petites entreprises, notamment le dynamisme économique, le marché du travail relativement fermé et les traditions locales, que les acteurs cherchent à maintenir tout en les faisant évoluer. Carrier et Billette dégagent deux caractères particuliers qui apportent un éclairage important sur le fonctionnement des systèmes productifs locaux. Premièrement, l'identité beauceronne est utilisée comme étant l'image de marque d'un modèle de développement industriel dynamique. Deuxièmement, cette identité collective n'est pas fondée sur l'homogénéité des types de production, comme c'est le cas dans les systèmes italiens et français entre autres.

Les PME beauceronnes adhèrent à un ensemble de règles sociales (résultat de rapports sociaux qui font l'objet d'une construction sociale) qui sont très liées à l'action : elles lui donnent un sens et exercent une contrainte dans le cadre de cette action. Les auteurs présentent trois de ces règles : règle d'appartenance sur la priorité accordée à la PME locale (vise à donner la primauté à ceux qui démarrent ou veulent développer leur entreprise sur les entreprises venues de l'extérieur), une règle d'entraide économique (actionnariat, regroupement d'entreprises, sauvetage d'entreprises en difficulté dans une relation d'entrepreneurs à entrepreneurs mais aussi de communauté à entreprises) et une règle de relations industrielles concernant une proximité sociale travailleurs-employeurs (liens très étroits entre patrons et employés, nombreux liens familiaux entre employeurs-contremaîtres-employés des PME, mobilité professionnelle d'employé à chef d'entreprise).

L'intérêt de cette étude est qu'elle démontre que les règles de coopération-émulation-concurrence propres aux systèmes productifs locaux ne sont pas fondées sur l'identité des métiers appartenant à une même branche (l'ensemble des entreprises de Saint-Georges-de-Beauce est caractérisé par une grande diversité de ses branches industrielles : bois, métal, vêtement, etc.), mais qu'elles se trouvent dans une identité régionale et suprarégionale.

Ce qu'il faut retenir de ces différentes expériences, c'est qu'**elles réussissent à articuler toute une série de ressources locales, économiques ou non, en un ensemble social cohérent, doté de sa dynamique propre** (Ganne, 1992).

Sur ce point, nous ne pouvons passer sous silence l'initiative du ministère de l'Industrie, du Commerce et de la Technologie qui, en décembre 1991, a adopté une politique de développement économique à moyen et long termes pour le Québec. Il s'agit de la stratégie des grappes industrielles qui propose un nouveau cadre de référence industriel et une nouvelle dynamique de développement.

Une grappe représente l'ensemble des industries d'un même secteur d'activité qui interagissent, se regroupent et se concurrencent entre elles. Pour augmenter la capacité concurrentielle des entreprises, le gouvernement privilégie une approche d'entreprise qui s'appuie sur les sept piliers suivants : une saine capitalisation, l'excellence des ressources humaines, l'instauration d'un climat de travail propice, l'innovation technologique, l'implantation de la qualité totale, l'orientation vers l'exportation, le respect de l'environnement. De plus, elle repose fondamentalement sur la synergie engendrée par un ensemble d'acteurs : entrepreneurs, manufacturiers, travailleurs, fournisseurs, clients, conseillers et financiers. En bout de ligne, cette stratégie ne donnera les résultats escomptés que si les entreprises se mettent véritablement à l'heure de l'amélioration continue et présentent sur les marchés mondiaux des produits distinctifs à valeur ajoutée au meilleur coût possible (Gagné et Lefèvre, 1993).

À la lumière des enseignements tirés des expériences en cours dans plusieurs pays, il faudra beaucoup plus. Les conditions énumérées dans la politique des grappes industrielles, quoique essentielles, ne seront pas suffisantes. L'implantation d'une telle stratégie appelle un virage important des mentalités, des façons de faire et des institutions. Cela implique que les actions déployées pour y parvenir dépassent la prise en compte des facteurs de production et les types d'organisation des entreprises. Une grappe est un **résultat** produit par un cep, un sol et les soins de vignerons, ces trois éléments constituant les conditions pour l'obtention du fruit. La stratégie des grappes industrielles ne pourra être mise en œuvre indépendamment d'un **environnement social porteur**. Les promoteurs semblent, jusqu'à présent, avoir sous-estimé les investissements à consentir à ce chapitre.

Les conditions nécessaires à la mise en place des systèmes productifs locaux

Parmi les conditions de base pour l'implantation d'un système productif local, l'**existence d'une assise sociale territoriale relativement cohérente est très importante**. La recherche d'une identité socio-culturelle entre la sphère sociale et la sphère productive est à la base de la formation d'un véritable système productif local. L'intégration du tissu social et des facteurs économiques de production assure la flexibilité du système, l'accumulation de connaissances et la circulation de l'information.

L'adoption d'une structure toujours plus systématique, renforçant les liens économiques entre les
entreprises et les rapports avec le milieu local, au
point de faire de la spécificité locale le facteur fondamental de localisation et de développement, est
une condition essentielle pour la consolidation des
systèmes de petites entreprises (Garofoli, 1992).

Cette structure permet d'atteindre une forte spécialisation de la production et des niveaux élevés d'innovation technique et de professionnalisme des travailleurs. Le succès des systèmes productifs locaux repose
en grande partie sur de nombreux avantages. Le principal avantage est que **la contiguïté territoriale permet au système productif local de profiter d'économies d'échelle sans toutefois perdre la flexibilité et
l'adaptabilité aux nouvelles conjonctures du marché**.
Cette contiguïté territoriale garantit les avantages de la
grande dimension (économies d'échelle) autant que ceux
de la petite dimension (flexibilité productive). La flexibilité d'ensemble du système et les réseaux de solidarités réciproques entre tous les partenaires sont à l'origine de leur réussite.

En somme, la reproduction des compétences professionnelles, la reproduction entrepreneuriale et l'adaptation aux nouvelles technologies doivent être continuellement au cœur des préoccupations du milieu local en
s'appuyant sur l'existence d'un système d'information
efficace à l'échelle de l'aire de production qui permet la
circulation rapide de l'information. Le changement et
l'innovation constituent des conditions essentielles à la
formation et au développement des systèmes productifs
locaux.

Le concept de réseau

Une notion fondamentale dans la constitution et le fonctionnement des systèmes productifs locaux est celle du

réseau. Il s'agit de structures formelles et informelles par lesquelles transitent des données de toute nature entre acteurs agissant dans une même sphère d'activité ou sur un même territoire. Ces structures n'impliquent aucune concentration de pouvoir ; elles relient des acteurs, c'est-à-dire des personnes qui ont la capacité et la volonté de prendre des initiatives, les renforcent les uns les autres et créent entre eux une complicité qui les poussent à agir ensemble.

Le réseau devient alors une nouvelle composante du développement, de la création d'entreprises et des relations entre les entreprises et les autres agents du développement de la collectivité. Il devient un élément structurant des dynamiques territoriales et de l'émergence de synergies locales. **C'est l'acteur, c'est-à-dire la personne, qui est le pivot du réseau et non la structure qui, elle, reste mouvante**.

Bernard Pecqueur (1989) identifie deux types de réseaux à finalité productive : les réseaux institutionnels (intervention publique, éducation, finances) et les réseaux informels (familial, professionnel et social). La plupart des auteurs insistent beaucoup sur les réseaux d'échanges non marchands, relations fondamentales dans la formation des systèmes productifs locaux. Ils constituent un actif collectif, un patrimoine commun pour l'ensemble des entrepreneurs locaux ; ils sont responsables de l'atmosphère qui stimule le développement.

L'établissement de systèmes productifs locaux sur les territoires gravement déstructurés pose quelques défis particuliers. En milieu rural, il s'agit le plus souvent d'espaces sans ou avec peu de traditions en matière de transformation industrielle et de services. Ce sont des territoires dont la base économique repose principalement sur des activités agro-forestières, minières ou de pêches et sur l'État-employeur. Le peuplement est dispersé, les concentrations urbaines sont peu importantes

Tableau 8.1

LES RÉSEAUX À FINALITÉ PRODUCTIVE

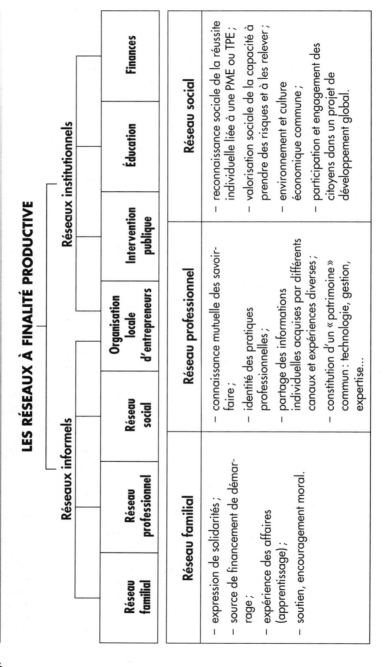

Réseaux informels			Réseaux institutionnels		
Réseau familial	**Réseau professionnel**	**Réseau social**	**Organisation locale d'entrepreneurs**	**Intervention publique**	**Éducation**
					Finances

Réseau familial	**Réseau professionnel**	**Réseau social**
– expression de solidarités ; – source de financement de démarrage ; – expérience des affaires (apprentissage) ; – soutien, encouragement moral.	– connaissance mutuelle des savoir-faire ; – identité des pratiques professionnelles ; – partage des informations individuelles acquises par différents canaux et expériences diverses ; – constitution d'un « patrimoine » commun : technologie, gestion, expertise…	– reconnaissance sociale de la réussite individuelle liée à une PME ou TPE ; – valorisation sociale de la capacité à prendre des risques et à les relever ; – environnement et culture économique commune ; – participation et engagement des citoyens dans un projet de développement global.

Tableau 8.1 (suite)

Organisation locale d'entrepreneurs	Intervention publique
– solidarités (concurrence disciplinée) ; – circulation des informations ; – relations de services mutuels ; – vitalité des activités tertiaires de services aux entreprises ; – pratiques internes des entreprises favorisant « l'intra-preneurship » (autonomie des travailleurs, coopération, responsabilisation, participation financière...) créant des solidarités sociales, sources de dynamisme et d'innovation.	– revitalisation de l'environnement des entreprises : mise en œuvre d'actions qui assurent le dynamisme local sur les plans culturel, urbanistique et de l'aménagement, social et économique (innovation sociale) ; – risque financier transféré à la collectivité : intervention directe dans la vie des entreprises (primes à l'emploi, exonérations fiscales, garanties d'emprunt) ou prise en charge d'une partie des immobilisations (parc industriel, motel d'entreprises...).

Éducation	Finances
– mobilisation du potentiel des maisons d'enseignement supérieur (université et cegep) sur le plan de la recherche fondamentale et appliquée : innovation de production et de gestion ; – liens étroits entre maisons d'enseignement et tissu local de production en terme de formation : besoins des entreprises (réponse), renouvellement de la base innovatrice (offre).	– procédures de financement adaptées à l'évolution des activités de production du système : capital de risque, ingénierie financière pour petites unités, financement d'expansion d'entreprises...

207

et ont un caractère de centre de services de soutien à la population. L'activité de transformation se concentre dans des secteurs à faible valeur ajoutée. La majorité de la main-d'œuvre disponible a un degré de qualification bas. Le niveau de vie est en deçà de la moyenne nationale. En milieu urbain, il s'agit généralement de zones industrielles obsolètes, dépassées par les évolutions structurelles récentes, qui laissent dans leur sillage des secteurs disqualifiés, sinistrés, marqués par le chômage, les bas salaires et la précarité de l'emploi.

Les évolutions économiques récentes ont eu un impact majeur sur la structure économique et le niveau d'emploi dans ces milieux ; elles ont grandement affaibli la structure des réseaux et dans certains cas, l'ont complètement démantelée. L'implantation de PME et de TPE relève d'une logique différente de celle de la grande entreprise. La petite ou moyenne entreprise ne peut se développer sans la présence de réseaux informels forts, arrimés aux réseaux institutionnels. L'environnement de l'entreprise est prépondérant. On ne peut isoler l'espace économique de son substrat qui permet au système social local de fonctionner comme un tout (Ganne, 1992) et ainsi de porter les initiatives économiques. Des interventions en matière de reconstruction de ces réseaux, trame du tissu social en amont de la création d'entreprises et d'emplois, apparaissent indispensables. Il faut absolument freiner le processus de déclin par des mesures d'ordre social, si on veut redynamiser le domaine économique, car les mesures appliquées aux seuls facteurs de production, et dans une vision à court terme, ne mèneront pas à une sortie de crise.

Le nouveau modèle de développement n'existe pas encore (il n'y aura probablement pas de modèle unique dans l'avenir) ; de là l'importance de favoriser les initiatives, de les stimuler en mettant en place un contexte favorable aux projets locaux de création d'emplois.

C'est ce à quoi s'attache l'approche du développement économique local (DEL) : maximiser la participation des personnes en tant que producteurs et citoyens.

L'approche du DEL

L'approche du DEL émane d'un mouvement de solidarité des populations locales face à une agression forte, issue des effets produits par le système macro-économique se traduisant par un phénomène d'exclusion. Cette approche exprime le refus absolu de l'exclusion et tente de trouver des solutions à la crise en relevant le défi de l'emploi et du développement. C'est en misant sur les possibilités, les ressources, les compétences et les entreprises locales, plutôt que sur les transferts importants d'activités industrielles et d'investissements publics venus de l'extérieur, que les acteurs du DEL décident de participer au redressement économique et social de leur collectivité :

> [...] l'idée que le développement doit être endogène ou autocentré, et non pas parachuté à partir de lieux de décision et de pouvoirs extérieurs. C'est l'une des idées fondatrices du développement local [...] La politique du développement – l'art du développement – s'exerce sur un territoire particulier, dans une situation donnée, non reproductible et spécifique à ce territoire (Coulmin, 1986).

Cependant, cette approche ne va pas de soi. Elle est différente de la logique et des règles de la grande économie, elle est multidimensionnelle, globale et endogène. Elle repose sur la mise en valeur des potentialités humaines, naturelles, technologiques et financières du milieu. Elle fait appel à une expertise axée sur la mise en place d'un environnement propice aux initiatives de développement, à l'émergence de porteurs de projets et aux démarches d'accompagnement pour assurer la concrétisation des projets.

209

L'originalité des approches locales est de rassembler et stimuler les éléments dynamiques et les ressources humaines, physiques et financières locales mais aussi extérieures en vue de susciter de nouveaux projets, de déclencher et d'accompagner ces processus individuels et collectifs de développement (Pellegrin, 1987).

En ce sens, l'approche du DEL reconnaît que tous les aspects de l'activité humaine et la satisfaction des besoins sociaux, culturels, psychologiques et de santé ne sont pas étrangers au processus de développement ; ces aspects doivent être pris en considération malgré la difficulté d'en mesurer la portée.

On observe [...] que, pour toute collectivité, le fait de veiller à la satisfaction des exigences sociales et culturelles de son développement à partir de ses ressources propres n'est pas sans incidences positives sur l'économie locale, sur l'emploi, les revenus (Allefresde, 1989).

Les principes et les caractéristiques du DEL

Le DEL, c'est une stratégie qui repose sur des principes fondamentaux :

- Le développement est un processus **global** : une action de développement ne se limitera donc pas à un projet économique, à un programme de création d'emplois, à une intervention sectorielle ;

- Les **micro-initiatives** participent au développement global : le progrès et le bien-être d'une collectivité ne relèvent pas uniquement de la grande entreprise et des macro-projets ;

- La **ressource humaine** constitue la force motrice du développement : des personnes motivées et ayant reçu une formation sont des facteurs plus déterminants pour le développement que les infrastructures, les technologies, les équipements, etc.

Les expériences de développement local sont très variées ; elles regroupent cependant des caractéristiques communes :

- Il n'y a pas de modèle unique de DEL : face à la diversité des conditions géographiques, sociales et culturelles des collectivités, les façons de réaliser son développement sont **multiples** ;

- Le DEL comporte une dimension **territoriale** : un espace déterminé par un contexte historique, culturel et de ressources particulières, et qui regroupe l'ensemble des membres d'une collectivité par un sentiment d'appartenance et une maîtrise collective de cet espace (au Québec, le territoire de la MRC colle d'assez près à cette définition : bassin de vie, bassin d'emplois) ;

- Le DEL s'appuie sur une **force endogène** : la capacité potentielle et effective d'une collectivité à maîtriser son développement en réduisant sa dépendance envers les investissements et les initiatives d'origine externe ;

- La pratique du DEL fait appel à une **volonté de concertation**, à l'établissement de partenariat et de réseaux d'échanges et de réciprocité : un décloisonnement des fonctions, des institutions et des compétences enfermées, jusqu'ici, dans des secteurs homogènes et des programmes sectoriels ;

- L'approche du DEL appelle le redéploiement des valeurs démocratiques par une **pratique participative** et une **responsabilisation** des

211

citoyens quant au développement de leur collectivité.

Ces éléments constituent le canevas sur lequel va se tisser le DEL. Le développement local endogène apparaît ainsi comme l'expression d'un changement social caractérisé par la montée du partenariat, l'émergence d'acteurs différents (les élus, les entrepreneurs), la recherche de solutions de rechange par rapport à celles des appareils macro-économiques, l'identification de créneaux économiques nouveaux appropriés aux ressources et aux contraintes du milieu, et l'introduction de préoccupations sociales et culturelles au centre de rationalités purement économiques.

L'approche du développement local endogène ne vise pas seulement la création d'emplois, mais, plus généralement, cherche à procurer des emplois et des activités utiles et satisfaisantes, contribuant au développement économique, social et culturel de la communauté (développement global). Dans cette perspective, le DEL, fondé sur des initiatives du milieu, cherchera à satisfaire des besoins nouveaux et à répondre à des attentes auxquelles la grande économie porte peu ou pas d'attention, notamment tous les services à caractère communautaire, ceux liés à l'expertise en matière d'environnement et les services personnalisés aux entreprises et aux individus.

La grande leçon que nous donnent les pionniers du DEL, c'est qu'il y a toujours et partout quelque chose à valoriser à condition de vouloir, d'innover, de sortir des sentiers battus et de rechercher l'union de toutes les forces en laissant de côté les querelles partisanes.

Le DEL, ce sont des femmes, des hommes, des responsables locaux, quel que soit leur rang social ou leur condition, qui refusent la fatalité du déclin et de l'exclusion en combattant l'instauration d'une société duale et décident d'agir ensemble là où les institutions sont inefficaces. Le DEL s'appuie sur des valeurs désormais indissociables (imagination, volonté, innovation, initiative, solidarité), et agit à la faveur de réalisations utiles à la survie et au développement des collectivités territoriales. Les acteurs locaux sont des personnes animées d'une même conviction et conscientes que chacun est en lui-même une ressource indispensable au développement de la collectivité.

Le DEL n'est pas dissocié des niveaux macro-économique et régional, même s'il est né de certains constats :

- Incapacité des solutions traditionnelles à résoudre les problèmes d'économie locale ;

- Peu de retombées économiques réelles provenant des grands centres urbains vers les régions périphériques ;

- Rapports de force se situant de plus en plus à un niveau international, mondial ;

- Tendance à l'uniformisation économique et culturelle ;

- Instauration d'une société duale : tout un pan de la société est exclu des bénéfices de la croissance économique ;

- Apparition d'un sentiment d'impuissance face à la détérioration de la collectivité.

Le choix d'une approche de DEL (valorisation des ressources physiques et humaines) ne prône en aucune manière le repli d'une collectivité sur elle-même, ne signifie pas un retour en arrière vers un système d'autarcie et ne préconise pas la disparition de la grande économie.

Il ne peut y avoir de projet de DEL pour une communauté sans la présence des conditions suivantes :

213

- Une **prise de conscience très forte** des élus locaux, de la population et de ses leaders ;

- Une **volonté commune** d'intervenir exprimée par des partenaires divers et nombreux ;

- Une **capacité collective** d'instaurer et de soutenir un processus et des projets de développement ;

- Une **valorisation des ressources** humaines et matérielles territoriales ;

- Une **reconnaissance et un appui** aux initiatives locales de développement, par les niveaux local, régional et national.

Les grandes finalités du DEL

Le DEL tient pour acquis que des initiatives de création d'emplois ne pourront surgir dans un désert social et culturel. C'est la synergie des dynamiques sociale et culturelle, et la qualité du cadre de vie qui favoriseront l'éclosion d'une nouvelle vitalité économique.

Dans cette perspective, le DEL, fondé sur des initiatives du milieu, poursuivra trois grandes finalités :

- L'amélioration du cadre de vie (environnement naturel et bâti) ;

- L'amélioration du milieu de vie (environnement social et culturel) ;

- L'amélioration du niveau de vie (environnement économique).

L'amélioration du cadre de vie

On reconnaît généralement qu'une communauté (ou un territoire) qui ne peut garder sa population est une communauté qui n'a pas d'emplois en qualité et en

214

nombre satisfaisants. Or, l'entrepreneur répond à une logique de localisation dont la qualité du cadre de vie devient un facteur de plus en plus important. Chez un nombre croissant d'entreprises (PME et TPE), la concentration urbaine n'est plus un facteur déterminant. Elles peuvent s'établir en zone périurbaine ou carrément en milieu rural (villages, rangs, petites villes).

Cependant, si ces entreprises peuvent en principe s'établir en milieu non urbain, elles ont toutefois des attentes, sinon des exigences, qui tiennent pour beaucoup à la qualité du cadre de vie. Par cadre de vie, il faut entendre autant les équipements publics (places, parcs, stationnements, pistes cyclables, sentiers pédestres, services récréatifs et culturels, services publics et commerciaux, état des bâtiments, etc.) que l'environnement naturel (sites et paysages, lacs et cours d'eau, champs et forêts, etc.).

La qualité de l'environnement naturel et bâti est en voie de devenir un facteur de localisation (et de rétention) non seulement pour les entrepreneurs, mais aussi pour les ménages. Une politique de développement local et endogène qui se veut globale et intégrée se préoccupera donc de la qualité de son environnement et de son organisation spatiale. L'aménagement du territoire, à travers une démarche propre au milieu en cause, constituera un outil de premier plan dans la poursuite de cet objectif.

L'amélioration du milieu de vie

Tout autant que la qualité du cadre de vie, la qualité du milieu de vie est un facteur de développement d'une communauté locale. Par milieu de vie, nous entendons la vie sociale et culturelle, le réseau éducationnel, les mouvements associatifs, etc., soit les diverses manifestations de la vitalité d'une collectivité dans ses activités quotidiennes.

Le développement de la vie sociale et culturelle contribue à raffermir l'appartenance territoriale, à rétablir ou à consolider la confiance dans l'avenir et, conséquemment, à favoriser la mise en place d'un climat propice aux initiatives diverses de développement.

L'amélioration du niveau de vie

La troisième grande finalité du DEL vise l'amélioration du niveau de vie par la création d'emplois. L'emploi stable et suffisamment rémunéré va permettre à la population de sortir de la dépendance chronique et de ne plus voir l'exode comme la seule solution. L'accession à un emploi régulier signifie la participation à la production de la richesse collective, et aussi une meilleure insertion dans la société qui, quoi que l'on puisse penser, continue à considérer le travail rémunéré comme l'un des principaux facteurs d'intégration et de promotion sociales.

L'amélioration du niveau de vie (pouvoir d'achat) par un travail rémunéré contribue généralement à une amélioration de la qualité de vie, puisqu'il s'agit bien souvent du passage d'un stade d'indigence et de pauvreté, à un stade de plus grande sécurité et capacité financières. La hausse du pouvoir d'achat peut alors signifier une meilleure alimentation, un logement confortable, des vêtements adéquats, des activités récréatives et culturelles en plus grand nombre, etc.

Compte tenu de la mobilité physique des personnes et de la nature de certains emplois, il faut préciser ici qu'une politique de création d'emplois pour des populations dans le besoin ne doit pas être fondée sur le seul critère de la proximité, mais aussi sur celui de l'accessibilité. Le concept du **bassin d'emplois** qui dépasse les limites municipales tient compte de la mobilité physique. Le travail à distance, que rend possible l'usage de l'informatique et des télécommunications, ne doit pas non plus être négligé.

216

La restructuration des activités économiques locales passe par la stabilisation des emplois dans les secteurs à bon potentiel, par la recherche de nouvelles formes de production et de consommation, et par la création d'activités complémentaires et novatrices susceptibles de procurer des emplois et des activités utiles et satisfaisantes, qui contribuent au développement économique et social de la communauté. Il s'agit de mettre au point des stratégies de reconquête du système de production à partir des capacités d'auto-développement du milieu et notamment par une politique de développement des services aux individus et aux entreprises, condition essentielle de création d'entreprises et de maintien de la population (Quévit, 1988).

Toutes ces actions ont besoin du niveau local. Si ce n'est pas l'échelon local qui prend l'initiative dans ces domaines, personne d'autre ne la prendra, car la décision de se développer ne se décrète pas de l'extérieur ; c'est une démarche qui ne peut venir que de la collectivité elle-même.

Il ne peut y avoir naissance d'un véritable processus de développement tant qu'une collectivité n'est pas convaincue que des changements (et les efforts et le temps requis pour les réaliser) sont nécessaires et qu'ils leur apporteront une amélioration de leur bien-être, un degré plus élevé de satisfaction, un accès à une qualité de vie supérieure (Schultz, 1983).

Le constat d'un taux élevé d'échecs dans la mise en application des programmes actuels de création d'emplois et leur faible aptitude à enclencher la relance économique des régions dévitalisées illustrent la nécessité d'élargir les champs d'intervention et l'importance de l'engagement des populations dans les stratégies de redressement économique et social.

CONCLUSION

Les transformations structurelles profondes dont est l'objet l'ensemble de la société et le système économique global nous obligent à réviser les théories économiques, les relations de travail, les modes de production, les formes d'organisation du travail, les types de gestion dans les domaines public et privé, les méthodes d'apprentissages, l'offre des produits et services et la logique d'occupation du territoire qui ont prévalu tout au cours de la phase industrielle. L'avènement de la société post-industrielle, caractérisée par la prépondérance du pouvoir de l'information, le rôle des facteurs immatériels et la mondialisation des rapports marchands, ne tient plus rien pour acquis des anciens modèles de développement et d'organisation de la production.

L'entrepreneur n'est plus un acteur isolé capable de se *faire lui-même*. Le succès de son entreprise dépend dorénavant de son articulation, voire de sa symbiose avec l'ensemble des acteurs du système productif local, lui-même partie intégrante d'un système national et international. La capacité concurrentielle de l'entreprise sera donc largement redevable à la performance globale du système socio-productif auquel elle appartient.

RÉFÉRENCES BIBIOGRAPHIQUES

ALLEFRESDE, M., « Ambiguïtés et confusion sur le concept de développement » in *La Formation-Développement*, Syros et ADELS, Paris, 1989, p. 11-17.

BECATTINI, G., « Le district marshallien : une notion socio-économique » in Lipetz, A. et Benko, G., *Les régions qui gagnent. Districts et réseaux : les nouveaux paradigmes de la géographie économique*, PUF, Paris, 1992, p. 35-55.

COULMIN, P., *La Décentralisation : la dynamique du développement local*, Syros et ADELS, Paris, 1986, 255 p.

DUBOIS, P., « La compétitivité, facteur de l'emploi », *Emploi, croissance et compétitivité*, Syros Alternative, Paris, 1992, 222 p.

GAGNÉ, P. et LEFÈVRE, M., *L'Atlas industriel du Québec*, Publi-Relais, Montréal, 1993, 351 p.

GANDOIS, J., *France : le choix de la performance globale*, Commissariat général du Plan, La Documentation française, Paris, 1992, 204 p.

GANNE, B., « Place et évolution des système industriels locaux en France : économie politique d'une transformation », *in* Lipetz, A. et Benko, G., *Les Régions qui gagnent. Districts et réseaux : les nouveaux paradigmes de la géographie économique*, PUF, Paris, 1992, p. 315-345.

GAROFOLI, G., « Les systèmes de petites entreprises : un cas paradismatique de développement endogène », *in* Lipetz, A. et Benko, G., *Les régions qui gagnent. Districts et réseaux : les nouveaux paradigmes de la géographie économique*, PUF, Paris, 1992, p. 57-80.

LIPIETZ, A. et BENKO, G., *Les régions qui gagnent. Districts et réseaux : les nouveaux paradigmes de la géographie économique*, PUF, Paris, 1992, 424 p.

PECQUEUR, B., *Le Développement local*, Syros, Paris, 1989, 148 p.

PELLEGRIN, J.-P., « Initiatives locales, promotion de l'emploi et développement » *in Initiatives et solidarités*, Les Actes, Syros et ADELS, Paris, 1987, p. 31-50.

SCHULTZ, T. W., *Il n'est de richesse que d'hommes. Investissement humain et qualité de la population*, Bonnel, Paris, 1983, 212 p.

VACHON, B. et COALLIER, D., *Le Développement local. Théorie et pratique. Réintroduire l'humain dans la logique de développement*, gaëtan morin éditeur, Boucherville, 1993, 331 p.

PÉRIODIQUES

CARRIER, M. et BILLETTE, A., « L'entrepreneriat beauceron : les ingrédients du succès », *Revue organisation*, p. 27-36.

QUÉVIT, M. et al., *Évolutions technologiques européennes et fragilisation des régions rurales*, Dossier 88/3, Attert : R.E.D., 1988, 42 p.

Mario Carrier, professeur – Département des sciences administratives et comptables
Université du Québec en Abitibi-Témiscamingue
André Billette, professeur – Département de sociologie – Université Laval

CHAPITRE 9

LE DÉVELOPPEMENT ÉCONOMIQUE LOCAL ET LES PME INDUSTRIELLES : LE CAS DE LA RÉGION DE SAINT-GEORGES-DE-BEAUCE*

INTRODUCTION

Cette recherche s'est inscrite dans la série de travaux qui ont porté, principalement en Europe, mais aussi aux États-Unis et au Québec, sur les districts italiens (Becattini, 1989 ; Ripme, 1989 ; Benko et Lipietz, 1992), les systèmes industriels localisés (Raveyre et Saglio, 1984 ; Glysi, 1992 ; Lecoq, 1992) et dans une moindre mesure sur ceux du **Groupe de recherche européen sur les milieux innovateurs** (GREMI). Ces recherches ont eu comme point commun de se pencher sur le phénomène

* Nous tenons à souligner la disponibilité et la collaboration, tout au long de cette recherche, de Jean Saglio du CNRS, GLYSI, Lyon. Cette recherche a été financée par le Fonds pour la formation de chercheurs et l'aide à la recherche (FCAR). Elle a débuté en mai 1989 et s'est terminée en décembre 1991.

des petites entreprises par-delà leur unicité dans le cadre de système de petites entreprises.

La plupart de ces travaux, principalement ceux sur les districts industriels et les systèmes localisés de production ont fait ressortir la coopération comme forme de coordination économique. Ce faisant, ces recherches ont incité à regarder du côté des liens interentreprises, ou ce que Granovetter (1985) appelle la « structure des relations sociales entre les entreprises ».

Avec une telle notion, il importe d'analyser non plus l'entreprise comme entité indépendante, ni l'entre-preneur pris isolément, mais plutôt les réseaux denses d'interactions qui à la fois encastrent les pratiques éco-nomiques et en expliquent parfois le niveau d'efficacité. Mais l'étude des relations interentreprises s'est accom-pagnée également de l'étude de certaines formes de régulations socio-identitaires.

La problématique sociologique qui a émergé des études sur ces ensembles de PME nous a incité à utiliser un cadre théorique de sociologie générale pour interpréter notre objet d'étude, soit la région de **Saint-Georges-de-Beauce** (SGB) et son ensemble de PME industrielles. Nous avons privilégié la théorie de la structuration de Giddens (1987) parce qu'elle dépasse le registre des intérêts et des stratégies des agents pour englober leur enracinement historique et territorial, leur culture, leur « habitus » (Bourdieu, 1980) ou compétence sociale, leurs ressources et surtout leurs règles ; elle fournit, en ce sens, un cadre plus puissant que celui des économistes, ou même que ceux de Crozier, de Rey-naud ou de Dunlop, pour rendre compte des processus de production et de reproduction de la société (locale, en l'occurrence).

Notre objectif, dans ce texte, est de vérifier si les pratiques économiques interentreprises renvoient à une structuration sociale (qui comprend la régulation), voire identitaire sur le plan régional. La structuration sociale, au sens de Giddens, se construit autour de règles et de ressources. En ce qui a trait aux régulations, il faut souligner qu'un courant d'économistes recourent à la notion de convention pour parler de la régulation sociale des marchés (Favereau, 1986 et Revue économique, 1989). Giddens, pour sa part, distingue deux types de règles : les formelles et les tacites. Ce sont celles dont l'utilisation relève d'une connaissance tacite qui sont les plus employées. Celles qu'il qualifie de profondes, informelles et faiblement sanctionnées nous semblent celles qu'il faut identifier pour vérifier s'il existe vraiment une régulation socio-identitaire des pratiques économiques.

LA RÉGION SAINT-GEORGES-DE-BEAUCE

Pour vérifier comment les pratiques interentreprises renvoient à une structuration sociale, nous avons choisi le secteur manufacturier de la micro-région de Saint-Georges-de-Beauce. Elle se situe à 100 km de la ville de Québec, près de la frontière américaine, et elle est réputée pour son dynamisme économique et social.

Pourquoi avoir choisi la région de SGB ? Tout d'abord parce que son secteur manufacturier est reconnu pour son dynamisme. D'après les données de Statistique Canada, au cours de la période étudiée (1971-1988), les emplois ont doublé, passant de 2 500 à plus de 5 200, et le nombre d'entreprises a augmenté des deux tiers, passant de 80 à 133. La croissance de la «valeur ajoutée» et de la valeur des expéditions manufacturières a également été très forte, celle-ci atteignant en 1988 un demi-milliard de dollars.

Un second critère de sélection a joué. La région est caractérisée par une forte identité régionale, qui remonte au temps des colons venus s'installer il y a deux siècles et demi le long de la rivière Chaudière, affluent du fleuve Saint-Laurent. En 1851, soit près

223

d'un siècle après la conquête anglaise, 96 % de la population beauceronne était francophone et catholique ; en 1986, trois Beaucerons sur cinq avaient un nom de famille présent dans la Vallée de la Chaudière dès 1771 (Bélanger et al., 1990). Cet enracinement des Beaucerons dans leur territoire, leur homogénéité et un marché du travail relativement fermé, expliquent sans doute le développement d'un sentiment d'appartenance à leur région et la construction d'une forte identité régionale que maints observateurs ont notés.

Enfin, troisième raison de notre sélection, l'identité de SGB n'est pas fondée sur un métier ou sur une branche industrielle propre à la région. Le secteur manufacturier y est particulièrement diversifié, regroupant le textile-vêtement, le bois-meuble, les produits métalliques, le matériel de transport, l'industrie de la construction et la fabrication d'une myriade de produits (plastique, verre plat, fibre de verre, acrylique, imprimerie, béton, etc.). De même, cette région manufacturière n'est pas caractérisée par une division du travail interentreprises ; elle est trop dispersée ou éclatée pour être un « district industriel » au sens d'Alfred Marshall. À ce titre, la région SGB permet peut-être mieux qu'une zone de monoactivité industrielle de vérifier si la structuration sociale des pratiques économiques se réfère à une identité plus large, définie par le partage d'un territoire et d'une histoire commune.

MÉTHODE ET MODÈLE D'EXPLICATION

Sur le plan empirique, l'objectif principal de notre recherche était d'expliquer la dynamique économique de la région SGB. Un premier type d'explication aurait pu privilégier une méthode comparative, ou bien une recherche en continuité avec les débats sur la polarisation ou sur l'intégration/désintégration, sur les déséconomies d'échelle ou d'agglomération, ou encore, sur les récents types de restructuration industrielle.

224

Mais notre méthode fut plutôt une analyse de cas, privilégiant le témoignage des gens locaux, ce qui nous a entraîné vers un second type d'explication, disons, plus endogène. Nous avons réalisé une monographie de Beauce-Sartigan à l'aide d'entretiens et de divers documents en privilégiant, certes non exclusivement, le commissariat industriel ou Conseil économique de Beauce, parce qu'il a été le centre stratégique ou « d'auto-réflexivité », selon l'expression de Giddens. Grâce à son appui, nous avons pu dépouiller des archives et visiter 45 entreprises. L'information statistique, et celle obtenue des syndicats, des travailleurs et travailleuses, des notables et des représentants des corps publics ont complété cette enquête.

Pour reconnaître les règles socio-identitaires et les ressources, nous avons analysé les archives industrielles et les comptes rendus de 83 entretiens. Nous avons été frappés par la compétence (*knowledge ability*) sociale (Giddens) que plusieurs de nos interlocuteurs beaucerons manifestaient, en sachant reconnaître, d'une part, les règles en vigueur dans leur milieu et, d'autre part, les ressources disponibles pour leur donner force.

C'est la logique du raisonnement de nos interlocuteurs qui nous a permis de faire ressortir les règles, puisqu'elles sont le plus souvent tacites. Il faut dire que la littérature sur les districts industriels (Becattini, 1989) ou celle sur les systèmes industriels localisés (Raveyre et Saglio, 1984) nous avait déjà mis sur certaines pistes, car des règles comme celle de la priorité d'embauche de la main-d'œuvre locale, ainsi que celle de l'entraide économique avaient déjà été soulignées bien avant nous.

La plupart des règles retenues l'ont été non seulement à partir d'une analyse du discours de nos interlocuteurs, mais aussi à partir de données objectives et souvent quantifiables venant corroborer ce que les

225

acteurs suggéraient dans leurs interprétations. En ce qui a trait aux ressources, la majorité de celles sur lesquelles nous avons insisté avaient elles aussi un caractère objectivable.

Plus précisément, toutefois, les règles et les ressources ont été relevées de la façon suivante : à la lecture des rapports d'entretien (rapports écrits sur-le-champ en retenant le plus d'information possible) et des rapports d'archives (rapports qui étaient en fait des résumés dans lesquels nous avons retenu les éléments qui nous sont apparus les plus significatifs dans les archives), nous étions attentifs à découvrir les éléments structurants du discours et des pratiques. C'est donc sur le mode inductif, voire intuitif, que le travail d'analyse s'est fait. Un indicateur important pour retracer ces éléments structurants était la régularité avec laquelle ils revenaient dans le discours ou la pratique.

PRINCIPAUX RÉSULTATS DE NOTRE RECHERCHE

La théorie de la structuration sociale de Giddens a pour objet un système de pratiques, en l'occurrence socio-économiques. Ces pratiques sont d'abord articulées par des règles formelles et, plus profondément, par des règles tacites ; elle le sont ensuite par des ressources pour donner force à ces règles. C'est donc à partir de certaines règles et ressources que nous avons décrit et interprété les pratiques socio-économiques entourant les PME industrielles de SGB considérées en tant que système local.

Nous ne relèverons pas en détail ici toutes les règles retenues. Cette description a déjà été faite antérieurement (Billette et al., 1991 ; Carrier et Billette, 1992 ; Billette et Carrier, 1993). En ce qui concerne les règles économiques et celles touchant à la fabrication, nous avons repéré celles-ci : priorité de soutien à la PME locale ; transmission familiale de la propriété ;

réinvestissement local des revenus d'entreprises ; innovation par l'accomodation du produit au client et la transformation imaginative de produits ; valorisation de la production sur mesure ou en petite série ; l'achat sous condition de préférence identitaire ; entraide sociale et entraide économique.

Dans le domaine des relations de travail, les règles suivantes ont retenu notre attention : la priorité d'embauche aux travailleurs beaucerons ; la non-débauche de la main-d'œuvre entre entreprises locales ; le sentiment d'appartenance ou d'identification à l'entreprise ; la proximité sociale travailleurs-employeurs ; les bas salaires ; le refus des influences syndicales extérieures.

Parmi ces règles, nous nous attarderons cependant à deux de celles-ci qui touchent particulièrement certaines théories utilisées pour expliquer le développement économique des régions. Nous examinerons d'abord la règle qui consiste à valoriser la production sur mesure ou en petite série. Selon la théorie du développement polarisé (Martin, 1976, 1986) ou celle du cycle du produit (Bruneau, 1989), les régions périphériques comme SGB ont des chances de se développer en autant qu'elles acceptent la sous-traitance de la production en série qui requiert une main-d'œuvre abondante non qualifiée et à bon marché. Les résultats de notre recherche à SGB ne coïncident pas avec cette image d'une économie de sous-traitance dans la production en série, décentralisée par rapport au pôle de développement ou au pôle de croissance.

Au contraire, la majorité des entreprises que nous avons visitées et celles existant sur le territoire se trouvent non pas dans la production de masse, ni dans les emplois non qualifiés, mais dans la production sur mesure ou « à façon », qui se situe soit dans l'artisanat, soit dans la petite série (sauf quelques exeptions, notamment le secteur du vêtement).

227

Tant sur le plan de la main-d'œuvre et de l'organisation du travail que sur celui du développement des produits et des marchés, ou bien des technologies et procédés de fabrication, ces entreprises s'inscrivent davantage dans un modèle de production artisanale ou flexible, plutôt que dans un modèle de production de masse. Le propre de ce type de production est d'exiger des emplois qualifiés, donc stables, car le départ d'ouvriers qualifiés représente une perte en investissement de formation.

Nous avons rencontré plusieurs chefs d'entreprises qui ont insisté sur les qualifications spécifiques de leurs employés et sur l'investissement en temps qu'avait nécessité leur formation. Un industriel témoigne ici de cette problématique formation-qualification-stabilité de main-d'œuvre.

> J'ai toujours eu un gros problème de main-d'œuvre qualifiée. Il a fallu que j'éduque mon personnel et que j'évolue avec ce personnel. J'avais du personnel jeune et il est resté stable. La politique de la maison c'était : « Si tu veux garder tes secrets, j'ai pas besoin de toi. » Ça prend trois ans pour former un gars ; sur quatre ou cinq, il y en a un qui sort. Celui-là devient chef d'équipe. Ça prend un bon deux ans pour faire un bon X. C'est moi qui ai formé mon personnel. On a eu de l'aide financière du Centre de main-d'œuvre du Canada pour la formation.

Un autre industriel décrit un lien qu'il perçoit chez ses employés entre le fait qu'ils ont une formation et une qualification spécifiques et l'identification qui s'opère avec leur environnement de travail. « Ça me prend deux ans pour former un gars, mais 90 % de mes employés ont l'attitude suivante : c'est leur machine, c'est leurs outils. Ils s'en occupent comme si c'était à eux. Ils veulent être maîtres chez eux. »

Un employé d'une grande entreprise de production en série établit un rapport entre la question du sentiment d'appartenance à l'entreprise et le couple formation-qualification.

> Les gens ici développent un certain sentiment d'appartenance à l'usine. Les gens y sont fiers. C'est pas tout le monde, mais la plupart. Je pense que les gens sont fiers de dire qu'ils travaillent chez X. Ils se mettent peut-être un doigt dans l'œil; parce que dans le fond, dans une usine, t'es un numéro. Surtout dans une usine comme X ou ça prend trois jours pour réapprendre la *job*. C'est pas pareil qu'une *shop* où ça peut te prendre un mois et demi à apprendre la job.

Bien sûr, dans la région SGB, nous sommes en présence d'un système hybride d'industrialisation, où se combinent la production en série et la production à l'unité ou en petite série. Néanmoins, nous pensons qu'il s'est créé chez une partie non négligeable de la main-d'œuvre et du patronat de cette région, des « habitus »[1] relatifs à la production artisanale qui donnent une cohésion sociale à la région et contribuent à l'existence d'un marché local de l'emploi (Storper, Scott, 1990).

Qui plus est, nous pensons que le maintien de ce type de production dans la région constitue une règle, à tout le moins pour les acteurs engagés dans cette production, en ce sens qu'ils veulent maintenir ce mode d'organisation productive dans leur zone. Cette règle, de plus, a une autre portée. Elle a pour effet de maintenir dans la région un créneau d'emplois « qualifiés » qui procure une stabilité d'emploi, mais qui crée également une dynamique psycho-sociologique patron-travailleur

---

1. Pour un rapprochement entre cette notion d'« habitus » de Bourdieu (1980) et la théorie de la structuration de Giddens, voir Dupuis (1992, p. 539-540).

où ce dernier développe un sentiment d'appartenance à l'entreprise en échange d'une reconnaissance patronale vis-à-vis cet engagement.

L'autre règle que nous examinerons de plus près est celle concernant les bas salaires. Les statistiques le révèlent, compte tenu de la branche industrielle, les salaires de la région sont parmi les plus bas du pays, et ils sont un atout incontestable dans la concurrence avec les entreprises hors de la région. Pourquoi des bas salaires? Les patrons font valoir les coûts de transport plus élévés du fait de l'éloignement des grands centres et, à l'inverse, le coût de la vie moins élévé dans la région de la Beauce. L'étonnant, c'est que ce type de raisonnement est repris par les travailleurs et travailleuses et leurs représentants syndicaux : « Au total, dit-on, on préfère avoir un emploi dans la région. Les Montréalais gagnent peut-être plus mais ils ne jouissent pas du même mode de vie ni des mêmes avantages. »

À la fin des années soixante-dix, des théories d'inspiration néo-marxiste, telles la théorie de l'échange et du développement inégal appliquée au développement régional (Lipietz, 1977) ou celle sur le coût du travail (Aydalot, 1979) ont servi d'explication à la dynamique de l'entrepreuneuriat beauceron. Des auteurs ont vu dans l'existence des bas salaires en Beauce une confirmation de la théorie de l'échange et du développement inégal (Lavertue, 1981), ou de la théorie sur le coût du travail (Klein, 1980). Ces explications partagées par d'autres analystes de la Beauce industrielle étaient axées sur l'exploitation, par la bourgeoisie locale, d'une classe ouvrière captive (Roy, 1983).

Tout en reconnaissant l'existence des bas salaires, notre explication de ce phénomène diffère de cette dernière. L'explication recueillie repose plutôt sur un calcul d'avantages comparatifs que la région s'est donnés. Pour saisir ces avantages, partons de la situation des emplois. En réalité, il s'agit d'un marché du travail local, relativement fermé, encore peu scolarisé, jouissant d'une compétence technique limitée par un équipement traditionnel, ses cartes de compétence n'étant pas toujours reconnues à l'extérieur. Cet argument est présenté ainsi par un travailleur d'une usine de fabrication de produits métalliques à qui nous disions que les soudeurs de cette entreprise étaient moins bien payés que les soudeurs du chantier maritime de la région voisine.

> Les soudeurs au chantier Y, ils ont des cartes de compétence. Ici, chez X, le gars a une carte, mais il l'a pris « icitte », sa carte. Les gars ont des cartes bonnes « icitte » mais pas ailleurs. Il n'y en a que 10 % qui peuvent aller travailler ailleurs avec ces cartes-là. « Icitte », c'est le transport aussi. Le transport mange beaucoup. C'est un point de vue de la compagnie. Les gars, y en a qui disent que c'est logique, d'autres disent que c'est le problème de la compagnie. On est mieux d'avoir 300 gars, ici, qui gagnent 450 $ à 500 $ par semaine que d'en avoir 300 gars sur le chômage.

Pour compenser l'infériorité des salaires, les hommes ont recours au double emploi et au travail au noir, et l'accès de la femme au marché du travail (surtout dans l'industrie du vêtement) procure un autre revenu à la famille. Donc, si le mode de vie de la famille beauceronne est plus avantageux, cela tient essentiellement à cette variété d'emplois et à l'assurance de travailler qu'offre la région. C'est dans ce registre d'arguments que nous situons l'explication du fait que les Beaucerons du Sud « tolèrent » encore la règle des bas salaires.

Nous passerons plus brièvement maintenant à la description de certaines ressources que la région SGB s'est procurées au cours des années soixante-dix et

quatre-vingt, et qui sont venues soutenir leur développement industriel et donner force aux règles sociales en
présence. Ce qui a distingué la région SGB des autres
régions du Québec (à cette échelle spatiale), ce n'est pas
qu'elle ait obtenu ou qu'elle se soit donné des ressources
uniques, mais, plutôt, qu'elle ait obtenu davantage de
ressources que d'autres régions semblables ou qu'elle
les ait obtenues avant.

Ce constat n'est nullement relié à quelque forme
de favoritisme dont aurait joui cette région par rapport à
d'autres, mais plutôt au jeu des acteurs de cette région,
qui a consisté à utiliser davantage les ressources disponibles, et à amener les organismes et les pouvoirs
centraux à innover en matière de déconcentration administrative.

Ainsi, sur le plan du financement des entreprises,
si l'on inclut les subventions et les différentes formes de
financement à l'entreprise industrielle tant du gouvernement fédéral que du gouvernement provincial, les
PME industrielles de la région SGB ont obtenu 21,3 % de
l'aide financière à l'industrie dans la région Chaudière-
Appalaches, de 1971 à 1991. En considérant le poids de
sa population dans la région Chaudière-Appalaches, qui
était de 11,7 % en 1986, nous pouvons dire que la région
SGB a presque obtenu le double de ce pourcentage en
aide financière, ce qui signifie, bien sûr, qu'elle est allé
chercher plus que sa part de ressources financières gouvernementales.

Toujours sur le plan du financement des entreprises, les intervenants socio-économiques de la région ont
obtenu, dans la deuxième moitié des années soixante-
dix, une succursale de la **Banque fédérale de développement** (BFD), une Caisse d'entraide économique, et ont
mis sur pied une des premières **sociétés de développement de l'entreprise québécoise** (SODEQ), la SODEQ
Beauce-Appalaches. Même si ces établissements ont

232

soit disparu de la région au début des années quatre-vingt (BFD et SODEQ), soit été fusionnés avec d'autres institutions financières (Caisse d'entraide), il n'en reste pas moins qu'ils ont joué un rôle de levier financier au cours de cette période, aux dires de nos informateurs.

La ressource, cependant, qui semble avoir joué un rôle stratégique de premier plan dans la dynamique du développement de SGB au cours de la période étudiée, fut le commissariat industriel, nommé Conseil économique de Beauce, et créé en 1976. Au cours des années soixante-dix et quatre-vingt, des commissariats industriels ont été mis sur pied dans plusieurs dizaines de micro-régions du Québec. Ce qui distingue la région SGB, en ce qui concerne cette ressource, c'est qu'elle a été l'une des toutes premières micro-régions du Québec à se prévaloir des moyens qu'offrait, au début des années soixante-dix, le ministère de l'Industrie et du Commerce du Québec pour fonder ces commissariats. Ce même ministère installa, par ailleurs, un bureau régional en Beauce pour offrir de l'aide tehnique aux entreprises. Ce bureau régional fut établi dans la municipalité de Saint-Georges. Il n'était pas alors dans les habitudes du Ministère d'installer de tels bureaux régionaux à l'échelle de petites régions comme SGB, ou celle de la Beauce et ses environs. Enfin, soulignons qu'au début des années quatre-vingt, la ville de Saint-Georges obtint le siège du Centre d'études universitaires Beauce-Appalaches.

Par-delà les différentes règles et ressources, le résultat peut-être le plus important est l'**identification d'une forte coopération dans cette région**. Il nous est apparu que l'ensemble des règles et ressources que nous avons recueillies étaient au service de cette coopération ou, mieux encore, au service d'un équilibre coopération/concurrence.

Il ne s'agit pas d'une forme de coopération planifiée, objective, comme celle qui relève de la division technique du travail, typique des districts industriels. La coopération identifiée dans cette région peut exister dans les rapports intra ou interentreprise, mais également dans toutes les sphères de la vie sociale locale. Elle est le plus souvent non écrite, entre gens qui se connaissent déjà, donc sur une échelle assez restreinte (comme c'est le cas en milieu rural) (Muzyck, 1992). Elle s'enracine dans les réseaux déjà existants de groupes primaires (familles, voisins, « connaissances » paroissiales ou villageoises ; réseaux qui facilitent différents types de communication aussi bien à l'intérieur qu'à l'extérieur des entreprises). Cette coopération en matière économique fait évidemment appel à l'individu, à ses intérêts, mais aussi à son bon vouloir pour entreprendre, pour collaborer et, au besoin, pour tempérer sa concurrence à l'égard des siens ou pour renforcer la concurrence avec l'extérieur.

La coopération fait également appel à un « nous », à une identité commune qui existe au niveau de l'entreprise, par exemple, dans cette proximité vécue entre employeurs et employés. Mais, grâce à ces réseaux soit de groupes primaires, soit d'associations locales, cette identité commune existe aussi au niveau régional et de façon puissante. Dès qu'il s'agit de coopération, les gens du lieu font couramment appel à cette identité régionale. Peu importe qu'elle soit mythique ou non, cette dernière a été renforcée par les réussites de l'expérience manufacturière récente. Elle est devenue positive et, par un effet d'aller-retour, on y fait appel pour renforcer la coopération. En ce sens, il y a un effet cumulatif, sur le plan régional, entre coopération et identité commune, l'une et l'autre se renforçant mutuellement.

Cette forme de coopération, nous pourrions la qualifier de coopération communautaire (par référence à la distinction classique en sociologie entre communauté et société). Mais comme le terme « communautaire » est « chargé », nous préférons qualifier cette forme de « coopération sociale locale ». Ces pratiques de coopération sont perçues comme un atout par rapport aux concurrents montréalais qui peuvent plus difficilement y recourir. Mais rien n'interdit que ces pratiques puissent devenir des obstacles à la concurrence, donc au développement.

CONCLUSION

Notre recherche permet de soutenir les deux idées suivantes. D'une part, sur la question de l'entrepreneuriat, elle permet de soutenir à l'instar d'autres auteurs (Storper et Scott, 1988 ; Granovetter, 1985) que l'**émergence et la persistance des PME sont des phénomènes fortement déterminés socialement**, c'est-à-dire reliés et influencés par l'organisation sociale des collectivités. D'autre part, en ce qui concerne le rapport entre PME et développement local ou régional, à l'instar de ce qu'affirme Granovetter (1985), la recherche sur SGB est venue appuyer l'idée qu'il peut exister, dans des régions hors de la périphérie immédiate des grands centres métropolitains, un nombre significatif de PME qui échappent à un simple rapport d'intégration à la grande entreprise par la sous-traitance. Cette idée est contraire à ce que véhiculent des théories de la production comme la théorie du cycle du produit ou des théories économiques spatiales comme celles du développement polarisé ou du développement inégal. Nos résultats vont dans le sens déjà souligné par Granovetter voulant que **des PME en région peuvent persister grâce à un réseau dense de relations sociales d'affaires** qui diminuent les pressions vers l'intégration.

Dans le même ordre d'idées, la recherche a essayé de démontrer qu'il n'y avait pas antinomie entre DEL et ouverture sur les marchés et les ressources extérieures. La région SGB s'est développée en comptant aussi bien

235

sur des structures extérieures qu'en s'appuyant sur des ressources et des règles endogènes. Nous avons constaté l'existence d'un ensemble d'entreprises et d'acteurs qui recherchaient, peut-être parfois de façon plus ou moins cohérente, aussi bien un développement local qu'une position plus concurrentielle sur les marchés extérieurs.

Cette intégration à l'extérieur n'a pas empêché la région d'avoir une bonne marge d'autonomie dans son développement industriel. Cette relative autonomie a pu être facilitée par le fait que la très grande majorité des entreprises de la région étaient de propriété locale et que, par conséquent, le contrôle de ces entreprises était exercé localement tout en étant influencé par des facteurs externes.

Par ailleurs, le cadre théorique de Giddens a comporté un double intérêt. D'une part, il a permis de mettre en relief qu'un milieu local pouvait créer et avoir ses propres règles et ses propres ressources ayant une incidence sur son développement économique. Nous avons vu comment une logique économique pouvait s'agencer de façon étroite avec d'autres règles qui relèvent d'une logique sociale propre à une région. En ce sens, l'étude des structurations sociales locales en matière de développement économique pourrait contribuer à nous faire sortir d'une sociologie spontanée trop souvent présente dans les écrits sur le DEL. D'autre part, l'usage de ce cadre conceptuel pour l'étude d'une dynamique économique locale avait l'avantage de relever d'une théorie de sociologie générale permettant d'englober l'ensemble des institutions sociales plutôt que simplement la stratégie des acteurs.

Dans une perspective plus strictement sociologique, notre propos rejoint celui d'économistes spécialisés en économie régionale et en économie industrielle dont les travaux au cours de la dernière décennie ont abordé la question du DEL ou de ce que l'on appelle aussi le développement territorial. Les réflexions plus récentes de représentants de ces courants de recherche ne viennent que reconnaître davantage la dimension sociologique dans la dynamique du DEL en faisant une large place aux notions de milieu, de réseau et de coopération se soustrayant à l'analyse économique (Lecoq, 1992, Courlet et Soulage, 1993, Perrin, 1993).

RÉFÉRENCES BIBLIOGRAPHIQUES

BECATTINI, G., *Some Thoughts on the Marshallian Industrial Districts as a Socio-Economic Notion*, Communication présentée au colloque de Florence du groupe international sur les PME, BIT, mars 1989, 24 p.

BÉLANGER, F. et al., *La Beauce et les Beaucerons. Portraits d'une région, 1737-1987*, Société du patrimoine des Beaucerons et Corporation du 250ᵉ anniversaire de la Beauce, Saint-Joseph-de-Beauce, 1990, 381 p.

BENKO, G. et LIPIETZ, A. (sous la direction de), *Les régions qui gagnent. Districts et réseaux : les nouveaux paradigmes de la géographie économique*, PUF, Paris, 1992, 424 p.

BILLETTE, A., CARRIER, M. et SAGLIO, J., *Structuration sociale d'un système industriel de PME : le cas de la région de Saint-Georges-de-Beauce*, Québec, Département de sociologie, Université Laval (Rapport de recherche), 1991, 378 p.

BOURDIEU, P., *Le Sens pratique*, Les Éditions de Minuit, 1980, 475 p.

BRUNEAU, P., *Les Villes moyennes au Québec. Leur place dans le système socio-spatial*, Presses de l'Université du Québec, OPDQ, 1989, 195 p.

COURLET, C. et SOULAGE, B., *Dynamiques industrielles et territoire*, Notes de travail, IREPD, Grenoble, mars 1993, 45 p.

DUPUIS, J.-P., « Anthropologie, culture et organisation. Vers un modèle constructiviste », *in L'Individu dans l'organisation. Les dimensions oubliées* (sous la direction de Jean-François CHANLAT), Presses de l'Université Laval, Éditions ESKA, 1992, p. 533-552.

FAVEREAU, O., « La formalisation du rôle des conventions dans l'allocation des ressources », *in* SALAIS, R. et THEVENOT, L. (dir.), *Le travail. Marché, règles, conventions*. INSEE-Economica, Paris, 1986, p. 249-267.

GIDDENS, A., *The Constitution of Society*, Polity Press, Cambridge, 1984. (Traduction française en 1987 par Michel AUDET, *La Constitution de la société*, Paris, PUF).

GLYSI, (Groupe lyonnais de sociologie industrielle), *Développement local et ensembles de PME*, Rapport du groupe de travail financé par le PIRTTEM (1989-1991) sous la direction de B. Ganne, juillet 1992.

LAVERTUE, R., *Régions, classes sociales et industries : la question beauceronne*, Notes et documents de recherche n° 5, Département de géographie, Université Laval, mars 1981, 142 p.

LECOQ, B., *Dynamique industrielle et territorialité. Éléments de problématique sur la dynamique des systèmes industriels localisés*, Notes de recherche, CER, Aix-en-Provence, 1992, 33 p.

LIPIETZ, A., *Le Capital et son espace*, Paris, Maspero, 1977, 178 p.

MARSHALL, A., *Industry and Trade*, Londres, Macmillan, 1919.

MARTIN, Fernand, *La dynamique du développement urbain au Québec*, Annexe du rapport Castonguay sur l'urbanisation au Québec, Éditeur officiel, Québec, 1976.

MUSYCK, B., «The Characteristics of Autonomous Industrial Action in South-West Flanders», *in Industrie et territoire*, Colloque international de Grenoble, Université Pierre-Mendès, France, 21-22 octobre 1992. (Communication polycopiée de l'IREPD, 27 p.)

PERRIN, J.-C., *Pour une révision de la science régionale. L'approche en terme de milieu*, Notes de recherche, CER, Aix-en-Provence, 1993, 40 p.

REYNAUD, J.D., *Les Règles du jeu. L'action collective et la régulation sociale*, Paris, Armand Colin, 1989, 306 p.

ROY, A., *Accumulation du capital et bourgeoisie industrielle à Saint-Georges-de-Beauce*, Thèse de maîtrise, Université Laval, 1983, 151 p.

STORPER, M. et SCOTT, A.J., «L'organisation du travail et les marchés locaux de l'emploi à l'ère de la production flexible», *Revue internationale du travail*, vol. 129, n° 5, 1990.

PÉRIODIQUES

AYDALOT, P., «Le rôle du travail dans les nouvelles stratégies de localisation», *Revue d'économie régionale et urbaine*, n° 2, 1979, p. 174-188.

BILLETTE, A. et CARRIER, M. «Régulation socio-identitaire des activités économiques beauceronnes», *Recherches sociographiques*, vol. 34, n° 2, 1993, p. 261-277.

CARRIER, M. et BILLETTE, A., «L'entreprenariat beauceron : les ingrédients du succès», *Revue Organisation*, vol. 2, n° 1, Chicoutimi, automne 1992, p.27-36.

GRANOVETTER, M., « Economic Action and Social Structure : The Problem of Embeddedness », *American Journal of Sociology*, Volume 91, N° 3, November 1985, p. 481-510.

KLEIN, J.-L., « Formation et partage de l'espace régional : le coût du travail et le déploiement de l'industrie dans la région de Québec », *Cahiers de géographie du Québec*, vol. 14, n° 63, décembre 1980, p. 429-445.

MARTIN, F., « L'entrepreneurship et le développement local : une évaluation », *La Revue canadienne des sciences régionales*, vol. IX, n° 1, 1986, p. 1-25.

RAVEYRE, M.-F. et SAGLIO, J., « Les systèmes industriels localisés : éléments pour une analyse sociologique des ensembles de PME industriels », *Sociologie du travail*, n° 2, 1984, p. 157-176.

REVUE ÉCONOMIQUE, *L'Économie des conventions*, n° 2, mars 1989.

RIPME, « Le modèle italien : mythe ou réalité », *Revue internationale PME*, vol. 2, n°s 2-3, 1989.

STORPER, M. et SCOTT, A.J., « The Geographical Foundations and Social Regulations of Flexible Production Complexes », *in* WOLCH, J. et DEAR, M. (dir.), *Territory and Social Reproduction*, London and Boston, Allen and Unwin, 1988, 39 p.

Marc-Urbain Proulx, professeur
Département des sciences économiques – Université du Québec à Chicoutimi

CHAPITRE 10

UNE STRATÉGIE LOCALE D'ACCÈS À L'INFORMATION POUR LES PME

I l est devenu banal de souligner le rôle de plus en plus essentiel joué par l'information dans la dynamique de l'économie contemporaine. Après une longue période historique caractérisée par la mise en valeur de l'énergie (humaine, animale, fossile, électrique, nucléaire, etc.), nous sommes manifestement en voie de transition vers une période de mise en valeur de l'information. Il s'agit de la nouvelle révolution industrielle annoncée dès les années cinquante. Prospective d'hier, les faits en témoignent aujourd'hui clairement.

En effet, à la suite de la conscientisation générale des années soixante-dix sur la grande importance de l'information dans les systèmes de production (produits national brut) des économies avancées, on prétend maintenant que 40 % à 50 % de la valeur ajoutée des pays occidentaux est liée à l'information (Boure et Dorreon, 1992). Par exemple, la multiplication des banques de données au cours des récentes années en offre déjà, selon Chartron (1992), un nombre de 4 500 au niveau mondial.

À l'échelon des états, la politique économique du Japon, de l'Allemagne, des États-Unis et de la France est actuellement largement orientée vers la mise en place de vastes systèmes nationaux d'intelligence économique (Harbulot, 1992). Au niveau des territoires locaux et régionaux, l'intérêt pour l'information fut fort bien exprimé, notamment par l'édition d'un numéro double spécial de la *Revue d'Économie Régionale et Urbaine* dès 1980. Plus récemment, les travaux des équipes de recherche du **Groupe de recherche européen sur les milieux innovateurs** (GREMI) ont particulièrement focalisé sur le fonctionnement des réseaux d'information à caractère innovateur. Finalement, il va sans dire qu'au niveau micro (interne à l'entreprise), on assiste actuellement à des investissements importants dans la mise en œuvre de systèmes d'information de toute nature.

Ce passage de l'ère énergétique à l'ère informationnelle (Morin, 1981) nous amène à nous questionner sur plusieurs aspects reliés aux modalités d'adaptation des individus, des travailleurs et des organisations, petites et grandes. Le facteur information attire beaucoup d'attention, autant dans la communauté scientifique, sur la table de travail des décideurs publics et privés, que dans la salle de séjour de nos foyers où l'ordinateur personnel côtoie le téléviseur multicanaux. Ce dernier sera bientôt interactif, d'ailleurs, grâce à ce qu'il est convenu d'appeler les « autoroutes de la communication » (Torres, 1994).

En réalité, l'information est, d'une part, devenue une grandeur physique, mesurable en bits, calculable, et qui peut être introduite dans des machines. L'information a ainsi donné naissance aux technologies informationnelles (informatique, robotique, bureautique, télématique, etc.) et causé une véritable mutation qui affecte tout notre système social, culturel et économique, notamment en réduisant de beaucoup l'apport du travail humain dans la production de biens et de services. D'autre part, ces technologies ont permis de révolutionner les échelles spatiales et temporelles des organisations productrices, offrant à l'information un statut de matière première stratégiquement essentielle.

Ainsi, l'information comme facteur de production possède maintenant des vertus dites stratégiques, étant donné qu'elle est devenue le véritable moteur de l'innovation et de la capacité concurrentielle. Encore récemment, trois importantes enquêtes effectuées dans le contexte français (PMI 90, 1990 ; Mayer, 1990 ; France 300, 1989) font apparaître clairement que les entreprises les plus innovatrices et les plus concurrentielles sont celles qui utilisent le plus d'information. Dans le contexte britannique, Oakey et White (1993) avancent qu'il y a une forte liaison entre l'acquisition d'information tout au long du processus de production et le succès subséquent de l'entreprise industrielle. Chez les Américains, la grande popularité de l'approche stratégique de Porter (1981) parle d'elle-même. Cela est d'autant plus vrai que des approches plus légères et moins strictement sectorielles font une vive concurrence à cette dernière sur ce terrain de l'intelligence économique, dont on jalouse par ailleurs l'occupation grandissante des Japonais depuis 1945. Dans le cadre particulier du Québec, l'ouvrage de Gagné et Lefèvre (1993) souligne que l'application actuelle de la stratégie gouvernementale axée sur les grappes industrielles a largement mis en évidence l'importance des besoins d'information chez les entreprises québécoises.

En limitant notre perspective d'analyse à l'économie des PME[1], ce constat nous incite à concevoir une nouvelle modélisation de l'offre et de la demande des intrants de production afin d'intégrer le facteur information aux qualités stratégiques. À cet effet, on peut

---

1. Les grandes entreprises ont aussi besoin de l'information, évidemment... mais elles possèdent généralement un service interne spécialisé ou passent facilement des contrats d'approvisionnement avec des agences spécialisées.

logiquement poser des questions relatives à la demande, à l'offre, à la circulation, à l'accessibilité, à l'adaptation des messages, etc., notamment dans le contexte de l'économie des divers milieux de vie des PME, dispersés au centre et surtout à la périphérie des territoires nationaux.

INFORMATION ET ÉCONOMIE

Dès le départ, il faut souligner que depuis les travaux précurseurs de Shannon et Weaver (1949), l'étude du phénomène de l'information a donné naissance à un champ théorique à part entière avec ses ouvrages, ses revues scientifiques, ses colloques et ses apports conceptuels originaux issus de différentes disciplines scientifiques. Comme l'a montré Le Coadic (1989), l'important corpus de connaissances dont nous disposons actuellement sur ce phénomène a émergé de la convergence de multiples disciplines, notamment l'informatique, les télécommunications, la sociologie, l'économie, la linguistique, la psychologie, l'histoire, la philosophie, la statistique.

Cette multidisciplinarité du champ scientifique concerné par l'information (et la communication) explique la diversité des perspectives d'analyse et des modèles proposés dans la littérature. Elle explique aussi, en partie, la difficulté d'obtenir une véritable théorie intégratrice des différents apports passés, actuels et futurs. Nous verrons néanmoins que la science économique, notamment l'économie régionale, a récemment fait avancer nos connaissances de façon significative.

En effet, même si l'objet d'étude s'avère sans statut réel (rareté, prix) en analyse néo-classique[2], nous

---

2. On considère que l'information est gratuite au même titre que l'air et l'atmosphère, qu'elle circule librement et parfaitement et qu'elle est directement disponible sans coût, sans limite, sans inégalité d'accès.

assistons à la lente émergence d'une véritable sous-discipline de l'économie de l'information (Mayere, 1990). Selon notre lecture, l'intérêt actuel pour la modélisation économique de ce facteur information s'inscrit autour de trois grandes causes que voici.

Le point de départ de l'intérêt concerne le fait, tel que mentionné ci-dessus, que l'information s'affirme clairement, depuis le milieu du siècle, comme le facteur par excellence de la dynamique économique. En ce sens, il va sans dire qu'il faut impérativement en tenir compte dans nos modèles économiques[3]. Les scientifiques travaillent alors sur des indicateurs spécifiques afin de donner à l'information une véritable valeur d'échange et une légitimité économique[4].

À cet effet, et s'inscrivant dans la suite des travaux des Passet, Lemoigne et autres utilisateurs de la grille dite systémique, la base de réflexion des scientifiques soutient généralement que l'information s'avère un flux entre des éléments (agents économiques) et non pas un simple stock. En ce sens de processus dynamique, l'information est alors conçue comme résultant d'une coproduction continue entre récepteurs et émetteurs, entre le microsystème et le macroenvironnement, entre les diverses entreprises qui, dans un même mouvement, en demandent et en offrent.

Deuxièmement, dans son argumentation sur la rationalité limitée des décideurs, Simon (1959-1969) a largement démontré que l'information a certainement

---

3. Il est à noter à cet égard que la masse de travaux réalisés sur les échanges interindustriels pendant les années cinquante, soixante et soixante-dix, n'a pas, malgré les résultats atteints, fait beaucoup avancer nos connaissances sur le rôle de l'information.

4. Une telle perspective d'analyse de l'information nous oblige évidemment à une toute autre conception de son rôle dans la dynamique de l'économie.

un coût. Ce constat a stimulé en conséquence la recherche appliquée afin de saisir les modalités de la collecte de l'information, de sa circulation, de sa diffusion, etc. Les économistes s'en sont alors remis à la discipline de l'économie des coûts de transaction.

Bien que l'intérêt réel soit nouveau, cette approche transactionnelle doit ses origines aux travaux de Coase (1937), qui fut le premier à illustrer clairement les faiblesses du marché reliées à l'imparfaite circulation de l'information. Dans une telle perspective de coûts de transaction, l'information doit alors être considérée en fonction des multiples conditions de sa présence (ou de son absence) qui lui donnent rareté et prix. La théorie de la firme, la théorie de l'organisation et le droit sont alors mis à contribution pour analyser les relations contractualisées. L'importance des coûts de transaction pour l'entreprise devient alors évidente.

En ce sens, Williamson (1975-1979-1985) est largement cité pour avoir apporté une excellente contribution en identifiant un bon nombre de conditions transactionnelles chez les agents économiques. Furent notamment mises en évidence les différences initiales de dotation des agents ainsi que le petit nombre d'offreurs qui incitent les entreprises à internaliser la satisfaction de leurs besoins d'information plutôt que de s'en remettre au marché. De plus, grâce à son regard interdisciplinaire, ce scientifique a aussi mis en évidence des aspects plus humains tels que l'opportunisme des individus qui, selon lui, déborde de l'utilité strictement économique en ce qui concerne les conditions d'accès à l'information.

Mais le coup de génie de Williamson fut d'introduire, dans la logique de l'économie et de la gestion des entreprises, la présence de formes intermédiaires d'accès à l'information se situant entre le marché et l'organisation hiérarchique interne. En effet, devant le dilemme

246

de la réduction des coûts et de la quête constante d'innovation, les décideurs qui sont à la recherche d'une
capacité concurrentielle pour leur entreprise font face à
la difficulté de donner une valeur réelle à l'information
véhiculée de manière formelle. Il en résulte dès lors un
délaissement du recours au marché ou à la production
interne pour s'en remettre à la collecte informelle. Étant
donné la nature et les caractéristiques de l'information,
il est avancé que cette collecte informelle serait très
importante vis-à-vis de la totalité de l'information utilisée par l'entreprise (Cohen, 1979 ; Thorelli, 1986). Ainsi,
une bonne quantité de l'information utile qui sert le
processus de production de l'entreprise échappe au calcul économique traditionnel.

Finalement, le troisième élément qui stimule l'intérêt de la science économique pour la modélisation du
facteur information concerne la reconnaissance traditionnelle du contexte d'incertitude dans lequel les agents
économiques prennent leurs décisions opérationnelles
et, surtout, celles qui sont plus stratégiques. À la suite
des réflexions de Camagni (1992), nous pouvons considérer que vaincre cette incertitude, dans le contexte
contemporain d'innovation et de concurrence, s'avère
reliée à un certain nombre de faits tels que :

- La complexité et surtout la turbulence[5] du
  monde réel ;

- Les multiples actions interreliées prises dans
  un contexte décisionnel au pouvoir éclaté ;

- Les coûts de la collecte et du traitement de l'information ;

---

5. La turbulence telle que conçue en théorie de l'organisation fait
   référence à l'instabilité de la conjoncture économique, à l'apparition constante de nouvelles technologies, de nouveaux produits
   et de nouvelles techniques de production, à l'arrivée continuelle
   de nouveaux concurrents, aux cycles de vie courts des produits,
   etc.

- La faible fiabilité de l'information rapidement disponible ;

- Le manque de compétences, dans l'entreprise, pour décoder les messages ;

- Le manque d'information pour l'évaluation des options offertes ;

- Les difficultés de prévoir à long terme.

Face à ces nombreuses causes d'incertitude, on comprend que l'information qui possède les capacités de contrer ces incertitudes devient, pour le décideur, un facteur essentiel et stratégique.

Facteur essentiel de réduction de l'incertitude et facteur stratégique de la dynamique économique actuelle, nous venons de voir que l'information échappe toujours à une véritable modélisation économique. Car la circulation non formalisée d'information s'avère une contrainte majeure difficile à surmonter. Dans un petit document fort pertinent, Weinstein (1987) résume fort bien le problème de la modélisation économique de l'information autour de cinq causes :

- Impossible maîtrise de la propriété de l'information ;

- Produite, elle peut être dupliquée à un coût faible ou nul ;

- Vendue, elle demeure tout de même en possession du producteur ;

- Son utilisation n'implique pas sa disparition, sa destruction ;

- Sa libre diffusion est non maîtrisable malgré son coût de production.

Ainsi, puisque les lois du marché ne fonctionnent pas, ou peu, ou mal à son égard, le statut économique de l'information doit être largement associé à un bien collectif. En effet, comme la production de l'information s'avère difficilement compatible avec la logique des activités privées, mais certes indispensable à leur développement, il revient à la collectivité d'assurer la production d'information, sa totale disponibilité et sa libre circulation. En ce sens, la science régionale s'intéresse particulièrement aux conditions de desserte de ce bien collectif si utile à la dynamique économique.

INFORMATION ET ENTREPRISES

Parmi l'apport multidisciplinaire considérable dans la littérature sur le facteur information, soulignons notamment la contribution des sciences de la gestion, spécialement par l'entremise du développement de l'approche systémique en théorie de l'organisation. Un important corpus théorique a ainsi émergé ces dernières années, notamment autour du concept de **système d'information managériale** (SIM). Selon cette perspective, l'entreprise s'avère ouverte sur son environnement externe, notamment pour y capter l'information qui lui est nécessaire.

En l'absence d'une théorie générale, et à cause de la présence des barrières entre les disciplines scientifiques, les multiples et diverses contributions empiriques et théoriques apportées dans ce domaine ont inévitablement donné naissance à une infinité de catégories d'information qui se chevauchent et se recoupent. En conséquence, de nombreux modèles d'analyse furent conçus, auxquels s'ajoutent par ailleurs ceux de la science de l'information et de la communication. Cette dernière s'est particulièrement intéressée à l'entreprise ces dernières années, permettant évidemment d'enrichir le débat (Brises, 1992 ; CNSIC, 1992 ; MESR, 1993 ; Réseaux, 1993). En synthèse de la littérature, nous considérons simplement qu'il existe trois catégories de flux d'information pour l'entreprise :

249

1. **Le flux d'information interne**, relié aux travailleurs, aux compétences, aux biens et services, à la gestion, aux finances, aux rapports sociaux, à l'esprit d'équipe, etc. ; un système d'information managériale (SIM) informel se formalise généralement au fil de la croissance de la taille de l'organisation.

2. **Le flux d'information prélevé de l'extérieur et utilisé à l'interne**, notamment les factures, relevés de banque, commandes, réglementations, normes, brevets, articles scientifiques sur une invention, études de marché, nouvelles technologies, données macroéconomiques, catalogues de fournisseurs, projets des concurrents, rapports des consultants, etc.

3. **Le flux d'information diffusé vers l'extérieur**, notamment les commandes, offres d'emploi, sollicitation auprès de clients, rapports annuels, publicité, données fiscales, dépliants de présentation de l'organisation, etc.

Dans le cadre de notre analyse, nous nous intéressons spécifiquement à l'information prélevée dans l'environnement extérieur, et qui permet d'irriguer le flux interne d'information du SIM. On la qualifie souvent d'information cognitive, puisqu'elle sert à enrichir les connaissances internes. Pour l'entreprise, il s'agit de veiller[6], puis de capter l'information nécessaire pour faciliter les processus décisionnels, pour résoudre les problèmes, pour améliorer les savoir-faire et les compétences, pour enrichir la culture organisationnelle dans tous ses aspects et, finalement, pour mieux maîtriser l'environnement incertain et turbulent. Sur ce

---

6. La notion de veille, largement utilisée ces récentes années, fait référence aux activités concernées par le dépistage et la collecte d'information externe, formellement ou informellement (Jakobiac, 1992).

point, Sutter (1993) affirme que la qualité totale, tant recherchée ces dernières années, s'avère nécessairement reliée à une information totale, permettant de faire les meilleurs choix et d'éviter le gaspillage du temps et des ressources.

Selon notre lecture, cette information captée ou prélevée à l'extérieur de l'entreprise se divise en trois grandes catégories : l'information de base, l'information sectorielle et l'information sur l'environnement.

Telle que traitée dans la littérature, l'information de base fait généralement référence à celle nécessaire aux décisions opérationnelles[7] et à certaines décisions de gestion[8] dans l'entreprise. Cette information concerne, d'une manière générale, les commandes, les livraisons, les coûts, les paiements, les stocks d'intrants et d'extrants, les délais, la productivité, les quantités à produire, les modalités de distribution et de mise en marché, la demande des clients actuels et la politique des prix, ainsi que les lois et les normes du travail (*Figure 10.1*).

Toute cette information circule à l'intérieur de l'entreprise grâce à un SIM plus ou moins formalisé et perfectionné.

Dans le cas de l'information sectorielle nécessaire aux entreprises, nous utiliserons le modèle d'analyse du champ concurrentiel de Porter (1981). On se réfère largement à ce modèle dans la littérature scientifique. Cette information sur le secteur d'activité sert les

---

7. Décisions routinières qui concernent les cadre inférieurs (contremaîtres) et qui se rapportent, d'une manière générale, à la gestion des stocks.

8. Décisions qui concernent les cadres intermédiaires et qui sont orientées vers l'efficacité et l'efficience de l'utilisation des ressources. Les achats de matières premières et les embauches sont les exemples classiques de ce type de décisions.

Figure 10.1

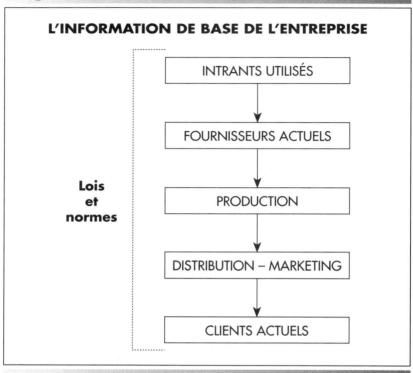

L'INFORMATION DE BASE DE L'ENTREPRISE

INTRANTS UTILISÉS

↓

FOURNISSEURS ACTUELS

↓

**Lois
et
normes**

PRODUCTION

↓

DISTRIBUTION – MARKETING

↓

CLIENTS ACTUELS

décisions de gestion et surtout celles dites stratégiques[9]. Elle concerne les données qualitatives et quantitatives sur le marché des fournisseurs (intrants actuels et substituts), la taille, la production, le marketing, et les nouveaux produits des concurrents et des entrants potentiels, ainsi que le marché des clients. Le modèle schématisé (*Figure 10.2*) sert de guide pour scruter l'environnement sectoriel.

---

9. Décisions qui concernent les cadres supérieurs ou les dirigeants et qui se rapportent aux grandes orientations de l'organisation que sont notamment les changements technologiques, l'ouverture de nouveaux marchés, le développement de nouveaux produits, etc.

Figure 10.2

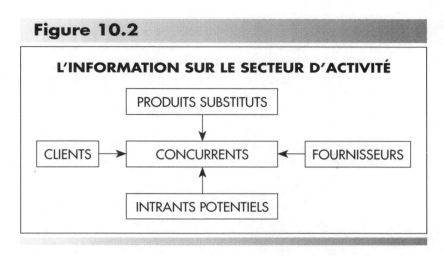

Dans sa version détaillée, ce modèle permet de recueillir et de traiter l'information relative aux entreprises présentes, à la valeur de la production, aux emplois créés, à la provenance des intrants, à la valeur des investissements, au diagnostic technologique, à la diversification de la production, etc., afin de faire ressortir les forces, les faiblesses, les bonnes occasions, les contraintes et les menaces du secteur en question. Toute cette information sectorielle, lorsque disponible[10], sert à alimenter le SIM interne de l'entreprise, selon ses besoins.

Finalement, l'information sur l'environnement fait référence aux données quantitatives et qualitatives sur les différents échelons territoriaux perçus par l'entreprise (*Figure 10.3*). Au Québec, il s'agit concrètement de l'environnement immédiat, dit milieu (municipalités ou municipalités régionales de comté [MRC]), de l'environnement régional (régions administratives), de l'environnement national, de l'environnement fédéral, de

---

10. La grille de Porter est fort exhaustive et ne s'adapte pas facilement à la réalité des PME. Elle fixe néanmoins d'excellents défis informatifs.

l'environnement continental et de l'environnement international. Dans la perspective d'un autre pays, le principe des multiples échelons territoriaux de l'environnement global demeure, mais il s'applique évidemment de manière différente. Il est à noter que les variables nécessaires pour la connaissance de chaque échelon territorial se regroupent en composantes écologiques, démographiques, culturelles, sociales, politiques, technologiques, économiques et administratives.

Pour l'entreprise, les données qualitatives et quantitatives sur l'environnement s'avèrent relativement faciles à obtenir par l'entremise des documents déjà

Figure 10.3

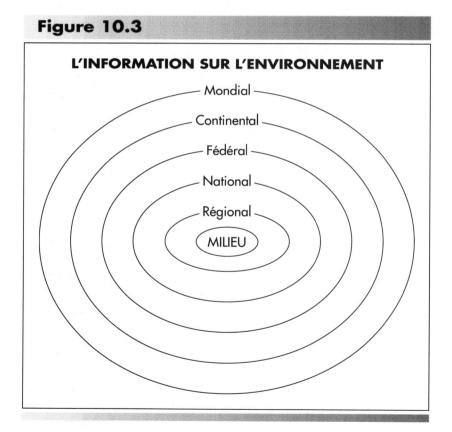

L'INFORMATION SUR L'ENVIRONNEMENT

Mondial

Continental

Fédéral

National

Régional

MILIEU

existants et des systèmes territoriaux d'information en activité à chaque échelon. Toutefois, le traitement de ces données en fonction des besoins propres de l'entreprise peut s'avérer une opération délicate. Il apparaît par ailleurs que chacune des variables de cette information sur l'environnement n'a pas la même portée pour chaque décideur. L'importance de ces variables sera plus ou moins grande, selon les besoins spécifiques. L'information sur l'environnement sert surtout les décisions stratégiques de l'entreprise.

Face à ces trois catégories d'information prélevées à l'externe, il s'agit pour l'entreprise de recueillir celle qui est utile à son processus de prise de décision, notamment cette fameuse information stratégique reliée à l'innovation et à la concurrence.

LA DEMANDE D'INFORMATION STRATÉGIQUE

La recension des variables reliées à l'information stratégique nous permet d'identifier un peu plus d'une douzaine de catégories[11]. Celles-ci sont illustrées au Tableau 10.1 et représentent, de fait, les besoins généraux d'information stratégique pour les entreprises. Tous ces besoins ne s'expriment évidemment pas de la même manière (demande), à la même étape du processus de production et au même degré, mais tous sont en principe présents, à un moment ou à un autre.

Le contenu (substance) de chacune des variables de l'information stratégique se modifie continuellement dans l'espace et dans le temps, conséquence des changements rapides de la société contemporaine. L'entreprise doit alors suivre et même prévoir la variation des substances afin d'être bien préparée pour prendre certaines décisions quotidiennes et, surtout, les décisions stratégiques. La demande apparaît alors évidente.

---

11. Bien que notre recension des écrits soit très large, nous ne réclamons pas le caractère d'exhaustivité à notre classification.

Tableau 10.1

BESOINS D'INFORMATION STRATÉGIQUE POUR L'ENTREPRISE

Catégories	Variables
conjoncture	taux d'intérêt, inflation, chômage, croissance future, etc.
concurrence	modes de production, coûts, marketing, nouvelle entreprise, etc.
produits	marchés, innovation, nouveaux besoins, etc.
intrants	matières premières, ressources humaines, produits semi-finis, etc.
exportation	marchés, taux de change, barrières, mode de vie, etc.
science	invention, données, modèles, concepts, brevets, etc.
technologie	machineries, nouveaux outils, nouvel équipement, etc.
technique	compétences, savoir-faire, schémas d'opération, procédés, etc.
normes	lois, réglementations, santé, sécurité, salaires, etc.
écologie	conservation, pollution, effets externes, etc.
sécurité	conflits, guerres, criminalité, etc.
ress. publiques	programmes, services, équipements, infrastructures, etc.
modalités de gestion	organisation, productivité, structure, qualité totale, etc.

Afin de mieux comprendre cette demande d'information, nous avons effectué une permière enquête sur un échantillon de 32 entreprises (petites et moyennes) du sous-secteur du bois-d'œuvre dans la région du Saguenay-Lac-Saint-Jean au Québec (Proulx et Tremblay, 1993). Cette enquête nous a permis de confirmer que la demande d'information stratégique n'est que très peu présente dans la PME. Les décideurs ne réalisent généralement pas totalement leurs véritables besoins et considèrent a priori qu'ils sont déjà personnellement bien informés. En effet, ils affirment bien connaître leur secteur d'activité et leur environnement et considèrent inutile le recours à des services spécialisés en information. Pourtant, nous avons constaté un manque d'information évident, plus ou moins important selon les entreprises, par rapport à la plupart des variables de l'information stratégique.

Nous expliquons cette situation de besoins non ressentis par le fait que les décideurs non informés ne perçoivent tout simplement pas qu'ils ne le sont pas, puisqu'ils ne savent pas que l'information manquante existe réellement. Notre enquête a mis en évidence que 90 % des décideurs réclament plus d'information sur les divers services offerts par le secteur public, alors que 78 % veulent plus d'information sur les services informatifs offerts par le secteur privé. Un urgent besoin d'information vis-à-vis des programmes d'aide et les nouvelles technologies fut aussi exprimé par la majorité des PME échantillonnées dans le secteur du bois-d'œuvre. Nous avançons ainsi que la diffusion de l'information stratégique disponible devient certes un facteur important pour la révélation de la demande.

Or, même connue par une offre bien affichée, l'information ne se traduit pas toujours en demande sur le marché. En effet, 78 % des décideurs interrogés n'attribuent pas la caractéristique de rareté à l'information stratégique, et ils hésitent avant de payer le prix ou à faire des démarches spécifiques pour son obtention. Cela s'avère d'autant plus vrai si l'on considère que les PME n'ont souvent pas, selon leur ordre de priorités, le temps et les moyens financiers nécessaires à l'obtention de cette information.

L'OFFRE D'INFORMATION STRATÉGIQUE

En regard de l'offre, la littérature sur le sujet nous amène à considérer la division des sources d'information stratégique en trois grandes catégories : les organisations privées, les organisations publiques et les contacts personnels (*Tableau 10.2*).

Au Québec, nous avons constaté que l'offre d'information stratégique s'est largement développée, diversifiée et segmentée au cours des dernières années. D'une manière générale, l'information stratégique s'avère fournie à l'entreprise, dans ses multiples variables (substances), sous forme écrite (ouvrages, périodiques, rapports, statistiques, catalogues, bulletins, fiches, etc.), orale (expositions, foires, consultations, télévision, radio, rencontres, séminaires, conférences, etc.) et informatisée (microfilm, microfiches, bandes magnétiques, DOC (C.D. ROM), etc.).

Premièrement, le secteur privé s'est vivement intéressé au créneau de l'intelligence économique au Québec. La croissance du secteur des services aux entreprises ainsi que de la R-D en entreprises, au cours des dernières années, illustre cet intérêt envers ce que nous considérons comme la production privée d'information stratégique. Tout récemment, la nouvelle profession de courtiers en information, qui s'est implantée, démontre la vitalité de l'offre privée d'information. Les entreprises peuvent ainsi bénéficier de services informatifs de plus en plus perfectionnés. Cependant, tel que nous l'avons mentionné ci-dessus, tous ces services d'information demeurent encore peu accessibles aux PME, étant donné le coût relié à un facteur dont l'utilité pour le décideur est difficilement mesurable par les critères matériels traditionnels.

Tableau 10.2

SOURCES D'INFORMATION STRATÉGIQUE

Organisations privées	Organisations publiques	Contacts personnels
– librairies	– ministères	– clients
– banques de données	– sociétés d'État	– fournisseurs
– laboratoires de recherche	– org. parapublic	– banquiers
– consultants	– laboratoires de recherche	– sous-traitants
– cellules de R-D	– universités	– distributeurs
– courtiers	– collèges et écoles	– foires et salons
– journaux	– bibliothèques	– congrès
– télévision, etc.	– agents de développement, etc.	– groupes et clubs, etc.

Ce constat s'avère sûrement la raison pour laquelle un bon nombre d'organisations publiques, autant au niveau national (Gagné et Lefèvre, 1992) qu'à l'échelon régional (Proulx, 1992), ont ouvert un guichet d'information afin d'améliorer leur accessibilité aux citoyens et aux entreprises. Divers moyens sont utilisés pour faire l'interface. Cette politique publique s'ajoute à l'important effort gouvernemental qui fut consenti à la recherche-développement, faisant ainsi multiplier les laboratoires de recherche appliquée au cours des deux dernières décennies. Ainsi l'offre publique vient suppléer à l'offre privée, qui fait face à un marché difficile, pour rendre l'information stratégique accessible.

259

Malgré une offre publique de plus en plus présente, il apparaît toutefois que les services actuels demeurent encore insuffisants. Notre enquête a en effet illustré que les 32 entreprises interrogées connaissent la plupart des sources publiques pour répondre à leurs besoins d'information stratégique, mais 72 % de ces entreprises ne savent pas précisément qui offre quoi et, en ce sens, entrevoient difficilement de les utiliser. À cet égard, signalons qu'une importante étude réalisée dans les pays de l'OCDE par Julien et al. (1991) met en évidence que l'existence des programmes gouvernementaux qui offrent de l'information stratégique est connue par 50 % des PME interrogées. Cependant, seulement 5 % d'entre elles utilisent ces programmes. Les causes de ce non-recours aux programmes publics sont soulignées par l'étude, soit la crainte des enquêteurs de l'État, l'inadaptation des programmes aux besoins des clients, le manque de personnel qualifié dans l'entreprise, l'indépendance de l'entrepreneur, ainsi que la grande confiance de ce dernier envers la qualité d'approvisionnement de son réseau personnel.

Il semble de toute évidence que la relation directe entre les sources publiques et les besoins des PME n'existent tout simplement pas ou très peu. C'est que la collecte d'information de l'entreprise de petite et moyenne dimension passe généralement par des intermédiaires ou, du moins, par une zone intermédiaire[12] de relations.

À cet égard, on constate que les décideurs ont attaché, au cours des dernières années, une attention particulière à leur système de contacts personnels. Il s'agit de la troisième catégorie des sources d'information stratégique (*Tableau 10.2*), elle-même aussi en pleine expansion. Les limites d'accessibilité à l'offre privée et

---

12. Il s'agit du champ intermédiaire entre le marché et la hiérarchie qui fut identifié par Williamson.

les contraintes de l'offre publique, sur le plan des coûts, d'une part, et du manque de discrétion, d'autre part, expliquent sûrement en partie ce regain d'intérêt pour les contacts personnels. Car le décideur désire malgré tout être informé.

Ainsi, les expositions industrielles, les démonstrations technologiques et techniques, les foires, les salons thématiques et les congrès spécialisés se sont multipliés au Québec et à l'étranger. Ingénieurs, techniciens, cadres et dirigeants assistent à ces événements souvent appelés *shows*. Ils y captent de l'information stratégique et repartent avec, dans leurs grandes valises, diverses substances qu'ils analysent par la suite dans leur cabinet de travail. La popularité de ces événements illustre l'utilité d'une zone ou d'un champ intermédiaire entre la demande et l'offre (privée et publique) d'information stratégique.

LA NÉCESSITÉ D'UN CHAMP INTERMÉDIAIRE ENTRE L'OFFRE ET LA DEMANDE

Cette nécessité d'intermédiaires entre l'offre et la demande d'information stratégique n'est pas seulement reliée aux appréhensions des entrepreneurs face aux institutions de l'État, ainsi qu'à la tarification par le secteur privé. Il apparaît, dans la littérature, que la qualité de neutralité des mécanismes intermédiaires s'avère, de fait, secondée très fortement par la faculté qu'ils ont d'adapter les messages émis aux capacités réelles d'assimilation des récepteurs, soit les PME. L'information n'est pas qu'un simple facteur de production au point de vue économique. Elle déborde du simple schéma de la relation offre – demande.

L'information nécessite de toute évidence une transformation de contenu afin de passer de son état brut et général, lorsque produite et diffusée par les sources (privées et publiques), vers un état adapté à la

261

réceptivité réelle des utilisateurs. De fait, l'information stratégique réellement utile à la PME doit impérativement être qualifiée (fiabilité – exactitude), intelligible (décodée – vulgarisée), concise (message complet en peu de mots), juste nécessaire (assez mais pas trop), opportune (au bon moment), prospective (prévision du futur), pertinente (réponse aux besoins réels), réactualisée (mise à jour continuellement).

On en déduit que l'information stratégique, telle qu'elle est présentée par les sources publiques et privées officielles et connues, doit être recueillie dans ses multiples livraisons (collecte), sélectionnée pour sa pertinence face aux divers besoins spécifiques, décodée et, souvent, recodifiée en fonction de son assimilation (traitement), pour ensuite être mise à la disposition des PME par une diffusion appropriée (circulation).

Ce processus d'élaboration d'une information assimilable ou intelligible relève d'une pratique dont nous ne connaissons, hélas, que très mal encore les subtilités, qui sont certes différentes selon le lieu, le secteur et l'entreprise. Cependant, un important effort de recherche empirique et théorique s'effectue actuellement afin de mieux comprendre et maîtriser les mécanismes intermédiaires qui réalisent la liaison réelle entre la demande et l'offre d'information stratégique nécessaire à l'innovation et à la capacité concurrentielle.

À cet effet, puisque ni la source (offre) ni le besoin (demande) ne sont a priori bien définis l'un par rapport à l'autre, Salaün (1993) avance que leur liaison devient inévitablement un processus caractérisé par une double construction des contenus informationnels, effectuée par les émetteurs et les récepteurs. D'une part, il y a la construction de contenus par l'interaction linéaire entre source – émetteur d'un côté, et de l'autre, entre récepteur – besoin. D'autre part, il y a aussi construction de contenus informationnels par l'entremise d'un champ (lac, selon l'auteur) où se rencontrent les multiples offres émises et les nombreuses demandes à combler. Le message stratégique utile émerge de l'interaction tous azimuts dans ce champ. Il doit par ailleurs être encore transformé par l'interaction entre le récepteur et le demandeur (besoin). Selon notre interprétation, il s'agit en réalité d'une triple interaction qui conduit du message brut issu de la source jusqu'au message adapté au besoin spécifique à satisfaire, en passant par une zone de rencontres appelée champ intermédiaire ou champ d'interaction.

En ce qui a trait au champ d'interaction, les progrès de la communication moderne ont certes fait éclater les frontières de l'interaction potentielle. Toutefois, comme l'a démontré Planque (1983c), l'espace immédiat de la PME demeure une contrainte importante dans la délimitation effective de la communication, du dialogue et de l'échange d'information. De fait, il est maintenant largement admis que le territoire local joue un rôle essentiel[13] comme assise ou champ de rencontre entre l'offre et la demande d'information (Proulx, 1993b).

Plusieurs équipes de recherche travaillent ainsi sur l'hypothèse générale concernant le rôle du milieu immédiat de la PME dans l'accès à l'information stratégique. Certains analystes suggèrent même qu'il s'agit de créer, sur le territoire en question, une culture informationnelle ou une informance[14]... phénomène qui se

---

13. Les entreprises, spécialement les PME, sont fortement dépendantes de leur environnement immédiat dans lequel baignent quotidiennement leurs compétences (ingénieurs, techniciens, gestionnaires, etc.) et leurs décideurs (cadres, directeurs, membres du conseil d'administration, etc.) pour recueillir ce facteur essentiel que l'on nomme information stratégique.

14. L'informance signifie un résultat global causé par la densité et la fluidité des échanges d'information entre les services de l'État et les organisations privées, entre les organisations privées elles-mêmes, entre l'État et les citoyens, entre les appareils exécutif et législatif au sein de l'État, entre les diverses organisations publiques, etc. (Gandbois, 1992).

Figure 10.4

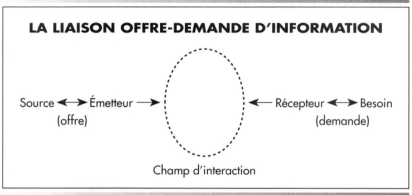

LA LIAISON OFFRE-DEMANDE D'INFORMATION

Source ◄─► Émetteur ─►   ◄─ Récepteur ◄─► Besoin
(offre)   (demande)

Champ d'interaction

réalise, selon Maillat (1992), par l'entremise d'un processus d'apprentissage collectif dans le milieu.

MILIEUX LOCAUX COMME CHAMP D'INTERACTION ENTRE L'OFFRE ET LA DEMANDE

En premier lieu, notons que le rôle du milieu dans l'accès à l'information pour les entreprises prend ses racines théoriques dans le concept de district industriel de Marshall (1890-1919). En effet, cet auteur a illustré que la contiguïté des entreprises dans un espace donné peut engendrer une « atmosphère industrielle » qui produit, selon certaines conditions, des économies externes[15]. Réactualisés dans le contexte contemporain par plusieurs ouvrages, dont plusieurs furent cités dans le texte introductif de cet ouvrage, ces effets externes engendrés par la proximité des agents s'inscrivent sous diverses formes, notamment sous celles de nouvelles

---

15. La fonction de profit d'un producteur est influencée positivement ou négativement par les actes d'autres entités économiques. Le système de prix ne prend pas en compte cet impact, et le récepteur ne peut modifier dans quelle mesure il en est affecté.

combinaisons d'information qui produisent de l'innovation dans leur milieu d'émergence. À cet effet, Ratti (1992) considère que la circulation de l'information dans un espace donné donne une unité au système territorial et fait émerger une culture industrielle, tandis que Guesnier (1992) reconnaît à ce facteur un rôle devenu essentiel dans la transformation des territoires. Les synergies territoriales engendrées par la création de liens entre la demande et l'offre d'information deviennent ainsi un phénomène fort intéressant qui nous fait évidemment nous poser des questions sur le comment.

Nous avons vu, dans le texte introductif, que ce « comment » s'avère être précisément la question à laquelle un bon nombre de chercheurs essaient de répondre actuellement. À cet égard, la notion de réseau, comme instrument d'observation et d'analyse, fut largement mise à contribution récemment. Certains auteurs de cet ouvrage s'intéressent d'ailleurs spécifiquement à ce sujet. Ainsi, nous soulignerons seulement que nos propres travaux sur le sujet nous ont permis de constater l'importance de l'activation de réseaux utilitaires dans la dynamique territoriale des 95 petites régions MRC du Québec (Proulx, 1991a). Nous avons par ailleurs formalisé en détail le fonctionnement de ces réseaux utilitaires en illustrant le processus de création de synergie informationnelle (Proulx, 1991b) entre les acteurs mis en contact par des relais utilitaires[16]. Un certains nombre de leçons pertinentes furent induites de notre expérimentation de l'instrument réseau pour observer et mesurer la composante information stratégique dans les milieux locaux.

Il ressort notamment de notre analyse qu'en plus d'être déjà intégrés dans des réseaux sociaux (socialité) et dans des réseaux fonctionnels (formalités), les acteurs

---

16. Ceux-ci prennent généralement la forme concrète de « caucus », de séminaires, d'ateliers de réflexion collective, de comités, de clubs, de réunions, de colloques, de tables rondes, de simples rencontres plus ou moins formelles, etc.

du développement économique local (DEL) sont plus ou moins nombreux à être connectés à un réseau utilitaire d'information territorialisé tout en possédant aussi, en ce qui a trait à l'utilité, leurs propres réseaux-égo (personnel) et leurs propres réseaux-clique (petits groupes). D'où le vaste potentiel de synergie qui se concrétise, en principe, par l'activation de relais et, ainsi, par le transit de l'information utile dans un milieu local donné.

Ces constatations nous ont certes amené à préconiser la mise en œuvre de relais utilitaires dans les divers milieux locaux et régionaux (Proulx, 1993a,b). Elles nous ont aussi fait réaliser la nécessité d'appréhender la réalité locale que nous désirons modifier dans une optique de développement, en amont de la formation des réseaux d'information, afin de mieux influencer ces derniers en regard des contenus transités (substances informationnelles). Car la présence de réseaux ne nous apparaît pas une condition suffisante, bien qu'essentielle. À notre sens, c'est non seulement l'activation (*networking*) comme telle des réseaux existants et potentiels qui compte vraiment, mais, surtout, la qualité, l'intelligibilité et la pertinence des contenus transités.

À cet effet, notre proposition d'intervention dans les milieux locaux, afin de mieux maîtriser l'information stratégique, s'articule autour de quelques fonctions collectives que nous présentons d'une façon encore très générale, combinées à une stratégie locale.

UNE STRATÉGIE LOCALE DE MAÎTRISE DU CHAMP D'INTERACTION

Nous proposons la mise en œuvre d'une stratégie locale capable d'encadrer et d'orienter les multiples actions et initiatives concernant la maîtrise du facteur information stratégique, notamment les multiples réseaux existants et émergents. L'élaboration collective d'une telle stratégie doit réunir les multiples et divers acteurs de l'information stratégique autour des thèmes reliés aux fonctions et aux tâches concernées par la liaison entre l'offre – demande. Selon notre analyse, nous les regroupons en quatre grandes catégories de fonctions à exercer dans le milieu :

1. Fonctions concernées par la quête de l'information :

    – identification des multiples sources (offre) internes et externes par rapport au milieu

    – diagnostic précis des besoins (demande) pour les PME

    – collecte de l'information disponible

    – production d'information nouvelle (enquête, sondage, analyse, etc.)

    – appel à l'information (colloques, conférences, séminaires, etc.)

    – sensibilisation des PME à l'activité de veille et de repérage

2. Fonctions concernées par le traitement de l'information :

    – sélection de l'information pertinente par rapport aux besoins dans le milieu

    – compilation et classement des substances informationnelles

    – décodage des messages

    – stockage (banques) d'information

    – préparation de fiches et de dossiers informatifs

3. Fonctions concernées par la circulation de l'information dans le milieu :

    – classification des besoins d'information par groupes cibles

267

- animation de rencontres sur des cibles (mobiles) pertinentes
- ouverture d'un guichet pour les clients dans certaines organisations (offre)
- mise en circulation de fiches informatives dans les réseaux existants
- mise en circulation de dossiers informatifs dans les réseaux existants

4. Fonctions concernées par la synergie territoriale de la composante information :

- identification des principaux réseaux d'information existants dans le milieu
- identification des acteurs internes et externes de l'information stratégique
- création d'un lieu communautaire de mise en communication des acteurs
- recherche de thèmes communautaires pertinents pour les échanges
- mise en place d'un réseau de réseaux d'information

L'application concrète d'une telle orientation stratégique sur un territoire local s'appuie nécessairement sur de nombreuses actions (activités, initiatives, etc.) qui doivent être précisées et coordonnées selon une convergence globale. Il apparaît que tous les agents de développement[17], ainsi que plusieurs autres agents publics ou collectifs[18] sont inévitablement concernés, comme

---

17. Au Québec, ce sont les conseils, groupes, associations, sociétés et corporations de développement, chambres de commerce, CADC, CAE, SAJE, conseillers municipaux et scolaires, présidents de comités, directeurs d'organisations publiques, etc.

18. Au Québec, ce sont les municipalités, MRC, organisations de recherche-développement, institutions d'enseignement, commissions scolaires, organisations publiques et parapubliques, groupements d'affaires, etc.

acteurs, par ces diverses fonctions (et leurs multiples tâches) qu'il devient nécessaire de coordonner.

Des indicateurs peuvent même être mis au point afin de mesurer l'évolution de l'application concrète de la stratégie par rapport aux retombées dans le milieu. Ces indicateurs donnent ainsi la possibilité d'améliorer judicieusement cette stratégie, et ce, de manière itérative.

De fait, une stratégie de maîtrise du champ d'interaction dans un milieu local devrait être accompagnée, à notre avis, d'une véritable mesure de la dynamique informationnelle. Autrement dit, les multiples initiatives et actions reliées à la quête d'information, le traitement, la circulation de l'information et la synergie territoriale doivent être nécessairement évaluées au fil de leur application. Car, comme le soulignent Guesnier et al. (1993), il ne s'agit pas seulement de créer des structures dans le milieu, mais bien d'animer pertinemment celles qui existent déjà selon, à notre sens, la nouvelle finalité reliée à la maîtrise de l'information stratégique. Il faut notamment éviter les chevauchements et les dédoublements des diverses actions tout en se rapprochant des véritables besoins des clients afin de pouvoir les servir adéquatement.

En ce qui a trait aux interventions face à la composante information stratégique, Breton (1992) soulignait par ailleurs, en constatant l'actuelle mise en œuvre de multiples moyens techniques, qu'il ne faut pas mésestimer les dimensions humaines, sociales et communicationnelles souvent occultées dans le passé récent par des approches trop techniques. Selon notre interprétation, les émetteurs et les récepteurs d'information sont d'abord des êtres humains qui vivent dans un contexte de concurrence et d'individualisme ayant pour corollaires leur méfiance réciproque, leur rétention d'information, leur manque d'habitude à la coopération, leurs hésitations à l'échange, etc. Chaque acteur

269

s'appuie largement sur son propre réseau-égo et sur son réseau-clique, rendant ainsi illusoire la volonté communautaire d'élever le degré de création d'information stratégique adaptée aux divers besoins par la seule mise en œuvre de moyens techniques et de structures. Ainsi, pour un territoire local donné, la maîtrise du champ d'interaction nécessite certes des moyens techniques, mais aussi, et surtout, un contexte culturel possédant une importante dose de bonne volonté et de collaboration entre les acteurs.

CONCLUSION

La maîtrise de l'information stratégique s'avère être au cœur de la réflexion actuelle en science économique en général, et en DEL en particulier. Le modèle d'analyse proposé dans ce texte a permis de définir des concepts utiles, de préciser des enjeux et de diagnostiquer un certain nombre de causes liées au problème de liaison entre l'offre et la demande d'information. Nous avons ainsi constaté que les milieux locaux avaient un important rôle à jouer pour une meilleure maîtrise du champ d'interaction qui permet la rencontre entre émetteurs et récepteurs (sources et besoins) d'information stratégique.

Puisque plusieurs acteurs travaillent déjà dans les divers milieux sur des fonctions et des tâches reliées à ce rôle, la stratégie locale nécessaire implique dès lors une importante dose de coordination. Si l'on considère le pouvoir dispersé et l'autonomie des acteurs, une telle coordination ne peut s'effectuer que sur une base de coopération et de concertation. Il faudrait, à notre sens, créer un Forum territorial, un lieu de dialogue et d'échanges sur des thèmes reliés aux fonctions générales de collecte, de traitement et de circulation de l'information stratégique. En ce sens, la production d'économies externes (ou de synergies), grâce à ce facteur devenu stratégique, deviendrait possible dans les milieux locaux en quête d'innovation et de développement.

RÉFÉRENCES BIBLIOGRAPHIQUES

BRETON, P., *L'Utopie de la communication*, éd. La découverte, Paris, 1992, 322 p.

CAMAGNI, R., *Innovation Networks – Spatial Perspectives*, Belhaven Press, London, éd. 1992, 286 p.

CHARTRON, G., « De l'information spécialisée à l'information élaborée : problèmes de modélisation», *in Actes du 8ᵉ Congrès national des sciences de l'information et de la communication*, Lille, mai 1992, p. 349-362.

CNSIC, «Les nouveaux espaces de l'information et de la communication», *in Actes du 8ᵉ Congrès national des sciences de l'information et de la communication*, Lille, mai 1992, 274 p.

F.E.Q., « Entrepreneurship et développement local», *Actes du Colloque annuel de la Fondation de l'Entrepreneurship du Québec*, Québec, éd. 1994.

France 300, « Rapport d'étude France 300 », Ministère de l'Industrie et de l'Aménagement du territoire, Paris, 1989, 376 p.

GAGNE, P. et LEFÈVRE, M., *L'Entreprise à valeur ajoutée : le modèle québécois*, éd. Publi-Relais, Montréal, 1993, 310 p.

GAGNÉ, P. et LEFÈVRE, M., *Atlas industriel du Québec*, éd. Publi-Relais, Montréal, 1992, 292 p.

GANDBOIS, J., « France : le choix de la performance globale», Commissariat général du Plan, éd. La Documentation Française, éd. 1992, 203 p.

GUESNIER, B., « Espace et information », *in* DERYCKE, P.H., *Espace et dynamiques territoriales*, éd. Economica, Paris, 1992, p. 93-112.

GUESNIER, B. et al., « Réseaux locaux d'innovation dans le Nord Deux-Sèvres », *in* MAILLAT, D. et al., *Réseaux d'innovation et milieux innovateurs*, éd. EDES, GREMI, Neuchâtel, 1993, p. 101-118.

HARBULOT, C., *La Machine de guerre économique*, éd. Économica, Paris, 1992, 163 p.

JAKOBIAC, F., *Pratique de la veille technologique*, Les Éditions d'Organisation, Paris, 1992, 232 p.

LEMOIGNE, J.L., *Les Systèmes d'information dans les organisations*, éd. P.U.F, Paris, 1973, 268 p.

MAILLAT, D. et al., *Entreprises innovatrices et développement territorial*, éd. GREMI, EDES, Neuchâtel, 1992, 255 p.

MAILLAT, D. et al., *Réseaux d'innovation et milieux innovateurs ; un pari pour le développement régional*, Groupe de recherche européen sur les milieux innovateurs (GREMI), éd. EDES, Neuchâtel, 1993, 376 p.

MARSHALL, A., *Industry and Trade*, ed. Macmillan, London, 1919, 276 p.

MARSHALL, A., *Principles of Economics*, ed. Macmillan, London, 1890, 328 p.

MAYER, R., *Rapport sur l'information et la compétitivité*, éd. La Documentation Française, Paris, 1990, 241 p.

MAYERE, A., *Pour une économie de l'information*, éd. CNRS, Paris, 1990, 317 p.

MESR, « Information – Technologie – Innovation », *Actes de la Rencontre de l'information spécialisée*, Ministère de l'Enseignement supérieur et de la Recherche, Délégation à l'information scientifique et technique, Paris, février, 1993, 302 p.

MORIN, E., *Pour sortir du XXe siècle*, éd. Points, Paris, 1981, 380 p.

PASSET, R., *L'Économique et le Vivant*, éd. Payot, Paris, 1979, 404 p.

PLANQUE, B., *Innovation et développement régional*, éd. Économica, Paris, 1983, 184 p.

PMI 90, « Vers la compétitivité globale », *Rapport d'étude*, Commissariat général du Plan, Paris, 1990, 228 p.

PORAT, M.U., « The Information Economy : Definition and Measurement », *Report to the U.S. Department of Commerce*, Washington, 1977, 376 p.

PORTER, M., *Choix stratégiques et concurrences*, éd. Économica, Paris, 1981, 426 p.

PORTER, M., *The Competitive Advantage of Nations*, The Free Press, New York, 1990, 512 p.

PROULX, M.-U. et al., *Profil des organisations publiques, parapubliques et collectives au Saguenay-Lac-Saint-Jean*, éd. GRIR, Université du Québec à Chicoutimi, 1992, 535 p.

PROULX, M.-U., « Vers une stratégie régionale de réseaux d'information », Dossier Informatif, éditions Sapientia, Chicoutimi, 1993a, 28 p.

PROULX, M.-U., « PMO et information stratégique : quel est le rôle du milieu ?, *in* PROULX, M.-U., ibidem, 1993b., 29 p.

PROULX, M.-U., « Organisations – Information stratégique – Régions », *Actes du Colloque tenu à l'Université du Québec à Chicoutimi*, novembre, 1993b.

PROULX, M.-U. et TREMBLAY, D., « Les besoins d'information stratégique chez les PME du Saguenay-Lac-Saint-Jean », *Rapport de recherche*, DSEA, Université du Québec à Chicoutimi, 1993, 127 p.

RATTI, R., *Innovation technologique et développement régional*, L.R.E., D.P.L.M., Méta-Éditions, Lausanne, 1992, 148 p.

SHANNON, C.E. et WEAVER, W., *A Mathematical Theory of Communication*, éd. Urbana, University of Illinois, 1949, 346 p.

SIMON, H.A., *The Sciences of the Artificial*, M.I.T. Press, Cambridge, Massachusetts, 1969, 278 p.

SUTTER, E., *Maîtriser l'information pour garantir la qualité*, éd. AFNOR, Paris, 1993, 148 p.

WEINSTEIN, O., « Procès de production et de circulation des connaissances et recherche industrielle », communication présentée au Colloque Dynamique des services et théories économiques, Université de Lille I, 1987, 14 p.

WIENER, N., *Cybernétique et société*, éd. des Deux Rives, Paris, 1952, 245 p.

WILLIAMSON, O., *Markets and Hierarchies – Analysis and Antitrust Implications*, The Free Press, Collier Macmillan Pub., 1975, 277 p.

WILLIAMSON, O.E., *The Economic Institutions of Capitalism: Firms, Markets and Relational Contracting*, The Free Press, New York, 1985, 326 p.

PÉRIODIQUES

BOURE, R. et DORREON, J.L., « Quand l'information était du pétrole gris », *Les Cahiers du LERASS*, Sciences de la Société, n° 29, 1992, p. 29-40.

BRISES, « Information et communication dans l'entreprise », numéro thématique de la revue *BRISES*, n° 17, 1992.

COASE, R.H., « The Nature of the Firm », *Economica*, 4, 1937, p. 386-405.

COHEN, R., « The Changing Transactions Economy and Its Spatial Implications », *Ekistics*, n° 274, 1979, p. 128-136.

JULIEN, P.-A. et al., « Les PME et les programmes de transfert de l'information technologique », *Revue Canadienne des Sciences Régionales*, vol. XIV, n° 3, 1991, p. 391-411.

LE COADIC, Y., « Une politique scientifique pour l'information », *Documentaliste*, vol. 26, n° 2, 1989, p. 26-42.

OAKEY, R.P. et WHITE, T., « Business Information and Regional Economic Development : Some Conceptual Observations », *Technovation*, vol. 13, n° 3, 1993, p. 147-159.

PLANQUE, B., « La PME innovatrice : quel est le rôle du milieu local ? », *Revue Internationale P.M.E.*, vol. 1, n° 2, 1988, p. 177-192.

PROULX, M.-U., « Flux d'information et dynamique économique », *Cahiers de Géographie du Québec*, vol. 35, n° 95, 1991a, p. 307-332.

PROULX, M.-U., « Espaces locaux, réseaux utilitaires et dynamique économique », *Revue Canadienne des Sciences Régionales*, vol. XIV, n° 1, 1991b, p. 73-92.

RERU, Numéro spécial de la *Revue d'Économie Régionale et Urbaine*, n° 3-4, 1991.

RÉSEAUX, « L'information scientifique et technique », Dossier dans la *Revue RÉSEAUX*, n° 58, mars-avril 1993, p. 3-8.

SALAÜN, J.M., « Les sciences de l'information en question », *Revue RÉSEAUX*, n° 58, mars-avril 1993, p. 9-26.

SIMON, H.A., « Theories of Decision Making in Economics and Behavioural Science », *American Economic Review*, vol. 49, 1959, p. 253-283.

THORELLI, H.B., « Networks Between Markets and Hierarchies », *Strategic Management Journal*, vol. 7, 1986, p. 74-86.

TORRES, A., « Sur les autoroutes de la communication, la ruée des géants de la finance », *Le Monde Diplomatique*, mars 1994.

WILLIAMSON, O.E., « Transaction-Cost Economics : the Governance of Contractual Relations », *Journal of Law and Economics*, n° 22, 1979, p. 233-261.

Alain Bridault – Directeur des services de recherche
ORION, coopérative de recherche et de conseil

CHAPITRE 11

LES DÉTERMINANTS SOCIAUX DE LA CRÉATION D'ENTREPRISES

INTRODUCTION

Ce texte présente l'essentiel des résultats de la recherche appliquée menée par l'équipe d'*ORION* sur « les déterminants sociaux de la création d'entreprises ». Deux constats concernant l'efficacité et l'efficience des multiples programmes et dispositifs[1] d'appui à la création d'entreprises furent à l'origine de cette recherche :

- D'une part, des sommes considérables ont été investies dans ces programmes et ces dispositifs et une incontestable expertise a été développée, mais l'on a un peu l'impression que tout cet

---

1. Les dispositifs désignent un ensemble de programmes et d'activités d'appui à l'entrepreneurship qui se trouvent coordonnés à l'intérieur d'une zone d'intervention. Il peut s'agir par exemple :

   - soit de plusieurs organisations coordonnant certains de leurs programmes d'intervention en vue d'un objectif commun d'offre de tel ou tel service d'appui à l'entrepreneurship ;

   - soit d'une organisation particulière offrant des services d'appui à l'entrepreneurship et contrôlée par d'autres organisations coordonnant leurs propres programmes d'intervention en vue de cet objectif avec les programmes spécifiques créés par cette institution commune.

effort collectif a produit en quelque sorte plus de « médecins accoucheurs » que de « bébés entreprises », que les résultats ne sont pas à la mesure de l'investissement.

- D'autre part, l'intervention des conseillers en création d'entreprises semble produire des résultats tangibles dans certaines régions (Beauce et Arthabaska par exemple), mais les mêmes intervenants échouent dans d'autres régions sans qu'on soit véritablement capable d'expliquer et d'analyser les déterminants de la variabilité de cette efficacité.

Devant ces deux constats, la seule piste d'interprétation qui pouvait apparaître pertinente, surtout quant à la variabilité « spatiale » de l'efficacité des programmes et des dispositifs d'appui à la création d'entreprises, se situait sur le plan des différences socioéconomiques structurelles caractérisant les territoires au sein desquels « germaient » ou ne « germaient pas » de nouvelles entreprises.

Par analogie, nous estimions que, même en arrivant à sélectionner les meilleures « graines d'entreprises », ces « graines » ne sauraient bien germer et se développer que dans la mesure où elles s'enracinent dans un sol riche, dans un « terreau socioéconomique » capable de les alimenter. En d'autres mots, soit il ne serait pas rentable d'investir dans la sélection de ces « graines » d'entreprises pour les semer dans une terre infertile, soit il faudrait apprendre à faciliter l'enracinement de ces germes d'entreprises dans le tissu socioéconomique et culturel ambiant en trouvant les moyens de « bonifier » le terreau social pour le rendre propice à l'éclosion et à l'épanouissement de ces nouvelles entreprises.

C'est sur cette piste qu'a été organisé le programme de recherche appliquée sur « les déterminants sociaux de la création d'entreprises » dans lequel s'est engagée l'équipe d'ORION avec le concours financier de la **Société québécoise de développement de la main-d'œuvre** (SQDM) de la région de Québec-Chaudière-Appalaches et de la Direction de la formation en gestion d'entreprises du **ministère de l'Industrie, du Commerce, de la Science et de la Technologie** (MICST).

L'hypothèse constituant le point de départ de ce processus de recherche était que cette variabilité de l'efficacité des programmes et des dispositifs d'appui à l'entrepreneurship est directement fonction :

- D'une part, de l'interrelation entre la structure sociale et la structure économique des milieux locaux ;

- Et, d'autre part, des modes d'insertion de l'entrepreneur potentiel dans les réseaux sociaux composant cette structure sociale.

La recherche comportait deux objectifs généraux.

1. **L'acquisition de nouvelles connaissances** par l'analyse de l'incidence relative de la dimension sociale de l'entrepreneurship sur la propension à entreprendre dans un milieu d'émergence et sur le succès et l'échec des projets de création d'entreprises.

2. **La création éventuelle de nouveaux moyens d'action** fondés sur la prise en compte de cette incidence et conçus pour maximiser l'efficacité et l'efficience des programmes et des dispositifs d'appui à la création d'entreprises.

En d'autres termes, cette recherche devait permettre de proposer un mode concret de prise en compte des déterminants sociaux de l'entrepreneurship dans les pratiques d'incitation, de formation et d'accompagnement dans le cadre des programmes et des dispositifs d'appui à l'entrepreneurship.

279

Notre recherche était donc centrée sur l'analyse de deux grandes dimensions de la création d'entreprise considérée comme un acte social, soit :

- La relation entre les caractéristiques de la structure sociale d'un milieu et la propension à entreprendre dans ce milieu ;

- La relation entre les caractéristiques des modes d'insertion dans les réseaux d'un entrepreneur québécois et le succès ou l'échec de son entreprise.

Le processus de recherche a été structuré en trois parties.

1. Une revue préliminaire de la littérature a permis de construire le cadre d'analyse.

2. Une première phase de recherche sur le terrain a eu pour objectifs l'étude de la relation entre les caractéristiques de la structure sociale d'un milieu et la propension à entreprendre dans ce milieu, et de la relation entre les caractéristiques des modes d'insertion d'un entrepreneur dans les réseaux de démarrage et le succès ou l'échec de son entreprise.

3. Une deuxième phase de recherche devait, en fonction des résultats obtenus, trouver les moyens d'application concrète des résultats.

Sur le plan du savoir, les résultats obtenus confirment et complètent la nouvelle lecture de la problématique entrepreneuriale se dégageant des recherches les plus récentes sur la question. Le phénomène de l'entrepreneurship s'interprète maintenant en fonction de trois dimensions :

- La dimension personnelle du créateur d'entreprise (profil psychologique et compétences) ;

- La dimension économique du projet (faisabilité et viabilité, risque sectoriel, tissu économique) ;

- La dimension sociale (réseaux ressources, tissu social, réseau personnel et mode d'insertion sociale de l'entrepreneur).

Sur le plan du savoir-faire, les résultats obtenus ont permis, par exemple :

- D'identifier un ensemble d'indicateurs qualitatifs et statistiques à partir desquels il est apparu pertinent et possible de mesurer l'incidence combinée des tissus social et économique d'une région sur la propension à entreprendre ;

- De concevoir un moyen concret de maximisation de l'efficacité des services-conseils auprès des candidats entrepreneurs en proposant un nouveau mode d'approche-conseil fondé notamment sur l'élaboration d'une nouvelle grille d'analyse tridimensionnelle du potentiel de réussite d'un entrepreneur et de son projet d'entreprise.

Ce document présente ainsi, sous forme de résumé, l'essentiel des résultats obtenus[2].

---

2. Les résultats de la recherche ont été présentés dans trois rapports.

   1. Les *Méthodes d'analyse du potentiel entrepreneurial d'une région* (mars 1993, 68 p. et annexes), rapport présentant notamment les paramètres de la construction d'un indice mesurant l'évolution du potentiel entrepreneurial d'une unité régionale ;

   2. *Guide pour le conseil en création d'entreprises* (juin 1993, 55 p. et annexes), rapport présentant l'ossature d'un ouvrage actuellement en rédaction par notre équipe ;

   3. *Les Déterminants sociaux de la création d'entreprises – Rapport final* (juin 1993, 27 p. et annexes), rapport présentant notamment nos recommandations quant au travail de construction du nouvel indice.

- La première section concerne le mode d'insertion sociale de l'entrepreneur.

- La deuxième section analyse la composition et la dynamique d'un tissu socio-économique régional propice à l'éclosion de nouvelles entreprises.

- La conclusion traite de l'application des résultats. Elle présente notamment les fondements de la construction d'un indice mesurant l'évolution du potentiel entrepreneurial d'une région, d'une nouvelle méthode d'analyse qualitative de ce potentiel et d'une nouvelle grille d'analyse du potentiel de succès d'un entrepreneur et de son projet d'entreprise.

L'ENTREPRENEUR ET SON RÉSEAU PERSONNEL

Le succès d'un nouvel entrepreneur résulte à la fois :

- Des caractéristiques économiques de son projet, notamment les déterminants économiques externes (par exemple le risque sectoriel de défaillance) ;

- De son acquisition d'expertise et de connaissances professionnelles et en gestion ;

- De sa capacité à réunir la masse critique de ressources nécessaires au lancement de son entreprise. L'accessibilité à ces ressources (financières, technologiques, humaines, en information, innovation et conseils) est conditionnée par ses modes d'insertion dans les réseaux économiques et sociaux composant le tissu social local.

Le succès d'un entrepreneur dépend donc de sa capacité à se construire un réseau social optimal avant la création de l'entreprise. Le créateur d'entreprise agit ainsi à la fois comme un **acteur économique** et comme un **acteur social**.

En fait, le réseau personnel de l'entrepreneur se constitue et se transforme au cours des quatre phases du processus de création : avant le déclenchement de la décision d'entreprendre, avant la création de l'entreprise, pendant la phase de création et durant les cinq premières années d'activités.

Nous avons fait quatre constats à cet égard.

1. En dehors des déterminants économiques internes et externes par rapport à l'entreprise, le succès durable d'un entrepreneur apparaît conditionné surtout par sa capacité à se constituer un petit réseau personnel composé d'autres entrepreneurs et fondé sur l'échange de compétences et d'expériences, soit ce qui est désigné ci-après comme « cercle de pairs », de même que par la formation en gestion qu'il a pu acquérir avant ou pendant le processus de démarrage de son entreprise.

2. L'insertion d'un entrepreneur dans des organisations sociales locales comme la chambre de commerce ou un club social (les clubs Lions et Rotary notamment, qui semblent majoritairement composés de gens d'affaires) ne constituerait véritablement un facteur incident sur le succès de son entreprise que pour les entrepreneurs se lançant dans le commerce ou les services professionnels, et dans la mesure où cela permet d'établir une clientèle et d'acquérir une visibilité locale. C'est dire que l'intérêt, pour un entrepreneur, à participer à ces organisations est d'abord et avant tout lié à l'information qu'il en retirera. L'intérêt de son insertion dans des organisations sociales s'évalue ainsi par leur utilité, par leur capacité à répondre à certains de ses besoins, et en fonction de la richesse, de la diversité et de

283

l'intensité des échanges d'information. La plupart des industriels interrogés qui se sont retirés des clubs sociaux et des chambres de commerce dans lesquels ils avaient été auparavant actifs expliquent ainsi leur départ : ils perdaient trop de temps par rapport à l'information véritablement utile qu'ils en retiraient. Ceux qui font partie de ces organisations sociales se seraient plutôt inscrits sur une base temporaire (quelques années) pour des fins personnelles, afin de mieux s'insérer dans leur milieu.

3. Pour un nouvel industriel, l'utilité de s'insérer dans ces organisations locales semble donc se situer seulement sur une courte période, autour du démarrage de l'entreprise, lorsqu'il s'agit de former son premier réseau de services professionnels (institutions financières, comptable, conseiller juridique, fournisseurs, ce que nous nommerons le « cercle de gestion ») et de développer les premières relations de solidarité active avec d'autres industriels.

4. **Le réseau personnel type d'un entrepreneur** ayant réussi le démarrage de son entreprise nous **est** apparu ainsi **composé de trois cercles de relations** ayant été constitués les uns après les autres, au long du processus de création et de développement de son entreprise. Nous désignons ces trois « cercles de relations personnelles » d'un entrepreneur de la façon suivante : les cercles « affectif de démarrage et de dépannage », « de gestion » et « de pairs ».

Le cercle affectif de démarrage et de dépannage

La formation de ce premier cercle précède et conditionne souvent la possibilité du démarrage de l'entreprise. Il est l'un des principaux éléments déclencheurs de la décision d'entreprendre. Ce cercle est constitué par les relations de parenté et d'amitié qui fourniront au nouvel entrepreneur une partie de son capital de démarrage et le dépanneront dans les moments difficiles. Il semble que ce *love money*, qu'on pourrait traduire par « capital affectif », joue un rôle primordial dans le démarrage et la survie des petites et moyennes entreprises.

Les contacts de nature professionnelle avec ce cercle sont essentiellement liés aux problèmes de capitalisation ou de financement du fonds de roulement de l'entreprise. Ces contacts de l'entrepreneur avec son réseau affectif sont plus fréquents dans la phase de démarrage et épisodiques, en fonction des crises de liquidités, dans les premières années de développement de l'entreprise.

Le cercle de gestion

La formation de ce deuxième cercle de relations suit généralement la décision d'entreprendre. Il est composé de quatre strates.

1. Quelques professionnels dans les services aux entreprises (comptable, conseiller juridique, conseillers en planification et marketing, etc.).

2. Directeurs des prêts commerciaux d'institutions financières, partenaires financiers, personnes-ressources dans des sociétés d'investissement en capital de risque, etc. ;

3. Fournisseurs, grossistes et acheteurs, responsables de réseaux de mise en marché, etc. ; la plupart des entrepreneurs interrogés dans le cadre de notre recherche se sont constitué un réseau personnel dans cette « strate » avant de démarrer leur entreprise. C'est l'un des autres éléments déclencheurs importants dans la décision d'entreprendre, surtout dans les cas

des types d'entreprises créées par « reproduction » (le cas type est l'ex-employé ou le cadre d'une entreprise qui décide de se lancer dans l'aventure à son compte).

4. Commissaires industriels, conseillers d'agences spécialisées et, directement ou par l'entremise de ces derniers, les réseaux d'agents gouvernementaux et paragouvernementaux.

C'est à travers ce deuxième cercle que l'entrepreneur entretient les relations les plus fréquentes, voire quotidiennes. La plupart du temps, ces contacts semblent se cantonner aux stricts niveaux professionnel et contractuel.

Le cercle de pairs

Il se crée peu à peu, après le démarrage de l'entreprise, des liens d'estime et d'amitié entre l'entrepreneur et d'autres entrepreneurs de sa région, ou des membres de la même association professionnelle. Éventuellement, ils se porteront mutuellement assistance et échangeront des conseils. Les contacts d'un entrepreneur avec son « cercle de pairs » sont moins fréquents qu'avec son « cercle de gestion » (hebdomadaires ou mensuels). Mais ces contacts apparaissent beaucoup moins superficiels et beaucoup plus riches en information échangée.

C'est par ce « cercle de pairs » qu'un entrepreneur parvient à peu à peu « peaufiner » la gestion de son entreprise, à accroître son expertise de propriétaire-dirigeant d'entreprise. Les entrepreneurs, qui créent spontanément un « cercle de pairs », cherchent à améliorer leur performance grâce aux conseils fondés sur l'expérience de leurs semblables. En fait, lorsqu'un cercle est d'une certaine manière institutionnalisé, comme le sont les « clubs d'entrepreneurs », tel le Groupement québécois d'entreprises, ou les « cellules de gestionnaires », telle l'Association des femmes d'affaires, il devient un véritable **cercle d'autoformation** par lequel un entrepreneur acquerra une expertise qu'aucun programme de formation ne pourra jamais lui offrir.

COMPOSITION ET DYNAMIQUE D'UN TISSU SOCIOÉCONOMIQUE RÉGIONAL PROPICE À L'ÉCLOSION D'ENTREPRISES

L'enquête a été menée dans quatre unités régionales[3] (MRC de Drummond, de l'Érable, des Chutes-de-la-Chaudière et Ville-de-Charlesbourg). L'analyse des résultats obtenus a permis d'affiner la compréhension de l'incidence de certains facteurs sociaux sur la création d'entreprises et d'établir la pertinence de la création d'un **indice mesurant l'évolution du potentiel entrepreneurial d'une unité régionale.**

---

3. Une pratique de plus en courante est de désigner par « local » ce qui concerne une MRC, et à attribuer le mot « régional » aux grandes régions administratives. Cependant, si l'on délimite le DEL à ce dernier niveau, il devient difficile de nommer des phénomènes relevant de dimensions territoriales plus petites comme les municipalités. Par ailleurs, réduire le local au niveau de la MRC conduit à exclure du DEL une bonne partie du Québec qui se trouve regroupée dans les trois communautés urbaines. Enfin, le mot « comté », désignant également des unités politiques différentes, est inutilisable. Or, comme il nous fallait distinguer par un vocable unique ce niveau « sous-régional », nous avons choisi de le nommer « unité régionale ». Par unité régionale, nous désignons :

• une unité administrative complexe comme une MRC ;

• un sous-système régional manifestant une cohésion socio-économique autour d'un pôle ou d'un système multipolaire ;

• une unité administrative simple comme une grande municipalité de banlieue intégrée dans l'une des trois communautés urbaines.

L'entité territoriale la plus petite, ou le quatrième niveau territorial, le « local » (après les niveaux de la province, de la région et de l'unité régionale), désignerait donc la petite municipalité ou le quartier.

Le « mécanisme » de cette incidence s'interprète par l'analyse de deux types de données :

1. D'une part, les données sur les caractéristiques de la **composition** d'un tissu social régional à un moment donné, permettant de dessiner la forme des réseaux sociaux en constituant la trame.

2. D'autre part, les données sur les caractéristiques particulières de la **dynamique** de ce tissu social, permettant de qualifier les types de relations et d'échanges dans ces réseaux.

La composition d'un tissu socioéconomique régional propice à l'éclosion d'entreprises

Il est nécessaire de faire d'abord la distinction entre les variables indépendantes et les variables dépendantes caractérisant les unités régionales. Les variables indépendantes[4] différencient ces unités régionales par catégories et relèvent principalement de la géographie politique et économique. Les variables dépendantes identifiées sont les variables caractérisant la composition d'un tissu social régional pour lesquelles nous avons repéré des corrélations significatives avec l'intensité du dynamisme entrepreneurial.

LES DIFFÉRENCES STRUCTURELLES ENTRE UNITÉS RÉGIONALES

Certains des déterminants de la propension à entreprendre sont quasiment intangibles, et les décideurs en région n'ont que peu ou pas de prise sur ces derniers

---

4. Les variables « indépendantes » sont comprises ici dans le sens d'« inchangeables » par les interventions des décideurs en région, à long terme. Les variables dépendantes désignent l'ensemble des déterminants sur lesquels ces décideurs peuvent agir et obtenir des résultats à court et à moyen terme.

(par ex. la distance par rapport à un pôle industriel). Il est donc nécessaire de disposer d'une typologie des régions reflétant adéquatement la disparité des situations afin d'éviter de « comparer un chou et un navet ». Elle reste à construire.

RÉGION-SYSTÈME ET RÉGION-AGRÉGAT

On distingue la région-système, constituant un tout homogène, de la « région-agrégat », qui est hétérogène. Le degré de cohérence entre les territoires des différentes administrations et les organisations publiques, parapubliques et privées semble avoir une forte incidence sur la propension à entreprendre. Plus il y a correspondance entre les territoires des grands réseaux d'administrations publiques et privées, plus il y a probabilité d'émergence d'une cohérence entre les interventions des administrations et des décideurs en région, en matière de stimulation de l'entrepreneurship.

PROXIMITÉ ET ÉLOIGNEMENT DE LA RÉGION-CENTRE

Cette « distance » ne se mesure pas en kilomètres, mais par la force d'attraction d'un grand centre urbain. Plus une unité régionale se trouve « satellisée », moins elle semble avoir de probabilités de développer une identité régionale ou locale, et une politique endogène de DEL qui se fonderait sur la concertation et la synergie d'un réseau d'organisations dont elle serait le centre des activités.

Cependant, la « satellisation », sur le plan de la dynamique entrepreneuriale, semble avoir des effets autant positifs que négatifs :

- Négatifs lorsqu'elle se traduit par un « cannibalisme » entre satellites et avec le centre pour attirer les industries, par exemple à coup de dumping sur les taxes ou les prix des terrains industriels ;

- Positifs en offrant aux entrepreneurs un marché et une grande variété de ressources au cœur de la région-centre.

LES DIFFÉRENCES STRUCTURELLES CARACTÉRISANT LE TISSU INDUSTRIEL RÉGIONAL

Les recherches sur le tissu industriel régional (TIR) ont été particulièrement développées en France dans la foulée des exercices de planification indicative systématique sous l'égide de l'État. Les économistes français distinguent les TIR constituant de véritables systèmes industriels et les TIR n'étant que des sous-ensembles statistiques. À cet égard, le concept des TIR, fondant l'analyse comparée des problématiques industrielles régionales, outre le fait qu'il constitue un « invariant » relatif sur lequel peut se fonder une typologie opérationnelle des unités régionales, peut se combiner, à notre avis, avec le concept des grappes industrielles, fondant l'analyse comparée des problématiques sectorielles. Cela met en relief la double interdépendance de toute industrie et le double ancrage nécessaire, sectoriel et régional, des stratégies de développement industriel nationales et régionales.

LES VARIABLES SOCIALES DÉPENDANTES CARACTÉRISANT LA COMPOSITION D'UN TISSU SOCIAL RÉGIONAL

Des quatres unités régionales étudiées, la MRC de Drummond est sans conteste celle qui a connu les plus remarquables succès en création d'entreprises. Nous avons essayé de comprendre sur quoi repose ce succès relatif. Nous avons ainsi identifié un faisceau de variables socioéconomiques dépendantes (les déterminants) dont la combinaison tend à expliquer pourquoi telle région connaît beaucoup plus de succès en matière de création d'entreprises que telle autre région.

LA DENSITÉ ASSOCIATIVE D'UNE UNITÉ RÉGIONALE

La densité associative est le rapport entre le nombre d'associations ayant leurs sièges sociaux dans une unité régionale et la population. Plus il y a d'associations dont le siège social est situé dans l'unité régionale, plus il y a de probabilités que les responsables de ces associations développent une forte identité régionale. À l'inverse, moins il existe d'associations autonomes, moins se développeront cette identité régionale et la volonté d'autonomisation, de « différer », qui constitue l'un des ferments de la volonté d'entreprendre.

LA DIVERSITÉ ASSOCIATIVE D'UNE UNITÉ RÉGIONALE

La diversité associative est l'étendue de la gamme d'associations actives dans une unité régionale. Nos observations sur le terrain et les données statistiques recueillies indiquent une corrélation probable entre l'existence d'une grande variété d'organisations sociales et la propension à entreprendre[5]. Le foisonnement associatif est apparu porteur du foisonnement entrepreneurial. Les multiples associations à vocation sociale ou économique seraient autant de pépinières d'entrepreneurs. Cela traduit bien le caractère social de la création d'une entreprise. Plus le paysage associatif environnant est diversifié, plus un entrepreneur potentiel aura la possibilité d'acquérir les habiletés sociales[6] nécessaires

---

5. Le dynamisme entrepreneurial actuel de Drummondville, par exemple, se manifeste par un foisonnement associatif assez exceptionnel en ce qui concerne les associations à vocation économique ou regroupant des décideurs économiques (tous les clubs sociaux, du Rotary au Richelieu, y sont actifs, quatre clubs d'entrepreneurs, des réseaux informels d'hommes d'affaires, etc.). Ce dynamisme associatif aurait précédé le dynamisme entrepreneurial et préparé la mutation réussie d'une économie en déclin, caractéristique d'une ex-ville mono-industrielle, en une pépinière de PME en expansion.

6. Par habileté sociale, nous désignons une forme de « débrouillardise » sociale résultant de l'apprentissage d'un ensemble de

pour relever les défis de la création de son entreprise et former son réseau personnel.

LA DIVERSITÉ DES RESSOURCES PROFESSIONNELLES

L'éloignement de certaines ressources professionnelles apparaît comme un handicap majeur inhibant la création et la réussite de nouvelles entreprises dans la mesure où cet éloignement se traduit par des surcoûts (temps et argent) et par un affaiblissement de la capacité de gestion (un accroissement des risques d'erreurs), lorsqu'un entrepreneur estime ne pas pouvoir assumer ces surcoûts. Cette accessibilité des ressources professionnelles constitue l'une des « externalités » importantes pour une jeune entreprise, c'est-à-dire un élément de son environnement sur lequel elle n'a pas prise. La diversité de la « palette » de ressources professionnelles et institutionnelles accessibles quotidiennement dans une unité régionale se présente donc comme l'un des déterminants importants de la création d'entreprise.

Dans le cadre de ce processus de recherche, qui n'avait qu'un caractère exploratoire, nous avons donc identifié trois variables de la composition du tissu socio-économique régional pour lesquelles nous avons observé des corrélations significatives avec le taux de création d'entreprises dans une unité régionale. Une recherche longitudinale permettrait certainement de repérer d'autres indicateurs sociaux pertinents.

La dynamique d'un tissu social régional propice à l'éclosion d'entreprises

Le *networking* est un élément déterminant du succès d'un entrepreneur. Le mode d'ancrage économique **et**

---

comportements, d'attitudes et de capacités permettant à l'entrepreneur potentiel par exemple de jauger les personnes qu'il rencontre et de prendre des décisions en situation d'incertitude.

social de l'entreprise dans son milieu régional par les « synapses » entre le réseau personnel de l'entrepreneur et les réseaux formels et informels environnants conditionne la réussite entrepreneuriale. Le dynamisme entrepreneurial d'une région est ainsi conditionné par la « vitalité » de son tissu social. Cette vitalité s'observe par la multiplicité de ces synapses, et par l'intensité et la qualité des échanges d'information qui s'y produisent. L'analyse de la dynamique d'un tissu social régional peut donc se faire par l'observation de la production et de la circulation d'information dans l'entrelacs des réseaux sociaux qui en composent la trame, et du mode d'interconnexion entre ces réseaux.

LA PRODUCTION D'INFORMATION ET SA CIRCULATION DANS LE TISSU SOCIAL RÉGIONAL

Information « chaude » et information « froide »

La production et la circulation d'information est la raison d'être des réseaux sociaux, leur principale activité, et ce par quoi et pour quoi se tissent les réseaux. Nous différencions les informations produites par ces réseaux selon deux types :

- Les réseaux formels produisent, pour l'entrepreneur potentiel ou révélé, une information que nous qualifions de « froide » ;

- Les réseaux semi-formels et informels produisent une information que, par comparaison, nous qualifions de « chaude[7] ».

---

7. Nous utilisons cette formulation non seulement par analogie avec les thèses de McLuhan sur les médias « chauds » et « froids », mais également avec les concepts d'argent « chaud » et d'argent « froid » utilisés par les experts en développement international pour distinguer les investissements dans les pays du Sud provenant de capital étranger du Nord (froid) de ceux provenant du capital accumulé dans le pays même (chaud).

L'information « froide » renseigne l'entrepreneur

Dans les réseaux formels (institutionnels, hiérarchisés), du type réseaux ministériels, de la santé ou de l'enseignement et de la formation des adultes, il y a essentiellement **production** et **diffusion** d'une **information « froide », écrite**, c'est-à-dire d'un **ensemble ordonné de savoirs objectifs** ou reconnus comme tels. L'information froide est produite pour être distribuée sur un marché comme un produit aux caractéristiques normalisées. L'archétype du réseau formel produisant de l'information froide à destination des entrepreneurs est le réseau de l'État.

L'information «chaude» forme l'entrepreneur

Dans les réseaux semi-formels et informels (non hiérarchisés, égalitaires), il y a essentiellement production et **échange** d'une **information « chaude », orale, d'un ensemble désordonné de savoir, de savoir-faire, de savoir-être (d'apprentissages à base d'expériences, de comportements et d'attitudes)**. L'information chaude s'échange ou se confie dans une relation sociale « hors marché ». L'entrepreneur performant tend à privilégier la recherche d'information « chaude ». Il trouve ce type d'information par exemple dans ses relations interpersonnelles avec des semblables (son « cercle de pairs »).

La création d'une entreprise résulte de la fusion originale de l'information « froide » et de l'information « chaude »

Les travaux de Minzberg sur les grandes entreprises ont mis à jour les réseaux informels composant une structure parallèle sous la structure organisationnelle officielle. Aux différents échelons de la production, une expertise individuelle et collective se forme constamment et s'échange au sein de ces réseaux informels.

Dans le même ordre d'idée, les pratiques actuelles de stimulation de l'intrapreneurship par les cercles de qualité, qui permettent aux employés de confronter le désordre de leurs expertises individuelles (de leurs « trucs de métier ») et l'ordre des procédures de travail établies pour inventer de nouvelles méthodes de production ou pour les améliorer par petits ajustements, sont des méthodes de recueil et d'échange d'information chaude.

Par analogie, on peut ainsi dire que les clubs d'entrepreneurs (ou les cercles de pairs) sont l'équivalent des cercles de qualité pour les chefs d'entreprises. Comme une grande entreprise, une unité régionale constitue un système plus ou moins structuré par des institutions et des réseaux formels, eux-mêmes « traversés » par des réseaux informels composant une structure sociale « souterraine » qui irrigue la structure sociale formelle. Dans ces réseaux informels se forment des expertises personnelles, en désordre, composées d'attitudes et de savoir-faire adaptés à la dynamique et aux contingences particulières à ce sous-système socio-économique.

Par ailleurs, un entrepreneur est toujours, d'une certaine manière, un déviant social, une espèce d'aventurier, une personne qui rompt avec la norme, un innovateur, un créateur, quelqu'un qui ose prendre des risques calculés. Son imagination créatrice, sa capacité d'innovation, ses intuitions, son sens du risque, sa décision d'entreprendre naissent de la rencontre, du télescopage de ces deux types d'information, « froide » et « chaude », de l'opposition qu'il résoud entre l'ordre et le désordre de ces types d'information, de la fusion qu'il effectue entre le normal et l'anormal dans son environnement socioculturel.

L'entrepreneur s'informe, se forme et entreprend en combinant l'information froide et l'information chaude

295

qu'il recueille auprès des réseaux formels actifs dans son environnement immédiat, dans les réseaux semi-formels auxquels il participe et au sein de son réseau personnel (son cercle de gestion l'approvisionne en information surtout « froide » et son cercle de pairs en information surtout « chaude »). Il invente et construit le succès de son entreprise par le traitement personnel qu'il effectue de ces informations.

L'INTERCONNEXION ENTRE LES RÉSEAUX

Afin de promouvoir une politique et une pratique régionale efficaces de stimulation de la dynamique sociale et, par voie de conséquence, de la propension à entreprendre, il faudrait donc, d'une certaine manière :

- Maximiser la production, l'échange et la diffusion dans tout le tissu social régional d'information « froide » et « chaude » ;

- Favoriser l'interconnexion entre les réseaux formels d'appui à la création d'entreprises et les réseaux informels d'entrepreneurs et d'entrepreneurs potentiels.

Les quatre types de réseaux composant le « terreau social propice à l'éclosion de nouvelles entreprises »

Le réseau de première ligne, ou l'« humus » (pour reprendre l'analogie agreste), dans lequel s'enracinent les nouvelles entreprises est lui-même composé de quatre types de réseaux. Cela ne diminue pas l'importance des réseaux « de fond » constituant le substrat social d'émergence comme les réseaux d'associations à vocation sociale.

1. Les réseaux institutionnels économiques, politiques et sociaux dont les interventions et les services ont une incidence directe ou indirecte sur la prise de décision d'entreprendre et sur le

devenir des entreprises (réseaux des ministères, des institutions publiques et parapubliques à vocation économique, des institutions financières, de l'enseignement, de planification régionale : municipalités, corporations de développement économique, conseil régional de concertation et de développement [CRCD], etc.).

2. Les réseaux regroupant principalement des entrepreneurs (réseaux de clubs d'entrepreneurs, de chambres de commerce et d'associations sectorielles, et du type Clubs Lyons ou Kiwanis).

3. Les réseaux informels d'hommes et de femmes d'affaires, par exemple le petit réseau qui réunit régulièrement entrepreneurs et décideurs à La Guadeloupe en Beauce, ou les quelques réseaux « souterrains » dont nos répondants à Drummondville nous ont signalé l'existence et l'importance.

4. L'ensemble des réseaux personnels informels des entrepreneurs et des entrepreneurs potentiels.

Les réseaux charnières entre l'entrepreneur et les réseaux formels et informels

Certaines organisations sont des points et des occasions d'échanges, ou elles les créent, entre les organisations et les réseaux formels, et la structure « souterraine », « transversale » des réseaux semi-formels et informels regroupant les entrepreneurs potentiels et actifs. Ainsi, les institutions de recherche et d'enseignement produisent et diffusent de l'information objective (froide) qui, dans le domaine de la création et de la gestion d'entreprises, est la plupart du temps le résultat des structurations et des théorisations d'information « chaude »

297

recueillie auprès des entrepreneurs. Les centres d'entrepreneuriat universitaires et collégiaux, les incubateurs d'entreprises, la Fondation de l'entrepreneurship sont autant d'exemples de ce type de réseaux charnières. Ils alimentent les conseillers et les formateurs qui redistribuent une information objective et ordonnée auprès des entrepreneurs potentiels et des nouveaux entrepreneurs.

Les réseaux formels et semi-formels facilitant la formation du réseau personnel d'un entrepreneur

Le commissariat industriel ou la corporation de développement économique constituent les principales portes d'entrée dans les réseaux formels et informels pour un nouvel entrepreneur. Ces institutions lui permettent de former ou de compléter son « cercle de gestion » et, dans certains cas, son « cercle de pairs », et l'introduisent auprès du réseau de l'État. Elles initient l'entrepreneur à la collecte et à l'utilisation des flots d'information « froide » produits par l'État, de même qu'à l'utilisation des services offerts (par exemple aux quelque 400 programmes de subventions à l'entreprise).

CONCLUSION : L'APPLICATION DES RÉSULTATS

En vertu des résultats de cette recherche, trois principaux moyens d'action nous sont apparus appropriés pour maximiser l'efficacité des dispositifs d'appui à la création d'entreprises. Les deux premiers devraient concourir à créer les conditions sociales propices à l'émergence de nouvelles entreprises en permettant aux décideurs régionaux de fonder leurs interventions sur la connaissance de la structure et de la dynamique propre à leur unité régionale. Il s'agit de la création d'un indice mesurant l'évolution du potentiel entrepreneurial d'une unité régionale et de l'élaboration d'une nouvelle méthode d'analyse socioéconomique. Quant au troisième, il s'agit de l'élaboration d'une nouvelle méthode d'analyse du potentiel de succès d'un entrepreneur et de son projet d'entreprise.

La création d'un indice mesurant l'évolution du potentiel entrepreneurial d'une unité régionale

Il est apparu possible et pertinent d'envisager la construction d'un **indice composite mesurant le potentiel entrepreneurial d'une unité régionale**. Un tel indice serait élaboré lui-même à partir de deux indices : **le potentiel social**, exposant l'évolution de la structure d'un tissu social régional (à partir d'indicateurs mesurant les caractérisques des déterminants sociaux de la création d'entreprises dans cette unité régionale) et **le potentiel économique**, exposant l'évolution d'un tissu économique régional (mesurant les caractéristiques des déterminants économiques de la création d'entreprises).

Il s'agit de construire une méthode de mesure de l'évolution du potentiel entrepreneurial qui permette, par la fiabilité des indicateurs (et de leur mode de pondération relative) composant les deux indices, d'utiliser ces derniers pour fonder l'analyse stratégique du potentiel de développement entrepreneurial d'une unité régionale. Cette unité régionale serait alors prise comme un « système », de la même manière qu'une entreprise utilise par exemple les ratios de gestion. Cela nécessitera une recherche longitudinale sur un vaste échantillon de la « population » d'unités régionales.

Cependant, l'indice est nécessaire mais insuffisant, à lui seul, pour traduire la complexité de l'incidence des déterminants socioéconomiques de la création d'entreprises. Les composantes de l'indice présenteront le portrait d'un tissu socioéconomique régional à un moment donné, à la manière d'un bilan d'entreprise, et pourront être utilisées, à la manière de ratios d'entreprise, pour comparer l'évolution de la région avec les années passées et avec les autres régions de même type. En ce sens, l'indice sera un excellent outil de référence pour les décideurs en région engagés dans un processus de planification stratégique du DEL.

Mais cet indice ne peut permettre de saisir la dynamique du tissu social. Or, on ne peut pas évaluer la propension à entreprendre d'un milieu régional, pris comme un système, et, *a fortiori*, décider d'intervenir pour l'améliorer, sans comprendre ce qui conditionne la vitalité ou, au contraire, l'atonie de son tissu social.

Une nouvelle méthode d'analyse socioéconomique d'une unité régionale

La compréhension des déterminants de la vitalité ou de l'atonie d'un tissu social ne peut se fonder que sur la collecte et l'analyse de données qualitatives caractérisant les relations entre les différents types de réseaux sociaux. Il apparaissait donc approprié de chercher à composer un modèle d'analyse de la problématique du développement entrepreneurial dans une unité régionale en intégrant l'analyse de ces données qualitatives et l'analyse des « ratios » pour affiner l'évaluation de la situation comparative du potentiel entrepreneurial d'un système régional. En d'autres mots, un indice mesurant l'évolution du potentiel entrepreneurial d'une unité régionale peut être un outil d'observation et d'analyse important, mais son utilité concrète ne peut se manifester que s'il s'intègre dans un processus d'analyse plus vaste. Ce processus d'analyse permettra d'identifier les faiblesses dans la dynamique du tissu social d'une région inhibant la propension à entreprendre, et par rapport auxquelles les décideurs dans cette région peuvent élaborer et appliquer des mesures correctives.

Par ailleurs, la façon d'utiliser la nouvelle grille d'analyse qui se dégage des résultats de cette recherche peut être aussi importante que les résultats (en ce qui a trait au diagnostic des forces et faiblesses) que pourrait apporter l'application de cette grille. En d'autres mots, dans le cadre d'une planification régionale du développement entrepreneurial d'une unité régionale, **le processus d'analyse peut être aussi important que l'analyse elle-même**.

En effet, le modèle de processus d'analyse devrait, en lui-même, permettre l'accroissement de la fluidité des échanges d'information « froide » et « chaude » en engageant, directement ou indirectement, trois principales catégories d'acteurs, soit les entrepreneurs, les agents des dispositifs d'appui à la création d'entreprises et les élus municipaux. La formation d'un diagnostic socio-économique du potentiel entrepreneurial résulterait ainsi d'un vaste exercice de production et de circulation d'information.

Cet exercice pourrait être, en soi, une intervention efficace dans la dynamique sociale régionale s'il se fonde sur la production et la collecte d'information par les principaux acteurs des réseaux sociaux et auprès de ceux-ci. A priori, cette affirmation peut ne pas sembler nouvelle puisque les processus de planification régionale actuellement engagés sont le fait de nombreux acteurs regroupant les principaux décideurs de la région. Cependant, comme nous venons de le souligner, l'avantage de ce nouveau processus d'analyse tient à ce qu'il ne se fonde pas uniquement sur une information objective, « froide », produite par les réseaux formels, mais sur une méthode de cueillette d'un nouveau type d'information, « chaude », produite au sein des réseaux informels et, principalement, par les entrepreneurs qui sont les grands absents de ces processus de planification.

On peut donc esquisser un modèle général de processus d'analyse stratégique des enjeux du développement entrepreneurial dans un système régional. Ce modèle permettrait de maximiser la pertinence des décisions et des interventions résultant des processus de planification indicative concertée qui sont progressivement mis en place dans les unités régionales au Québec.

Dans la mesure où il s'agit de faire participer un maximum de personnes, le modèle pourrait, par exemple, s'inspirer de certaines méthodes de planification stratégique en usage dans les grandes organisations publiques ou coopératives et comprendre quatre étapes :

1. Élaboration du **profil socioéconomique** de l'unité régionale selon le modèle « traditionnel » actuellement en vigueur, et intégrant les indicateurs composant les indices du potentiel économique et du potentiel social et mesure de l'indice du potentiel entrepreneurial et des ratios pertinents.

2. **Enquête-diagnostic de la dynamique du tissu social** (réseaux et interconnexion entre réseaux, repérage des dysfonctionnements) par des entrevues en profondeur (ou par des techniques de recueil d'avis de groupe) avec des entrepreneurs dans les différentes grappes industrielles et les principaux animateurs des quatre types de réseaux propices à l'éclosion de nouvelles entreprises.

3. Rédaction d'un **rapport synthèse** analysant les enjeux face aux menaces et aux bonnes occasions, les défis relevant des forces et des faiblesses du tissu socioéconomique régional, et identifiant les cibles stratégiques potentielles.

4. **Identification des priorités et programmation des interventions stratégiques correctives** par les instances régionales.

Une nouvelle méthode d'analyse du potentiel de succès d'un entrepreneur et de son projet d'entreprise

L'un des résultats corollaires du processus de recherche entrepris par notre équipe résulte du constat de l'inexistence d'un ouvrage de référence pour la formation des conseillers en création d'entreprises. Nous avons donc entrepris de recueillir l'expertise de conseillers performants, de la combiner avec les concepts et les méthodes de travail en consultation individuelle développés par d'autres disciplines professionnelles et, grâce aux résultats de cette recherche, de produire un « *Guide pour le conseil en création d'entreprises* » dont une version plus élaborée est actuellement en préparation.

L'un des éléments originaux de cet ouvrage est l'élaboration d'une nouvelle grille de variables, composée de trois ensembles, pouvant servir de grille de référence à partir de laquelle un conseiller pourra, en intégrant sa propre expertise, évaluer d'une manière plus « fine » qu'avec la seule analyse du plan d'affaires, le potentiel de réussite d'un entrepreneur et de son projet d'entreprise. Cette grille recense les variables pertinentes pour l'évaluation du potentiel social de la personne (caractéristiques de son réseau personnel : surface sociale, intensité et diversité d'utilisation, ampleur et diversité des ressources accessibles, etc.), pour l'évaluation du potentiel entrepreneurial de la personne (histoire personnelle, capacités et attitudes, etc.) et pour l'évaluation du potentiel économique d'un projet d'entreprise (qualité du plan d'affaires, risque financier de l'entrepreneur, risque sectoriel de défaillance, etc.).

RÉFÉRENCES BIBLIOGRAPHIQUES

ADEP, *Création d'activités, création d'emplois et formation continue*, Paris, Agence nationale pour le développement de l'éducation permanente, 1979, 158 p.

ALDRICH, H. et ZIMMER, C., « Entrepreneurship Through Social Networks », *in* Sexton D. and Similar, R. (eds), *The Art and Science of Entrepreneurship*, Cambridge, Mass., Bollinger Publishing Company, 1986, p. 3-23.

ALDRICH, H. et ROSEN, B., « The Impact of Social Networks on Business Foundings and Profit : A Longitudinal Study », *Frontiers of Entrepreneurial Research*, Proceeding of the Seventh Annual Babson College Entrepreneurship Research Conference, Mass., Center for Entrepreneurial Studies, Babson College, Mass., 1987, p. 154-168.

BELLEY, A., *Les Milieux incubateurs de l'entrepreneurship*, 2e édition, Fondation de l'entrepreneurship, Charlesbourg, 1987, 103 p.

BLAIS, R. et TOULOUSE, J.-M., « Motivations pour créer une entreprise » *in Comptes rendus du 34e Congrès international du Conseil international de la petite entreprise*, édité par Gérald D'AMBOISE et Yvon GASSE, Québec, Université Laval, Faculté des sciences de l'administration, 1989, p. 365-378.

COLLETETTE, P. et AUBRY, P., *Le Profil de la femme d'affaires au Québec en 1986*, Hull, Université du Québec à Hull, 1987, 61 p.

DOUSSOU, F. S., *Le Créateur d'entreprise. Profil et besoins, propositions d'actions*, Dossier de recherche n° 9, Paris, Centre d'études de l'emploi, 1984, 83 p.

FORTIN, P.-A., *Devenez entrepreneur : pour un Québec plus entrepreneurial*, Québec, Fondation de l'Entrepreneurship, Les éditions Transcontinentales inc. et les Presses de l'Université Laval, Charlesbourg, Montréal, Québec, 1992, 360 p.

GARNIER, B., GASSE, Y. et PARENT, A., « Évaluation d'un programme de formation de dirigeants de PME : étude empirique au Québec », *in Comptes rendus du 34e Congrès international du Conseil* *international de la petite entreprise*, édité par Gérald D'AMBOISE et Yvon GASSE, Québec, Université Laval, Faculté des sciences de l'administration, 1989, p. 434-448.

GASSE, Y., *Characteristics Functions and Performance of Small Firm Owner-Manager in Two Industrial Environments*, North Western University, 1978, 709 p.

GASSE, Y., *Posséder mon entreprise (Une approche dynamique de la création d'entreprise)*, Sillery, Fischer Press, 1988, 305 p.

HOLT, « Network Support Systems : How Communities Can Encourage Entrepreneurship », *in Frontiers of Entrepreneurship Research, 1987*, Center for Entrepreneurial Studies, Babson College, MA, Proceeding of the Seventh Annual Babson College Entrepreneurship Research Conference, p. 44-56.

LAVOIE, D., *Les Entrepreneures : pour une économie canadienne renouvelée*, Document de référence DR 1988-2F, Ottawa, Conseil consultatif canadien sur la situation de la femme, 1988, 64 p.

MCNEIL, R. D., « Entrepreneurship : State or Trait ? Conceptual and Research Implications », *in Comptes rendus du 34ᵉ Congrès international du Conseil international de la petite entreprise*, édité par Gérald D'AMBOISE et Yvon GASSE, Québec, Université Laval, Faculté des sciences de l'administration, 1989, p. 534-548.

OCDE, *Réussir le changement : entrepreneuriat et initiatives locales*, OCDE, Paris, 1990, 88 p.

PETTITT et THOMSPTONE, « Entrepreneurial Networking Strategies and Processes within Small Urban and Rural Manufacturing Enterprises », *in Comptes rendus du 34ᵉ Congrès international du Conseil international de la petite entreprise*, édité par Gérald D'AMBOISE et Yvon GASSE, Québec,

Université Laval, Faculté des sciences de l'administration, 1989, p. 217-235.

SHAPERO, A. et SOKOL, L., « The Social Dimensions of Entrepreneurship », *in* C. KENT, D. SEXTON and K. VESPAR (eds) *Encyclopedia of Entrepreneurship*, Prentice-Hall Englewood Cliffs, NJ, 1982, p. 72-90.

SPITZER, D.M. et FORD, R.H., « Business Incubators : Do We Really Understand Them ? », *Frontiers of Entrepreneurship Research*, Babson College, Saint-Louis University, 1989, p. 436-447.

TOULOUSE, J.M., *L'Entrepreneurship au Québec*, HEC, FIDES, Montréal, 1979, 139 p.

PÉRIODIQUES

AROCENA, J., BERNOUX, P., MINGUET, G., PAUL-CAVALLIER, M. et RICHARD, P., *La Création d'entreprise, un enjeu local*, Notes et études documentaires nos 4709-4710, Paris, La Documentation française, 1983, 135 p.

BENOUN, M. et SENICOURT, P., « Création d'entreprise : à la recherche d'une politique », *Futuribles*, n° 49, novembre 1981, p. 3-19.

BENOUN, M. et SENICOURT, P., « Pour un système français d'aide à la création d'entreprise », *Futuribles*, n° 51, janvier 1982, p. 59-79.

BERTOLINI, G. et TUDWAX, R., « Création d'entreprises et création d'emplois : maïeutique industrielle et ingénierie de la création », *Économie et Humanisme*, n° 263, janvier-février 1982, p. 16-28.

FLEMING, « The Cultural Determinants of Entrepreneurship and Economic Development », *Journal of Economic History*, vol. XXXIX, n° 1, 1979, p. 211-224.

GODBOUT, J., OUELLET, D. et ST-MARTIN, N., *L'auto-gestion au féminin : la création de coopératives de travail par des femmes, Partie 1 : Revue de littérature*, Coll. « Essais » n° 21, Sherbrooke, Université de Sherbrooke, IRECUS, 1990, 94 p.

LACASSE, R.-M. et LAMBERT, B.A., « L'émergence de l'entrepreneuriat féminin au Canada : le cas particulier de la propriétaire-dirigeante dans le secteur manufacturier », *Revue P.M.O.*, vol. 5, n° 2, 1990, p. 14-21.

LORRAIN, J. et DUSSAULT, L., « Les entrepreneurs en phase de démarrage : profil psychologique et comportement de gestion », *Revue P.M.O.*, vol. 2, n° 1, 1986, p. 26-38.

MC CLELLAND, D., « Need for Achievement and Entrepreneurship : A Longitudinal Study », *Journal of Personnality and Social Psychology 1*, 1965 , p. 389-392.

NEUNREUTHER, B., « Les possibilités et les limites de la formation dans le domaine de la création d'entreprise », *Enseignement et gestion*, nouvelle série, n° 11, automne 1979, p. 7-13.

SENICOURT, P., « La recherche en création d'entreprises. Bilan et perspectives », *Enseignement et gestion*, n° 34, été 1985, p. 87-93.

Diane Poulin, professeure
Faculté des sciences de l'administration – Université Laval
Marc Ferland
Coordonnateur de l'implantation de la politique industrielle – Ministère de l'Industrie,
du Commerce, de la Science et de la Technologie du Québec (MICST)
Benoit Montreuil, professeur
Faculté des sciences de l'administration – Université Laval

CHAPITRE 12

L'ENTREPRISE RÉSEAU : UNE STRATÉGIE DE DÉVELOPPEMENT DE L'ENTREPRISE INTÉGRÉE À LA POLITIQUE INDUSTRIELLE DU QUÉBEC

INTRODUCTION

Les années quatre-vingt-dix sont marquées par de nombreux bouleversements, et ce, tant au niveau géopolitique qu'économique.

Certains affirment même que le siècle à venir s'est ouvert 11 ans à l'avance, en 1989, avec l'effondrement du mur de Berlin et la réunification de l'Allemagne. D'autres faits tout aussi importants et reliés étroitement aux précédents – la dislocation de l'Union soviétique et la fin de la Guerre froide –, entraînent des

chambardements politiques qui ont un impact considérable sur l'ensemble du système mondial et changent
les règles du jeu : éclatement des frontières et reformu-
lation des alliances entre les nations.

La métamorphose se poursuit aussi du côté économique avec la mondialisation de l'économie qui s'exprime
entre autres choses par la formation de blocs continen-
taux : l'Europe, l'Amérique et l'Asie. Des traités de libre-
échange, tels celui de l'ALENA pour l'Amérique, sont
signés entre pays d'un même continent. La création de
ces vastes zones d'échanges provoque l'intensification de
la concurrence internationale et force les pays à se doter
de stratégies de développement ambitieuses, chacun
voulant attirer chez lui les investisseurs, les capitaux, les
clients, créer des emplois, etc.

Du côté du monde des affaires, les grandes sociétés n'échappent pas à ces nouvelles tendances. Elles sont
forcées de se restructurer de façon à être plus flexibles
pour intégrer tous ces changements, tout en adoptant
des stratégies plus offensives : développement d'alliances
outre frontières et mondialisation de leurs activités. Elles
deviennent des entreprises transnationales ou sans
frontières (Bartlett et Ghoshal, 1989 ; Ohmae, 1990).

Néanmoins, la mondialisation de l'économie et
des marchés, la libéralisation des échanges et l'intensification de la concurrence internationale frappent
encore plus de plein fouet les petites et les moyennes
entreprises, dont les ressources sont souvent plus limi-
tées que celles des grandes pour affronter les menaces
ou même pour saisir les bonnes occasions.

En même temps, les changements technologiques
s'accélèrent, particulièrement à partir des technologies
de l'information qui pénètrent tous les secteurs d'activités. On peut d'ores et déjà rejoindre n'importe qui,
n'importe où et à n'importe quel moment par communications téléphoniques, télécopieurs, communications

par satellites, etc. Les réseaux d'accès à l'information sont de plus en plus nombreux et l'information devient sans cesse plus importante dans le commerce mondial. Ainsi, il est désormais possible, grâce aux communications par satellite, d'échanger de l'information par vidéoconférence sur le comportement réel du consommateur par rapport à un produit donné ou à une promotion, ou de connaître en temps réel les ventes des produits d'un fournisseur.

En somme, tout le fonctionnement des organisations est en pleine mutation et les échanges entre les acteurs industriels se multiplient et s'intensifient à un rythme effarant. Mouvements des capitaux, circulation de l'information, accélération du savoir, rapidité d'innovation des produits et des procédés ne sont que quelques-uns des éléments de la nouvelle concurrence mondiale (Best, 1990 ; Reich, 1991).

Pour affronter cette nouvelle concurrence mondiale et faire face à tous ces changements de l'environnement, la coopération devient un élément clé de la capacité concurrentielle des nations, mais aussi des entreprises quelles qu'elles soient, grandes ou petites. Sérieyx (1993) ajoute, dans son récent ouvrage :

> C'est vrai pour les grandes entreprises et plus encore pour les petites ; dans le branle-bas de la nouvelle compétition mondiale, comment imaginer qu'avec leurs seules forces, infimes par définition, et leur seule raison d'être, un garage, une librairie ou une petite entreprise high-tech puissent avoir un destin durable ? Seule l'ouverture garantit la vie : l'ouverture sur le marché, l'ouverture sur des partenariats, l'ouverture sur la société.

Il devient donc impératif pour les entreprises de nouer des alliances et de bâtir des réseaux de coopération. C'est ici que l'entreprise réseau prend tout son sens et dame le pion, au niveau de la concurrence, à l'entreprise individualiste.

LES RÉSEAUX D'ENTREPRISES : À LA FOIS UNE STRATÉGIE DE DÉVELOPPEMENT ÉCONOMIQUE D'UN PAYS OU D'UNE RÉGION, ET UNE STRATÉGIE DE DÉVELOPPEMENT DE L'ENTREPRISE

Plusieurs pays dont le tissu industriel est formé principalement de petites et moyennes entreprises (PME) ont tenté de développer des moyens concrets et innovateurs d'aide à la PME. L'Italie, la Norvège et le Danemark, entre autres, ont misé sur une stratégie de développement économique reposant sur le renforcement de la concurrence internationale de leurs petites et moyennes entreprises par la création de réseaux d'entreprises. Ces réseaux sont en quelque sorte des regroupements d'au moins trois entreprises qui coopèrent et collaborent entre elles afin d'améliorer leur capacité concurrentielle ou de réaliser des projets communs. Les petites et moyennes entreprises peuvent ainsi atteindre une masse critique en développant des avantages concurrentiels en ce qui a trait aux économies d'échelle et de temps, à la complexité des affaires, et à la flexibilité des activités, et affronter la concurrence au niveau international des grandes sociétés.

En effet, la synthèse de tout ce qui s'est écrit sur les réseaux d'entreprises et la conclusion d'alliances permet de dégager quatre principaux avantages que l'on pourrait qualifier de stratégiques. Poulin, Montreuil et Gauvin (1994) expliquent que ces avantages sont stratégiques, « car ils permettent de répondre aux exigences que doivent satisfaire les entreprises désireuses de se tailler une place sur le marché mondial ou, quelle que soit l'étendue de leur marché, de camper solidement leur position concurrentielle ». La formule du réseau accroît donc la capacité des entreprises pour (Poulin, Montreuil, Gauvin, 1993) :

1. Réaliser des économies d'échelle par l'amélioration du rendement de leur actif, le développement d'une masse critique, la réduction de certains coûts de gestion et la création d'un effet de synergie favorisant une meilleure utilisation des ressources ;

2. Diminuer la complexité des affaires en stabilisant certaines relations, en partageant le risque sur des marchés incertains, en créant des barrières à l'entrée pour des concurrents éventuels et en abaissant certaines contraintes pour accéder à des ressources ou à des marchés ;

3. Augmenter la flexibilité des activités en améliorant l'accès à des ressources diversifiées et plus nombreuses par le transfert de compétence grâce à la mobilité du personnel, le partage d'équipement de production à la fine pointe de la technologie et la facilité d'obtenir des matières ou des devises ;

4. Réagir plus vite au changement et diminuer le temps de réponse aux clients en accélérant l'innovation et le développement d'un plus grand nombre de nouveaux produits, la pénétration de nouveaux marchés et la vitesse d'apprentissage de nouvelles méthodes ou procédés, etc.

D'autres avantages plus spécifiques s'ajoutent à ces avantages stratégiques. À la différence des précédents, ils ont trait à des domaines qui renforceront les avantages concurrentiels sans être directement liés à la raison d'être des entreprises (Poulin, Montreuil, Gauvin, 1994). Le potentiel de la gestion en réseau permet aussi d'accroître la capacité des entreprises à maîtriser les technologies de l'avenir ; d'accéder à des sources de capital et de financement ; de profiter d'une expertise de pointe ; de réduire les risques associés à des projets ; de conquérir de nouveaux marchés et, finalement, d'alléger la structure interne des entreprises. En somme, les entreprises qui se constituent en réseau peuvent donc se concentrer sur les activités qui relèvent de leur spécialité et, grâce à la synergie créée, elles peuvent réaliser plusieurs objectifs à la fois.

Tous ces bénéfices liés à la stratégie des réseaux ont été largement démontrés par ceux qui l'ont expérimentée, qu'il s'agisse du Japon, avec les *kereitsus*, de l'Italie, avec les districts industriels en Émilie-Romagne dans la région de Bologne, ou du Danemark, avec les réseaux d'entreprises.

Gagné et Lefèvre (1993) soulignent que Robert Reich a lancé l'idée de la complicité économique de l'entreprise-réseau appuyée par l'État-accompagnateur. Cette idée semble effectivement s'être largement appliquée au Danemark : l'État-accompagnateur et l'entreprise deviennent acteur principal de la nouvelle concurrence mondiale.

LA STRATÉGIE INDUSTRIELLE DU DANEMARK

Le Danemark est sans nul doute la référence internationale actuelle en matière de développement de réseaux d'entreprises. Selon Jan Trojborg (1993), ministre de l'Industrie du Danemark, le développement de réseaux d'entreprises est considéré par le gouvernement danois comme l'un des facteurs ayant contribué le plus à la remontée de la capacité concurrentielle du Danemark. La preuve, le pays a accédé au quatrième rang en 1992, puis au troisième, en 1993, des pays de l'OCDE, selon le classement effectué par le *World Competitiveness Report*, 1993.

Depuis plus de 25 ans, le Danemark avait un compte courant déficitaire au niveau de ses exportations, et sa capacité concurrentielle était loin d'être renommée. En 1988, le pays décidait de remédier à cette situation en s'inspirant de l'expérience du nord de l'Italie : favoriser la coopération entre petites et moyennes entreprises pour compenser la faiblesse de leur taille tout en conservant leurs atouts tels leur haut niveau de flexibilité et leur esprit entrepreneurial afin de leur permettre d'affronter ensemble les contraintes du marché et la concurrence mondiale. En regroupant les PME en réseaux de coopération, le Danemark avait pour objectifs d'augmenter les exportations, d'accélérer les innovations de produits, de créer des emplois, etc. C'est ainsi qu'en 1989, le pays introduisait un vaste programme visant à stimuler le développement de réseaux d'entreprises en promouvant plus spécialement la production complémentaire. Le Danemark affectait plus de trente millions de dollars à ce programme auquel les entreprises souscrivaient les montants équivalents. Ce programme devenait l'élément clé de la stratégie industrielle du Danemark.

Exemple d'un réseau d'entreprises au Danemark

Un groupe de fabricants de vêtements indépendants, qui produisaient chacun une gamme partielle, a décidé de compléter sa production et de fabriquer une gamme complète d'uniformes industriels. Il a rapidement gagné des contrats internationaux pour la fourniture d'uniformes au personnel de l'industrie pétrochimique.

L'expérience du Danemark s'est avérée un succès autant pour les entreprises que pour la prospérité du pays. En effet, selon le *Danish Technology Institute*, des milliers d'entreprises se sont regroupées en réseaux et plusieurs d'entre elles ont vu leurs résultats nets augmenter, à tel point, que le *network* et le *networking* leur sont devenus une option stratégique naturelle. Les chiffres fournis par Niels Nielsen lors d'une communication à Fredericton au Canada sont éloquents.

En 1992, une enquête auprès de 520 dirigeants de petites et moyennes entreprises danoises regroupées en 82 réseaux a révélé un taux de satisfaction très élevé ; une réduction des coûts de 19 % ; une augmentation des ventes de 42 % ; une accélération de l'innovation de 75 % ; une augmentation des exportations de 75 % ; une augmentation de l'emploi direct et indirect de 82 %. De plus, 94 % de ces dirigeants affirmaient que le réseau est une bonne façon de faire des affaires ! Ces données ont été tirées des résultats de l'évaluation des impacts du programme danois de développement de réseaux d'entreprises produite par le professeur Lars Gelsing.

La mentalité des gens d'affaires aussi a changé : une culture d'indifférence à la coopération est devenue une culture de recherche de collaboration. Même les banquiers danois, plutôt indifférents à la petite entreprise, se sont enthousiasmés pour les réseaux d'entreprises. Ils expriment leur préférence à négocier avec des entreprises regroupées en réseaux en raison de leurs taux élevés de succès comparativement à l'entreprise isolée. Il s'agit donc de retombées significatives non seulement pour les entreprises interconnectées, mais aussi pour la prospérité de tout le pays.

LA STRATÉGIE INDUSTRIELLE DU QUÉBEC

La problématique industrielle québécoise ressemble quelque peu à celle du Danemark. La performance des PME joue aussi un rôle déterminant sur l'économie du Québec, car ces dernières constituent, en nombre, la majeure partie du tissu industriel québécois (98,5 %). Mais contrairement à la situation danoise des années antérieures à 1990, le Québec possède quelques « locomotives industrielles » dans plusieurs secteurs d'activités, ce qui constitue un atout de taille dans ce grand jeu concurrentiel mondial. Néanmoins, certaines faiblesses de l'économie du Québec subsistent : mauvaise qualité de plusieurs produits et services, proportion insuffisante de la valeur ajoutée aux produits exportés, faible niveau de recherche-développement et d'innovation, et manque de souplesse des industries. Le diagnostic est encore plus sévère en matière de formation de la main-d'œuvre : insuffisance de travailleurs qualifiés pour occuper les postes vacants alors que le taux de chômage est élevé.

Pour remédier à cette situation, le gouvernement du Québec a donc décidé de passer à l'action. C'est ainsi qu'il a élaboré en 1991 une stratégie de développement industriel dont l'objectif principal est le passage d'une économie de masse à une économie à valeur ajoutée. L'action gouvernementale visait à créer un climat favorable au développement de la synergie entre les acteurs économiques, lequel est un élément indispensable à l'atteinte des résultats recherchés à long terme : une saine capitalisation, des ressources humaines qualifiées, un bon climat de travail, un équipement à la fine pointe de la technologie, l'intégration du design au processus de production, l'implantation de la qualité totale, la recherche de marchés à l'exportation, le tout dans le respect de l'environnement.

Le renforcement de ces variables est essentiel à l'amélioration de la capacité concurrentielle des entreprises du Québec. Pour ce faire, le Québec a misé sur une approche intégrant la mise en œuvre de deux volets complémentaires : la stratégie sectorielle, reposant sur les grappes industrielles, et la stratégie de l'entreprise réseau. La première touche les leaders industriels par grands secteurs, la seconde, à la base du tissu industriel, les entreprises elles-mêmes. Cette approche favorise le développement de la synergie tant sur le plan des secteurs d'activités, que sur celui des entreprises. Les deux stratégies s'arriment pour finalement créer l'osmose nécessaire au développement économique du Québec.

La mise en œuvre de la stratégie industrielle du Québec a été planifiée en deux phases. Néanmoins ces deux phases concentrent leurs efforts sur le renforcement du tissu industriel québécois par la mise en valeur d'un certain équilibre entre la concurrence et la coopération interentreprises.

LES GRAPPES INDUSTRIELLES

La stratégie sectorielle du gouvernement du Québec s'articule autour de la notion de grappe industrielle développée par Michael Porter. Le ministère de l'Industrie, du Commerce, de la Science et de la Technologie du Québec (MICST) définit une grappe industrielle comme étant « un ensemble d'industries œuvrant au sein d'un même secteur d'activités qui interagissent, se regroupent et se concurrencent entre elles ». En somme, la grappe est un regroupement d'entreprises œuvrant au sein d'un même secteur d'activités qui font face aux mêmes défis et aux mêmes exigences concernant leur développement. Les entreprises appartenant à une grappe sont interdépendantes sur le plan de la sous-traitance, des clients, du partage de leurs produits intermédiaires, de la concurrence et des partenariats. En misant sur les rapports de complémentarité ou de concurrence qu'elles entretiennent entre elles, les entreprises renforcent leur position stratégique et stimulent la croissance de leur secteur par le moyen d'actions concertées sur le plan de la formation de la main-d'œuvre, du renforcement de la sous-traitance et du partage, de l'acquisition de nouvelles compétences par des alliances, etc.

Le gouvernement a identifié jusqu'à maintenant 13 grappes industrielles dont la vitalité lui apparaît déterminante pour l'avenir industriel et technologique du Québec. Le potentiel de croissance de chacune de ces grappes a été analysé avec soin. Il s'en dégage des indications plus précises sur les créneaux à exploiter ou à renforcer, de même que sur les liens à créer ou à consolider dans le réseau. Les investisseurs et les entreprises peuvent ainsi se donner une vision à long terme de leur propre développement et l'insérer dans une approche élargie qui leur assure que leurs efforts seront profitables.

La cartographie de ces grappes industrielles se veut évolutive et dynamique. Le gouvernement compte l'adapter au fil des progrès accomplis, ce qui accroîtra d'autant l'efficacité de cet outil.

LES GRAPPES CONCURRENTIELLES

Cinq des grappes industrielles identifiées regroupent des entreprises de calibre mondial, des entreprises concurrentielles sur la scène internationale. Ces entreprises et leurs partenaires entretiennent des liens étroits qui se traduisent par une synergie bénéfique à l'ensemble de la grappe.

Ces grappes sont les suivantes :

- l'aérospatiale

- les produits pharmaceutiques

- les produits des technologies de l'information

- l'équipement de production, de transport et de distribution d'énergie électrique

- la transformation des métaux

LES GRAPPES STRATÉGIQUES

D'autres grappes industrielles, qui ne remplissent pas encore l'ensemble des conditions requises pour être « concurrentielles », offrent un bon potentiel de croissance et jouent un rôle important dans le développement des différentes régions au Québec. L'adaptation ou la réorganisation de ces secteurs d'activité constitue une priorité stratégique.

Ces grappes industrielles sont au nombre de huit :

- l'équipement de transport terrestre
- la pétrochimie-plasturgie
- les produits bioalimentaires
- l'habitat-construction
- la mode et les textiles
- les produits de la forêt
- l'environnement

L'ENTREPRISE RÉSEAU

Le tissu industriel du Québec étant principalement composé de PME, il fallait aussi s'assurer qu'au-delà des orientations sectorielles les entreprises soient en mesure d'inscrire leur développement dans une vision à long terme où leur capacité concurrentielle serait accrue, surtout dans les activités à forte valeur ajoutée. En favorisant par divers moyens une meilleure capitalisation, une compétence pour l'exportation, un souci de protéger l'environnement, et un climat de travail plus sain, entre autres choses par le recours à des contrats sociaux, l'implantation de la qualité totale, la formation de la main-d'œuvre, le recours à la technologie, à la R-D et au design, la stratégie industrielle contribue à faire en sorte que les entreprises soient recherchées pour leurs produits et leurs services, ou pour leur partenariat avec de grandes entreprises ou des regroupements.

C'est dans ce contexte que l'implantation de la stratégie industrielle a donné lieu aussi au développement d'une approche d'accompagnement des entreprises vers un mode de fonctionnement en réseaux. Résultat de l'observation des expériences étrangères et de l'adaptation de ces observations au contexte spécifique du Québec, l'approche, développée avec le concours d'une équipe de la Faculté des sciences de l'administration (FSA) de l'Université Laval, permet de guider la réflexion stratégique des entreprises afin d'envisager la constitution en réseaux. Ces travaux d'élaboration de plus d'une année ont permis la formation d'environ 200 agents de développement industriel du MICST et d'autres ministères. Un ouvrage, consacré à cette approche et à ses outils, a été publié aux éditions Publi-Relais par l'équipe de la FSA, *L'entreprise-réseau – Bâtir aujourd'hui l'organisation de demain* (Poulin, Montreuil et Gauvin, 1994). Quoique le phénomène des réseaux d'entreprises soit déjà développé au Québec, de nombreuses expériences nouvelles sont en émergence actuellement. À cette approche s'est ajoutée, en novembre dernier, la mise en place de deux mesures destinées à aider financièrement le développement de réseaux. Ces deux volets du Fonds de partenariat sectoriels disposent d'une enveloppe totale de cinq millions de dollars sur trois ans.

CONCLUSION

Le succès de la stratégie industrielle du Québec repose sur la capacité de l'État à jouer deux rôles : celui de catalyseur de ce grand redéploiement industriel et celui d'accompagnateur des entreprises.

Des actions concrètes ont été entreprises afin de créer une dynamique propice au développement de complicités entre les industriels d'une même grappe, entre les dirigeants d'entreprises et les chefs syndicaux. Déjà, les acteurs se situant aux différents niveaux de la chaîne de valeur de l'entreprise, fournisseurs, sous-traitants, distributeurs, clients, reconnaissent la nécessité de mieux synchroniser leurs actions tout au long du processus de développement des produits. Mais seul l'avenir nous dira si les efforts consentis dans le développement des grappes a eu un impact structurant significatif sur le tissu industriel québécois et sur la capacité concurrentielle même des grappes industrielles et des entreprises qui les constituent.

La validité et la valeur de la stratégie des réseaux d'entreprises, et plus particulièrement de l'approche de l'entreprise-réseau, seront fortement testées dans les prochaines années. Il va sans dire que le succès de l'approche réseau repose principalement sur la capacité et la volonté des dirigeants d'entreprise à coopérer entre eux. Cela représente un défi de taille. Certains réussissent à l'heure actuelle et récoltent déjà les fruits de leur partenariat.

RÉFÉRENCES BIBLIOGRAPHIQUES

BARTLETT, C. A. et GHOSHAL, S., *Managing Across Borders, The Transnational Solution*, Harvard Business School Press, Boston, Massachusetts, 1989, 367 p.

BEST, M. H., *The New Competition-Institutions of Industrial Restructuring*, Harvard University Press, Cambridge, 1990, 296 p.

GAGNÉ, P. et LEFÈVRE, M., *L'Entreprise à valeur ajoutée. Le modèle québécois*, Publi-Relais, Montréal, 1993, 310 p.

OHMAE, K., *The Borderless World*, Harper & Row Publishers Inc., New York, 1990, 223 p.

POULIN, D., MONTREUIL, B. et GAUVIN, S., *L'Entreprise réseau. Bâtir aujourd'hui l'organisation de demain*, Publi-Relais, Montréal, 1994, 335 p.

POULIN, D., MONTREUIL, B. et GAUVIN, S., *L'Approche entreprise en mode réseau*, Faculté des sciences de l'administration de l'Université Laval et ministère de l'Industrie, du Commerce, de la Science et de la Technologie du Gouvernement du Québec, Québec, 1993.

REICH, R., *The Work of Nations*, Alfred A. Knopf Inc., New York, 1991, 339 p.

SÉRIEYX, H., *Le Big Bang des organisations. Quand l'entreprise, l'État, les régions entrent en mutation*, Calmann-Lévy, 1993, 342 p.

TROJBORG, J., *Networks as a Goal and a Vehicule for Industrial Policy, Cooperation & Competitiveness. Interfirm Cooperation – A Means towards SME Competitiveness*, International Conference Proceedings, Lisbon, 1993, p. 33-37.

Diane-Gabrielle Tremblay, professeure
UER Économie et Gestion – Télé-université, Université du Québec

CHAPITRE 13

RÉSEAUX LOCAUX ET DISTRICTS INDUSTRIELS : LE RÔLE DE LA COOPÉRATION ET DU PARTENARIAT DANS LE DÉVELOPPEMENT LOCAL

INTRODUCTION

Au cours des dernières années, l'étude des districts industriels, des systèmes industriels localisés et des réseaux interentreprises est devenu l'un des thèmes importants de la recherche socioéconomique. Les explications de la renaissance des économies locales du Centre-Nord de l'Italie ont mis l'accent sur un certain nombre de facteurs qui, à nos yeux, sont peut-être négligés dans les entreprises québécoises et dans l'analyse du développement économique local (DEL) au Québec, soit l'importance des réseaux et de la coopération interentreprises. C'est ce qui nous a amené à nous intéresser à l'analyse des districts industriels italiens en regard de la problématique du DEL au Québec.

Notre texte se penche d'abord sur la théorie des districts industriels italiens, à partir des travaux théoriques que nous avons effectués[1]. La théorie des districts industriels est une théorie économique conçue par l'économiste Alfred Marshall, mais quelque peu négligée au cours du XXe siècle. Au cours des dernières décennies, les auteurs italiens ont repris cette théorie afin d'expliquer les nouveaux comportements de coopération observés dans le cas italien[2].

Notre texte met en lumière les éléments qui semblent expliquer la réussite de ce modèle des districts et tente d'évaluer l'apport potentiel de cette vision du DEL au Québec. En particulier, nous mettons en relief l'importance de la coopération et des partenariats dans les relations interentreprises, le rôle des administrations locales, ainsi que l'apport de la formation et de l'innovation dans le modèle italien.

Puis, à partir des résultats d'une enquête menée au Québec, en Montérégie et en Estrie plus particulièrement, nous présentons une première évaluation de la présence ou de l'absence de telles caractéristiques au Québec. Nous analysons ensuite l'apport potentiel du

---

1. Ces travaux ont été effectués dans le cadre d'une recherche financée par le Fonds FODAR de l'Université du Québec, que nous tenons à remercier ici. Ils se sont poursuivis dans le cadre de la préparation d'un cours sur le développement économique local (ECO 3007) qui est offert par la Télé-université de l'Université du Québec. Ce cours repose sur un ouvrage original (Tremblay et Fontan, 1994) et sur une série télévisée de 10 émissions d'une heure, qui seront diffusées sur le Canal de Télé-enseignement et à Radio-Québec. Pour la réalisation de ce cours et notamment de la série télévisée, nous avons bénéficié du soutien financier du Fonds pour le développement du télé-enseignement de l'Université du Québec, ainsi que du Secrétariat d'État du Canada ; nous tenons à remercier ces deux organismes pour leur soutien.

2. Voir les textes de Sebastiano Brusco et d'autres dans les divers documents produits au cours des dernières années par le Bureau international du travail, notamment ceux édités par F. Pyke, G. Becattini et W. Sengenberger (1990), ainsi que par W. Sengenberger, G. W. Loveman et M.J. Piore (1990).

développement d'une telle perspective dans le cadre des projets de DEL actuellement mis en œuvre dans diverses villes et régions du Québec.

Enfin, nous concluons sur quelques éléments de réflexion plus générale en regard de la question du DEL et du rôle de l'État. Nous nous interrogeons en particulier sur les liens entre le concept de district industriel et celui des grappes industrielles, mis de l'avant dans la politique du ministre de l'Industrie, du Commerce de la Science et de la Technologie en 1991. Il en ressort essentiellement que les grappes reposent sur une stratégie sectorielle, alors que le concept de district englobe une vision territoriale. La faiblesse de l'approche des grappes réside sans doute en partie dans cette absence de lien entre le secteur et le territoire, comme nous le verrons dans les pages qui suivent.

LES DISTRICTS INDUSTRIELS ITALIENS

Comme nous l'avons mentionné, le concept de district industriel a d'abord été exposé par l'économiste Alfred Marshall en 1879 ; ce n'est donc pas un concept nouveau. Il a pourtant été négligé pendant plusieurs décennies avant de réémerger avec force au cours des dernières années avec la redécouverte des districts industriels italiens, qui ont fait le succès ou la renaissance de ce que l'on appelle aujourd'hui la Troisième Italie.

Le district industriel peut être défini comme un système de production localisé géographiquement, un système fondé sur une forte division du travail entre plusieurs petites entreprises spécialisées dans un même secteur d'activité dominant, ou dans quelques secteurs industriels. Cette notion met l'accent sur l'important potentiel de développement endogène d'une collectivité et d'un groupe d'entreprises dans une zone naturellement et historiquement définie. La dimension territoriale est donc associée à la dimension sectorielle des activités économiques ; elle est même plus importante, puisque les districts peuvent couvrir quelques secteurs industriels, mais qu'ils se trouvent par définition dans une zone territoriale bien définie.

Les districts peuvent aussi être vus comme des systèmes socio-professionnels, où les relations entre les membres de la collectivité sont importantes et engendrent une forme de régulation locale de l'activité économique. Ici encore, on le constate, la dimension territoriale, ou locale, de l'activité est mise en relief. Certains auteurs parlent d'ailleurs de territoires, de zones ou des réseaux territorialisés (Savy, Beckouche et Veltz, 1986).

Les districts industriels ont été remis à l'ordre du jour par leur « renaissance » dans le Centre-Nord de l'Italie (la Troisième Italie). Les auteurs italiens (Brusco et Beccattini en particulier) ont identifié dans les années quatre-vingt une centaine de districts industriels, ou systèmes industriels localisés, comme les a qualifiés l'auteur français Bernard Ganne (1990).

Chaque district italien concentre ses activités dans un secteur : la machinerie, les textiles, le vêtement, la chaussure, la céramique, etc. Les différentes entreprises du district se spécialisent pour leur part dans une étape donnée du processus de production. Dans un district spécialisé dans le textile, une entreprise fera le filage, une autre le tissage, une autre encore la teinture, la coupe, la finition, etc. Certaines entreprises se spécialiseront dans l'un des services dont ont besoin les autres entreprises : le design, la recherche-développement, le marketing, l'exportation, et ainsi de suite.

Les experts dans le domaine de ces districts industriels italiens considèrent que la spécialisation permet aux petites entreprises de bénéficier d'avantages analogues à ceux dont jouissent généralement les grandes entreprises : économies d'échelle dans une étape donnée du processus, amélioration de la qualité, meilleure connaissance des marchés, des nouveaux produits, des nouveaux matériaux, etc.

Mais, on s'en doute, des conditions particulières doivent être satisfaites pour que ce système industriel puisse fonctionner. Au-delà de la concurrence inter-entreprise, il faut qu'il y ait une grande **coopération**. Ainsi, la définiton donnée initialement devrait être enrichie pour inclure cette nécessaire coopération. Le district industriel serait ainsi un regroupement ou un réseau de centaines d'entreprises se spécialisant dans une étape d'un processus de production donné, et caractérisées par un niveau élevé de coopération. Il faut toutefois souligner que cette coopération n'exclut pas toute concurrence. Les deux existent simultanément, et c'est d'ailleurs là l'originalité de ce modèle. C'est aussi sa particularité par rapport à la théorie économique standard, qui fait peu de place à la coopération.

La concurrence interentreprises existe donc; elle fait en sorte que seules les entreprises les plus efficaces et les plus productives restent en affaires. Cependant, en vue d'assurer une meilleure réaction aux évolutions du marché international en particulier, certaines entre-prises ou certains entrepreneurs (que l'on qualifie de « superentrepreneur » dans les régions italiennes) jouent en quelque sorte le rôle de coordonnateur de l'ensemble de l'activité économique. Dans le domaine du vêtement, où les modes évoluent sans cesse, ce superentrepreneur veillera à suivre l'évolution de la demande et à assurer la coopération entre les entreprises du réseau afin qu'elles s'adaptent toutes à l'évolution du marché.

Les auteurs italiens soulignent également l'im-portance de la **cohésion sociale de la communauté** pour que survive un tel modèle de coopération-concur-rence. Certes, ce modèle existe en raison de caractéris-tiques historiques et sociales propres à ces régions d'Italie, mais plusieurs chercheurs se sont interrogés

329

sur le transfert possible de certains éléments du modèle dans d'autres pays, entre autres choses, si cette cohésion est absente.

On note également l'importance du soutien d'une **institution locale**, soit de l'administration locale ou d'un autre organisme du genre, dans la réussite des districts italiens. Ce facteur a par contre souvent été négligé dans les écrits d'autres auteurs non italiens[3]. Dans le cas des villes italiennes du Nord, c'est souvent la municipalité (souvent d'allégeance communiste, associée au Parti communiste italien) qui a assuré ce soutien apparemment indispensable à la réussite. Dans d'autres villes de la Vénétie, c'est parfois le « réseau catholique » qui a été plus actif, de sorte qu'il n'y a pas de modèle unique de district industriel, même en Italie.

Il existe également des réseaux formels et surtout informels de formation de la main-d'œuvre des différents secteurs dans ces districts. Ceux-ci sont issus de la tradition d'apprentissage et de formation interne des entreprises, que l'on considère caractéristique des secteurs spécifiques d'activités observés dans le cas italien.

Bien que ces conditions ne se retrouvent pas partout, dans tous les systèmes que divers auteurs ont rapprochés des districts industriels, la majorité de ces auteurs conviennent qu'elles sont importantes pour caractériser les districts italiens, et peut-être surtout pour expliquer leur réussite.

Est-ce à dire que l'on devrait retrouver les mêmes institutions, le même climat, ou tout au moins des

---

3. L'une des rares exceptions : le texte présenté par Danièle Leborgne au colloque annuel de l'Association d'économie politique en octobre 1993. Texte publié en 1994 dans les *Actes du colloque « Concertation et performance économique »*, sous la direction de Diane-Gabrielle Tremblay, aux Presses de l'Université du Québec. Nous l'avions également souligné dans notre texte présenté au symposium de l'Université du Québec, à l'automne 1992 (Tremblay, 1993).

situations analogues, pour que l'on puisse qualifier d'autres situations de « districts industriels » ? Peut-être, mais cela n'est pas certain.

Par contre, certains éléments caractéristiques de ces districts pourraient expliquer le succès d'autres régions, notamment au Québec. Certains ont avancé cette hypothèse pour expliquer la réussite de la Beauce, mais peu de travaux ont été effectués pour soutenir cette comparaison entre des territoires québécois et le concept des districts industriels. On pourrait tout de même considérer qu'il est possible de faire « émerger » ces facteurs de réussite dans d'autres contextes, en vue de favoriser le développement économique d'autres régions ou districts. C'est sans doute ce qui explique l'intérêt porté, à l'échelle internationale, à cette théorie des districts industriels.

En effet, au cours des dernières années, à la suite de la réémergence des « districts industriels » de Marshall dans la Troisième Italie, plusieurs chercheurs ont tenté de repérer les mêmes caractéristiques dans leur propre pays. Ainsi, on a identifié des districts industriels ou « systèmes industriels localisés » (certains, dont Bernard Ganne, préférant cette expression) en divers endroits en Europe : dans le Sud de la France, autour de Montpellier, dans la région Rhône-Alpes, autour de Cluses entre autres, dans l'état du Bäde-Wurtenberg dans le Sud de l'Allemagne, ainsi qu'au Danemark[4].

Certains auteurs (Ganne, 1990) ayant étudié d'autres pays que l'Italie concluent toutefois que les situations observées ailleurs (en France, dans le cas de Ganne) ne se conforment pas nécessairement parfaitement au modèle italien, mais mettent souvent en évidence des facteurs analogues.

---

4. Voir les Actes du colloque organisé par le Bureau international du travail et l'Université du Québec à Trois-Rivières en 1989.

La théorie des districts industriels serait dès lors utile du fait qu'elle met en relief des facteurs importants permettant d'expliquer la capacité concurrentielle de certaines entreprises italiennes, et que ces principes pourraient éventuellement être appliqués au développement d'autres localités ou régions.

Selon la majorité des auteurs, les principes organisationnels qui définissent ces districts ou systèmes industriels sont donc les suivants :

- Une forte coopération entre PME d'une communauté, ville ou village donné ;

- La coexistence de la coopération et de la concurrence entre les entreprises ;

- L'existence d'une relation de confiance[5] entre les entreprises ;

- Un bassin de main-d'œuvre qualifiée et des entreprises ayant une tradition de formation dans le domaine de spécialisation du district ou système ;

- Le soutien important d'une institution locale, souvent de l'administration locale, aux activités de développement des entreprises.

CONCURRENCE ET COOPÉRATION : QUELS APPORTS POUR LA THÉORIE ET POUR LE DEL AU QUÉBEC ?

La théorie économique standard traite de certaines formes de coopération entre entreprises : les cas classiques des cartels ou des oligopoles, où les entreprises concluent des ententes afin de se constituer une position dominante. Mais c'est une situation plus complexe qui semble émerger des districts industriels italiens et

---

5. Que l'on peut apparenter à l'existence de confiance ou de « trust » dans la théorie économique des contrats implicites ou des coûts de transaction, où cette confiance joue un rôle important.

d'autres exemples de réussite en matière de DEL fondés sur la coopération interentreprises. On a en effet observé dans diverses régions (le Nord de l'Italie, mais aussi le Sud de l'Allemagne, la région de Barcelone en Espagne, Rhône-Alpes en France et d'autres) qu'un nombre important d'entreprises semblent trouver un certain intérêt à établir des relations privilégiées avec des partenaires. Sous l'angle de la théorie économique traditionnelle, ces partenaires auraient normalement plutôt été considérés comme des concurrents.

Cela ne signifie pas qu'il y a disparition des comportements de concurrence, mais il est intéressant de voir qu'émergent de nouveaux comportements d'entreprise, qui sortent des cas classiques de la théorie économique traditionnelle. En effet, alors que cette dernière admet que les entreprises aient des comportements de concurrence, de collusion ou de fournisseur à client (sous-traitance), les nouvelles relations de coopération entre entreprises n'avaient pas, jusqu'à récemment, été intégrées à la théorie économique de l'entreprise. Il faut admettre qu'elles n'avaient pas non plus tellement pénétré les comportements réels des entreprises.

Le thème de la coopération interentreprises suscite donc de plus en plus d'intérêt, et ce, même chez les économistes traditionnels ; certains d'entre eux ont d'ailleurs développé de nouvelles théories pour rendre compte de ces réalités[6].

Dans la théorie économique, ce sont surtout les spécialistes de l'économie industrielle qui analysent les relations entre entreprises, en particulier les relations de quasi-intégration entre sociétés juridiquement indépendantes, mais étroitement liées du point de vue économique par le biais d'ententes diverses et souvent complexes (coparticipations, alliances technologiques,

---

6. Nous pensons entre autres à la théorie des coûts de transaction de Oliver Williamson.

contrats de R-D communs). Au cours des dernières années, certains économistes ont insisté sur l'importance accrue des marchés « concertés » et le recul des marchés concurrentiels. Par contre, un économiste aussi réputé que Michael Porter, du MIT, continue de placer la concurrence au cœur des stratégies d'entreprises et fait peu de place aux rapports de coopération visant l'obtention de résultats mutuellement avantageux.

Si peu d'économistes soutiennent la thèse du passage de l'une à l'autre stratégie comme modèle unique de comportement des firmes, voire comme tendance dominante de l'avenir, ils sont plus nombreux à souligner la cohabitation des deux types de stratégies, coopération-concurrence. Par ailleurs, plus nombreux sont ceux qui ont souligné que les stratégies traditionnelles de concurrence et d'affrontement sont caractéristiques d'une approche de court terme, caractéristique des comportements occidentaux, approche qui nuit à la viabilité et aux progrès à long terme des entreprises[7]. Ainsi, la coopération prend-elle plus d'importance dans l'analyse des stratégies des firmes, tout au moins dans le champ de l'économie industrielle, sans toutefois dominer la vision standard, toujours axée sur la concurrence.

Ces différentes questions théoriques ont donc inspiré notre recherche, tout comme les considérations plus empiriques concernant les motifs et les lieux précis où l'on peut observer des formes de coopération ou de partenariats entre entreprises.

Sans doute le modèle italien est-il né dans un contexte socio-historico-économique propre, tout comme les modèles suédois ou japonais dont on parle aussi

---

7. Des auteurs comme Ronald Dore ont bien montré que l'approche du long terme est caractéristique des Japonais, par opposition à l'approche du court terme des Anglo-Saxons, Britanniques et Américains.

souvent, mais sans doute aussi certains éléments du modèle peuvent-ils être empruntés et adaptés à d'autres sociétés. En effet, l'économie du Québec étant constituée d'un très grand pourcentage de PME, certains éléments du modèle italien pourraient peut-être être adaptés avec profit au Québec, puisque ce modèle repose précisément sur les PME, pour ne pas dire les très petites entreprises (TPE). Nous songeons en particulier aux caractéristiques suivantes, qui semblent importantes pour le DEL :

1. Le développement de réseaux de coopération entre PME à l'échelle locale ;

2. Le soutien des institutions locales, les municipalités, mais aussi, éventuellement, les universités ou les institutions socio-sanitaires[8], présentes dans la région.

Il existe déjà au Québec diverses initiatives de collaboration entre organismes publics, communautaires ou autres. Cependant, notre recherche sur les réseaux interentreprises tend à indiquer que les liens entre entreprises sont relativement peu développés, du moins dans les régions étudiées. Peut-être plus important encore, il semble que les formes et les contenus des collaborations sont plutôt limités, comme le montrent quelques données issues de cette recherche menée sur les réseaux d'entreprises et l'innovation.

Ainsi, nos résultats tendent plutôt à montrer l'importance de la concurrence entre entreprises et le faible développement de la coopération au Québec. Cela va plutôt dans le sens de la théorie économique standard,

---

8. Un organisme américain établi à New York fait d'ailleurs reposer sa stratégie de DEL sur la collaboration entre ces institutions universitaires et socio-sanitaires et les milieux locaux. À notre connaissance, très peu d'autres organismes ont systématisé ce type de collaboration avec ces institutions. L'une des émissions du cours sur le développement local (ECO 3007, Télé-université) traite plus en détail de l'intervention de cet organisme new-yorkais.

qui considère que la concurrence est la norme dans le comportement des entreprises. Et, sans doute, cette vision concurrentielle imprègne-t-elle bien la vision de nos entrepreneurs québécois, aux dépens du principe de la coopération, réservé aux activités du « social » plutôt qu'à celles de l'économique.

Les motifs de la coopération peuvent pourtant être multiples et diversifiés. Nous pouvons en identifier quatre principaux : transferts de technologies ou de connaissances ; autres avantages techniques (accès à un nouvel équipement) ; avantage de coûts (réduction des coûts de production) ; avantage de visibilité ou de commercialisation (gamme de produits plus étendue, position renforcée sur le marché, effet de « réseau », etc.).

Pour ce qui est des formes de la coopération, elles peuvent également être diversifiées. Nous y reviendrons plus en détail avec les données d'enquête, mais notons pour le moment que la coopération peut prendre des formes différentes, notamment : ententes formelles de R-D ; réseaux formels ou informels d'échanges d'information technique ou autres ; travail en commun sur des produits ou des technologies et mise au point d'innovations ou de produits notamment.

Quelques tentatives ont été faites pour repérer et décrire ce genre de comportement dans le cas des entreprises québécoises, mais à notre connaissance, il n'existe jusqu'ici que deux recherches empiriques ayant porté sur le cas québécois[9]. C'est pour cette raison que nous avons voulu poursuivre l'investigation du cas québécois afin de tenter de voir si l'on peut retenir ce nouveau comportement comme étant une nouvelle caractéristique du comportement des entreprises québécoises,

9. Nous faisons référence aux travaux de Pierre-André Julien (UQTR), sur la Mauricie-Bois Francs, ainsi qu'à ceux de Jean Saglio et André Billette sur la Beauce.

ou de celles d'une région, ou d'un « district industriel » en particulier[10].

Les pratiques des entreprises québécoises

Ayant exposé les éléments théoriques associés aux réseaux locaux ou districts industriels, voyons maintenant quelques résultats de notre recherche menée au Québec, en Estrie et en Montérégie, et plus particulièrement dans le « Triangle d'or » composé des villes de Bromont, Granby et Saint-Hyacinthe, ainsi que dans les villes environnantes. Nous comparerons ces données sur une région spécifique (un éventuel district) à celles obtenues par une enquête postale, reprenant certaines des mêmes questions, auprès d'entreprises des mêmes secteurs, mais dans l'ensemble du Québec. Nous commencerons toutefois en présentant rapidement l'échantillon d'entreprises et la méthodologie de l'enquête.

Notre recherche s'est fondée sur une enquête reposant sur deux méthodologies complémentaires : l'étude de cas et l'enquête postale. Nous avons donc eu recours à des études de cas basées sur des entrevues en entreprises ; les entrevues étaient fondées sur le même questionnaire que celui envoyé par la poste, mais il comprenait plus de questions détaillées, à développer. La dimension qualitative et les explications étaient privilégiées afin de mieux comprendre les processus en cause et d'éclairer les réponses aux questions fermées. Les entreprises ont été sélectionnées à partir des listes[11]

---

10. Nous avons ici eu soin de choisir une région différente des deux cas qui avaient été portés à notre attention et qui, selon les chercheurs qui s'y sont intéressés, présentent à première vue les caractéristiques du modèle italien des districts industriels, soit la Beauce et la Mauricie-Bois-Francs. Quelques articles sur ce deuxième cas ont été publiés par P.-A. Julien (UQTR), mais nous n'avons pas jusqu'ici vu de publications sur le premier cas.

11. Recoupement de listes de l'Inspecteur général des institutions financières ainsi que d'autres.

d'entreprises établies dans les villes composant le «Triangle d'or» de la région de la Montérégie, ainsi qu'en Estrie. Les entreprises ont été choisies dans quelques secteurs industriels seulement, soit le textile-vêtement, le papier, le meuble, l'agro-alimentaire, le plastique, ainsi que quelques entreprises de produits électriques-électroniques dominantes dans la région[12]. Ayant procédé par contact téléphonique pour les entrevues en entreprise, nous avons pu constater un taux de réponse positif, peu d'entreprises ayant refusé de nous recevoir. Au total, nous avons réalisé une cinquantaine d'entrevues en entreprises et obtenu une centaine de questionnaires complets[13].

Compte tenu des limites financières qui nous étaient imposées, nous n'avons toutefois retenu que deux régions pour les entrevues en entreprises, et en avons privilégié une plus particulièrement, soit la Montérégie, pour les raisons présentées précédemment, à savoir le succès de son «Triangle d'or»; nous pouvions penser qu'à l'instar de la Beauce ou de la Mauricie-Bois-Francs, cette sous-région présentait certaines caractéristiques qui pouvaient l'apparenter à un district industriel. Le choix d'une seconde région – l'Estrie – visait à offrir un point de comparaison éventuel plus serré que le reste du Québec dans son ensemble et, surtout, la possibilité de comparaisons sectorielles plus étroites; cependant, la dimension sectorielle ne s'est pas toujours révélée significative dans notre groupe d'entreprises.

12. Les secteurs ont été choisis en fonction de la théorie des districts industriels dans d'autres travaux, ainsi qu'en raison de leur importance dans les régions en question et dans l'économie du Québec. Nous avons également cherché à avoir des secteurs en difficulté face à la concurrence extérieure (textile-vêtement, papier, meuble) et des secteurs plus «modernes» comme le plastique et les produits électriques-électroniques. Évidemment, les entreprises ne se trouvent pas toutes en difficulté ou porteuses d'avenir parce qu'elles sont dans ces secteurs, mais cela donne une certaine diversité de situations.

13. La moitié par voie postale et la moitié par le biais des entrevues.

LA COOPÉRATION AU QUÉBEC

En ce qui concerne la coopération, notons que quelque 37 % de la centaine d'entreprises ayant répondu au questionnaire (par voie postale ou en entrevue) ont une forme de coopération avec une autre entreprise aux fins de R-D[14]. Seulement 12 % ont une telle entente avec une institution d'enseignement. Les filiales de multinationales établies au Québec ont par contre toutes de telles ententes, souvent avec le siège social, parfois avec d'autres entreprises à l'étranger.

Lorsqu'une entente de coopération pour la R-D existe, c'est avec une firme étrangère dans près de la moitié des cas (49 %), avec une société québécoise dans 30 % des cas, avec une société canadienne dans 21 % des cas et avec une firme locale dans seulement 18 % des cas (les réponses ne sont pas exclusives, d'où un total supérieur à 100 %).

La coopération semble toutefois un peu plus développée dans la région de la Montérégie, que nous avons étudiée plus en détail : 55 % des entreprises ont une entente de coopération de R-D avec une autre entreprise, et 22 % avec un établissement d'enseignement. La collaboration avec un organisme établi à l'échelle locale s'observe dans 24 % des cas.

LES RÉSEAUX FORMELS ET INFORMELS DE DÉVELOPPEMENT DE L'INNOVATION

Les réseaux formels et informels des entreprises des régions étudiées sont extrêmement variés. En général, un nombre restreint d'entreprises possèdent un réseau formel de R-D. Cependant, un peu plus de la moitié des entreprises possèdent un réseau informel (51 %) concernant le développement de l'innovation, la mise en marché des produits, etc.

---

14. Nous reprenons ici des résultats exposés dans Tremblay (1993).

Nous avons constaté que le pourcentage moyen d'entreprises possédant un réseau informel est plus élevé dans les régions de la Montérégie (64 %) et de l'Estrie (72 %) que dans l'ensemble des entreprises de notre échantillon (52 %).

Il faut noter que le réseau informel de l'entreprise renvoie à diverses activités reliées au développement de l'innovation : partenaires pour moderniser son entreprise, coopération de R-D et information technique. Le réseau informel n'est pas uniquement un réseau de développement de l'innovation de l'entreprise, mais un réseau informel d'information pour l'ensemble des activités de développement et de production de l'entreprise, de mise en marché des produits, d'exportation, etc. On se rapproche ici de la vision du district industriel et, en particulier, du type d'information fourni par le « super-entrepreneur », bien que la coordination et l'exhaustivité de l'information soient sans doute supérieures dans le cas italien, en raison du caractère plus formel du réseau.

On observe quelques variations en fonction des secteurs. En Montérégie, le trois quarts des entreprises (sept entreprises) du secteur agro-alimentaire ont des ententes avec l'Institut de technologie agricole de Saint-Hyacinthe ou le Centre de recherche agro-alimentaire du Canada à Saint-Hyacinthe.

Un peu moins du quart des entreprises (trois) du textile de cette région détiennent une entente de coopération de R-D avec le Centre des technologies textiles de Saint-Hyacinthe. La présence de ces organismes spécialisés joue un rôle important, car ce sont les deux seuls secteurs où l'on observe une telle collaboration.

PARTENAIRES POUR MODERNISER L'ENTREPRISE

Au-delà de la R-D proprement dite, les entreprises ont-elles eu recours à des partenaires pour créer de nouveaux produits ou faire des modifications organisa-tionnelles ou des changements technologiques ?

Un peu moins de la moitié des entreprises ont choisi des partenaires pour ce type d'activités (46 %) ; il s'agit généralement de consultants ou d'entreprises fabriquant des intrants pour leurs partenaires. Le pour-centage est de 65 % dans la région de la Montérégie et de seulement 28 % dans la région de l'Estrie. Les rai-sons qui motivent les choix d'un ou de plusieurs par-tenaires pour créer de nouveaux produits, faire des modifications organisationnelles ou des changements technologiques sont nombreuses. Pour l'ensemble des entreprises qui ont choisi un partenaire, les trois prin-cipales raisons motivant le choix du partenaire sont sa capacité technologique (51 %), la connaissance préalable de l'entreprise (41,7 %) et les liens avec son siège social (33,3 %).

Dans les secteurs du textile et du meuble, 40 % des entreprises ont choisi des partenaires pour moder-niser leur entreprise. Les partenaires pour le secteur du textile sont soit le Centre des technologies textiles, soit le siège social lorsqu'il s'agit d'une filiale. Pour le secteur du meuble, ce sont le Centre de recherche industrielle du Québec et des entreprises privées. Les raisons prin-cipales du choix du partenaire sont sa capacité techno-logique, sa connaissance préalable de l'entreprise et la coopération avec le siège social.

Un peu plus de 40 % des entreprises du secteur agro-alimentaire ont choisi des partenaires. Le Centre de recherche agricole du Canada à Saint-Hyacinthe, l'Institut de technologie agricole de Saint-Hyacinthe et le laboratoire du siège social sont les principaux parte-naires.

Il est intéressant de connaître les raisons pour lesquelles on choisit un partenaire. Les principales raisons de ce choix sont les suivantes : la proximité du

341

partenaire, sa position ou son prestige, sa capacité technologique, sa connaissance préalable et son lien avec le siège social.

Un peu plus du quart (28 %) des entreprises du secteur du plastique ont recours à des partenaires pour créer de nouveaux produits, faire des modifications organisationnelles ou des changements technologiques dans leur entreprise. La majorité des entreprises utilisent le Conseil de recherches en sciences naturelles et en génie (CRSNG) de Longueuil et l'entreprise privée. Les deux principales raisons du choix du partenaire sont sa capacité technologique et la connaissance préalable du partenaire en question.

Un peu moins de la moitié des entreprises (42 %) du secteur de l'imprimerie ont choisi des partenaires pour créer de nouveaux produits, faire des modifications organisationnelles ou des changements technologiques. Le choix du partenaire est attribué à sa capacité technologique et la majorité des partenaires sont des consultants.

Pour le secteur électrique-électronique et les filiales de multinationales de ce secteur, le pourcentage d'entreprises ayant des partenaires est élevé, respectivement 73,7 % et 100 %. Toutefois, les liens de collaboration sont essentiellement noués avec le siège social, le plus souvent à l'étranger.

Notre enquête ne peut pas être considérée comme concluant définitivement sur le sujet de la coopération interentreprises, puisqu'il s'agit de situations dynamiques, sans cesse en mouvement. Nous la voyons plutôt comme une enquête exploratoire. Ce qu'il faut toutefois en conclure, c'est que la coopération interentreprises présente des variations en importance et en contenu, mais que la présence d'organismes spécialisés, comme l'Institut de technologie agricole ou le Centre des technologies textiles, ainsi que les liens avec un siège social plus important jouent un rôle capital dans le développement de la coopération et le transfert de connaissances.

Ces organismes peuvent sans doute s'apparenter, du moins dans certaines de leurs fonctions, aux « super-entrepreneurs » italiens, dans la mesure où ceux-ci sont souvent source d'information technique. Toutefois, d'autres fonctions plus proprement économiques (information sur l'évolution des tendances en matière de produits, sur les marchés potentiels, etc.) semblent être moins développées, ou moins systématiques. Une enquête plus approfondie sur les besoins des entreprises permettrait sans doute de préciser la nécessité et l'intérêt d'offrir de telles fonctions à l'extérieur de l'entreprise dans le contexte spécifique du Québec.

Tout cela indique néanmoins qu'il existe des enjeux importants en ce qui a trait à la constitution de réseaux locaux dans le contexte du DEL. Les gouvernements semblent de plus en plus conscients de ces enjeux, et c'est dans ce contexte qu'ils s'intéressent apparemment de plus en plus au développement local comme moyen de relancer le développement économique. Nous conclurons ce texte sur une réflexion plus générale à ce sujet, en nous interrogeant sur le rôle de l'État central par opposition aux réseaux locaux, ou en complémentarité avec eux.

LES ENJEUX ÉCONOMIQUES ACTUELS : LES DISTRICTS, LES GRAPPES ET LES RÔLES RESPECTIFS DE L'ÉTAT CENTRAL ET DU DÉVELOPPEMENT LOCAL

Dans le contexte économique actuel, les gouvernements ne jouissent plus de la même marge de manœuvre qu'au cours des « Trente glorieuses » années de croissance de l'après-guerre. Au fil des ans, les instruments de stabilisation de l'activité économique associés à l'État-providence sont devenus de moins en moins efficaces. De plus, le contexte international actuel et les recommandations des organismes internationaux vont davantage dans le sens d'une diminution du rôle de l'État. Les États ont ainsi envie de modifier considérablement leurs stratégies d'intervention, et semblent particulièrment tentés par les opérations de « délestage », qui font reposer sur d'autres acteurs la responsabilité du développement économique. Les acteurs locaux semblent être au premier rang des acteurs visés par ces stratégies.

Alors que par le passé, le développement des régions et des secteurs d'activités faisait l'objet de politiques économiques, de politiques industrielles et de développement régional visant à la fois à soutenir les activités en déclin et à faire émerger de nouvelles activités, les stratégies actuelles semblent relever de deux tendances extrêmes.

D'une part, on semble vouloir accélérer les restructurations en cours, sans égard aux coûts sociaux. Pour l'essentiel, on semble vouloir soutenir les entreprises et les secteurs (ou grappes) les plus forts, sans tenir compte des effets que cela peut avoir sur certaines régions ou localités. La dimension sectorielle domine la dimension territoriale. Considérant que les pratiques passées sont un échec, les néo-conservateurs considèrent que les limites territoriales sont chose du passé et qu'il faut passer à une ouverture maximale des frontières, quel qu'en soit le coût à court terme.

D'autre part, comme le coût d'une telle stratégie néo-conservatrice est déjà visible dans nombre de régions touchées par le chômage et la pauvreté, les gouvernements se montrent de plus en plus ouverts aux initiatives de DEL. Ainsi, il émerge une nouvelle vision du développement économique et un nouveau type d'intervention pour l'État central. Dans ce contexte, les politiques de l'État, quelles qu'elles soient (industrielles, régionales, main-d'œuvre, etc.), sont formulées en fonction de la décentralisation, de la déconcentration, de la participation des usagers et des acteurs.

Faut-il s'en inquiéter ou s'en réjouir ? Difficile à dire pour le moment, dans la mesure où les politiques ne semblent pas tout à fait arrêtées à cet égard, où le degré de décentralisation est difficile à préciser et où leurs effets ne se font pas encore vraiment sentir.

Le DEL renvoie certes à un processus différent de celui associé aux politiques traditionnelles de développement économique, précisément en raison du fait qu'il ne se limite pas à l'économique. Il renvoie à une multitude de dimensions, que l'on peut résumer sous le vocable « socioéconomiques » ; c'est-à-dire qu'il intègre des préoccupations sociales et économiques.

Pour plusieurs, le DEL désigne un changement social caractérisé par la montée des partenariats entre différents acteurs sociaux, l'intégration de l'économique et du social, ainsi que par l'émergence de nouveaux acteurs sociaux sur la scène du développement économique auparavant laissée aux entreprises et aux gouvernements[15]. Une stratégie de DEL renvoie à la recherche de solutions de remplacement par rapport aux solutions des appareils d'intervention macroéconomique que représentent l'État et les grands groupes, à l'introduction dans l'analyse du développement économique de critères sociaux et culturels en plus des rationalités économiques pures, à l'émergence d'une nouvelle rationalité du développement économique qui intègre la préoccupation pour le territoire[16].

Compte tenu du gouffre qui sépare ces deux approches du développement économique, il est difficile de comprendre les stratégies politiques actuelles et de les situer clairement en regard de ces deux tendances opposées.

---

15. Nous reprenons ici des définitions de concepts présentées également dans notre ouvrage *Le Développement économique local : la théorie, la pratique, les expériences*, paru en 1994.

16. Voir Tremblay et van Schendel (1991, p. 487).

Cette nouvelle vision du développement, qualifiée de locale, peut certes être vue comme un renversement de la vision traditionnelle du développement économique. En effet, si les gouvernements étaient auparavant considérés comme les maîtres d'œuvre du développement socioéconomique des collectivités, la vision du DEL renverse la perspective – du moins en théorie – pour mettre l'accent sur les initiatives de la population et des acteurs locaux.

Dans le contexte mentionné précédemment, à savoir une perte de contrôle des États nationaux face à la mondialisation, à laquelle s'ajoutent les difficultés financières (déficit, dette) de nos gouvernements actuels, les politiques gouvernementales tendent vers une certaine déconcentration, voire vers une décentralisation. Mais le renversement de perspective en faveur du DEL ne marque pas l'ensemble des politiques gouvernementales, loin de là. Au contraire, les politiques annoncées au début des années quatre-vingt-dix, qu'il s'agisse de la politique de développement régional ou du plan stratégique du Grand-Montréal présentés par le gouvernement libéral, nous semblent plutôt marquées par la vision traditionnelle où prévaut une certaine centralisation politique.

Au mieux, il y a déconcentration des **responsabilités**, mais peu de véritable décentralisation des **pouvoirs**. En effet, si l'on définit la **centralisation** comme le fait de concentrer entre les mains de l'État l'ensemble des pouvoirs de décision et des tâches administratives relatives à la satisfaction des besoins d'une population donnée, on peut définir la **décentralisation** comme le fait de briser la centralisation des décisions en transférant ce pouvoir aux collectivités locales ou régionales. Ainsi, il nous paraît peut-être plus approprié de parler de **déconcentration** lorsque des tâches administratives sont déléguées sans que le pouvoir de décision ne les accompagne.

Pour l'essentiel, il nous semble que les projets gouvernementaux actuels relèvent plutôt de cette perspective que d'une véritable décentralisation des pouvoirs. Notons toutefois que ces politiques n'ont pas encore été véritablement mises en œuvre, de sorte que la réalité pourrait évoluer vers cette décentralisation des pouvoirs.

Par contre, il nous paraît tout à fait illusoire de penser que le DEL puisse se substituer entièrement à l'action de l'État central, comme tendent à l'indiquer les affirmations de certains défenseurs – peut-être trop enthousiastes – de cette nouvelle vision du développement. Des politiques nationales sur les plans macroéconomique, des politiques industrielles et des politiques d'emploi demeurent à nos yeux nécessaires pour encadrer et orienter le développement économique de régions plus vastes que le local et éviter le développement de nouvelles disparités régionales.

Pour analyser les orientations actuelles, voyons rapidement quelques éléments des politiques actuelles à la lumière des préoccupations soulevées. À cet égard, nous nous intéressons plus particulièrement à la politique dite des « grappes industrielles », puisque c'est sans doute celle qui s'apparente le plus aux thèses des districts industriels et à leur apport potentiel au DEL.

La stratégie des grappes industrielles

La stratégie des grappes industrielles proposée par le ministre de l'Industrie, du Commerce, de la Science et de la Technologie, Gérald Tremblay, en décembre 1991[17]

---

17. Cette stratégie a été présentée dans un dossier de presse en décembre 1991. Au deuxième trimestre de 1993, un document plus complet présentait plus de détails sur l'analyse qui soustend la stratégie proposée. À ce sujet, voir GAGNÉ, P. et LEFÈVRE, M. (sous la dir. de, 1993). Comme on l'indique dans la préface de l'ouvrage, c'est le ministre de l'Industrie, du Commerce, de la Science et de la Technologie, Gérald Tremblay, qui a joué un rôle « de premier plan » dans la concrétisation de cet ouvrage.

peut être vue comme la politique industrielle du gouvernement du Québec, dans la mesure où une politique industrielle est généralement définie comme un outil permettant d'agir sur les structures de l'appareil de production afin de le rendre plus efficace et plus à même de satisfaire les besoins de la collectivité nationale. Pour ce qui est de la stratégie des grappes, elle s'inspire des travaux de l'économiste américain Michael Porter et se veut une stratégie de développement économique à moyen et à long terme pour le Québec.

Le cœur de cette stratégie repose sur le passage d'une économie de production en masse de produits standardisés, à une économie de production différenciée, personnalisée, à forte valeur ajoutée. Cette stratégie a été définie en vue d'accroître la capacité concurrentielle des entreprises de certains secteurs, ou grappes industrielles, afin de mieux faire face à la mondialisation des marchés.

Le moyen choisi pour assurer cette transition est celui du développement d'une synergie à l'intérieur de **grappes industrielles**. Chaque grappe est constituée d'un ensemble d'industries d'un même secteur d'activités « qui interagissent, se regroupent et se concurrencent entre elles, pour accroître leur compétitivité et accélérer leur croissance ». L'État joue alors un rôle de simple accompagnateur, s'assurant que l'environnement sociopolitique et économique favorise l'« arrivée à maturité » des grappes, et en particulier le maillage ou l'établissement de réseaux entre les entreprises d'un même secteur.

Dans une certaine mesure, on peut penser que ces grappes s'apparentent aux districts industriels italiens, mais il n'est pas certain que le même niveau de coopération s'y retrouve, du moins pas dans toutes, et pas à l'heure actuelle. De plus, comme nous l'avons noté précédemment, la dimension territoriale qui est fondamentale à la perspective des districts est absente de la vision en grappes.

La stratégie des grappes vise à favoriser l'émergence d'entreprises de calibre international qui, maillées à des réseaux de sous-traitance, devraient permettre de développer des emplois de qualité. On semble ici vouloir s'inspirer tout autant du modèle de sous-traitance établi au Japon, peut-être davantage que du modèle italien, bien qu'il y ait certaines similitudes entre les deux exemples[18].

Dans le projet ministériel, 13 grappes industrielles ont été identifiées, 5 étant considérées déjà concurrentielles à l'échelle internationale, et 8 étant qualifiées de stratégiques, compte tenu de leur potentiel de développement.

Ainsi, dans le projet des grappes industrielles, l'État joue encore un rôle de catalyseur, incitant les acteurs socioéconomiques à former des partenariats. Divers incitatifs sont proposés : avantages fiscaux, soutien à la capitalisation, à la R-D, à l'exportation, à la formation de la main-d'œuvre, etc.

Dans ce projet de grappes, on peut s'interroger sur le rôle dévolu aux régions et au « local ». Bien que cette stratégie n'ait pas donné de résultats très concrets jusqu'ici, plusieurs analystes craignent qu'elle n'ait pour effet de favoriser quelques régions et localités, surtout la grande région de Montréal, incluant Laval, aux dépens des régions périphériques et des petites localités.

En favorisant quelques secteurs, et en cherchant à renforcer les secteurs déjà gagnants, certains pensent que les régions et les petites localités seront laissées

---

18. Deux émissions de la série télévisée « Développement économique et emploi », associée au cours ECO-3005 de la Télé-université et diffusées au Canal de télé-enseignement font d'ailleurs le rapprochement entre ces deux modèles.

pour compte. En fait, cette stratégie annoncée en décembre 1991 suscite beaucoup d'intérêt justifié, mais aussi énormément d'interrogations. Nous en citerons quelques-unes puisqu'elles nous paraissent refléter des enjeux importants pour le développement des localités du Québec et pour la perspective du DEL.

On peut d'abord se demander si cette stratégie peut être considérée comme une politique industrielle complète. Nous sommes tenté de répondre par la négative. D'une part, cette stratégie ayant été pensée dans une perspective de concurrence internationale de l'économie québécoise, nombre de secteurs non exposés à cette concurrence internationale (et en particulier nombre de services) ne font pas partie de la stratégie, si ce n'est qu'ils peuvent s'y intégrer éventuellement à titre de sous-traitants. D'autre part, des secteurs étant exclus, certaines régions ou localités se trouvent donc exclues de ce plan.

Peut-être faut-il voir dans cette stratégie davantage un outil d'analyse de l'économie québécoise qu'une politique de développement économique, bien qu'on l'ait présentée sous ce jour. Pour l'essentiel, elle appelle une démarche de concertation, avec des objectifs à moyen et à long terme, plutôt qu'à court terme.

La stratégie des grappes invite également au développement d'alliances et de réseaux stratégiques et, sous cet angle, il faut admettre qu'elle va dans le sens des districts industriels italiens dont nous avons traité précédemment. En effet, l'objectif est clairement de développer des réseaux, d'amener les entreprises à modifier leur culture et leur comportement afin de se rapprocher du comportement des entreprises des districts italiens, soit un comportement alliant concurrence et complicité, ou coopération. Mais est-il possible de créer des districts, ou d'engendrer une telle coopération ou une telle confiance dans tous les secteurs identifiés? Est-il possible de renverser les traditions de concurrence pour les remplacer par une réelle coopération ? En combien de temps ? La portée de la coopération sera-t-elle aussi grande que celle observée en Italie ou ailleurs ? Et sinon, pourra-t-elle donner les mêmes résultats ? Les réponses ne sont pas connues, mais ce sont là des questions qu'il convient de garder à l'esprit afin d'éviter d'engendrer des attentes trop élevées.

Peut-être trouvera-t-on que certaines grappes possèdent déjà les caractéristiques nécessaires à la réussite et au développement d'une stratégie plus ambitieuse de coopération. Sans doute les secteurs où il existe déjà un embryon de coopération ou des réseaux informels d'échanges seront-ils plus aptes à développer ce genre de collaboration plus formelle.

CONCLUSION : LE DÉVELOPPEMENT LOCAL ET LES RÉSEAUX INDUSTRIELS, UNE RÉPONSE À LA RESTRUCTURATION DE L'ÉCONOMIE QUÉBÉCOISE ?

Les conséquences de la restructuration économique en cours sont d'importance, puisque nous sommes confrontés à un processus de marginalisation et d'exclusion d'une partie de plus en plus importante de la population québécoise.

Pour conserver les acquis sociaux et économiques des 30 glorieuses années de croissance de l'après-guerre (1945-1975), on s'interroge de plus en plus sur la voie à suivre. Le DEL, l'entrepreneuriat et la création de réseaux locaux d'entreprises sont au nombre des solutions présentées pour y parvenir.

La dernière décennie a vu émerger des mobilisations dans nombre de localités et de régions du Québec touchées par les conséquences de la restructuration économique : licenciements, pertes d'emploi, fermetures d'entreprises, etc.

Dans ce contexte, le DEL et la création de réseaux d'entreprises apparaissent de plus en plus comme une solution. La création de réseaux d'entreprises aurait pour effet de développer les échanges d'information et la collaboration entre entreprises afin de renforcer le tissu économique d'une région, en assurant aux PME des avantages comparables aux grandes entreprises. Par ailleurs, ce renforcement des entreprises ne vise pas simplement la création d'activité économique, mais peut-être surtout le maintien d'emplois afin de contrer l'exclusion et le vidage subséquent des localités et régions.

À ces préoccupations plus immédiates relatives à l'emploi, s'ajoutent des préoccupations plus fondamentales qui mettent en évidence la différence entre la **croissance** économique et le **développement** économique. La croissance économique à l'échelle nationale ne garantit pas le développement socioéconomique – et culturel – des populations locales. Une perspective axée sur un véritable **développement** économique inclut normalement des préoccupations de qualité de développement, de répartition des revenus et de l'ensemble des fruits de la croissance. Ainsi, dans l'émergence des préoccupations pour le DEL au Québec, on observe des préoccupations pour un développement durable, intégrant la qualité et la répartition des richesses. On souhaite généralement que le DEL se fasse de façon concertée, tenant compte des besoins des entreprises mais également des besoins et des intérêts des populations locales en matière de développement durable et de qualité.

Un projet comme celui des grappes industrielles n'inclut pas, du moins formellement, de telles préoccupations pour le développement durable, pas plus qu'il n'inclut la dimension territoriale. C'est une vision axée prioritairement sur le renforcement des secteurs forts, une vision qui peut fort bien avoir pour effet l'exclusion d'un grand nombre de personnes et de territoires.

Quoi qu'il en soit, il nous faut constater que le désengagement de l'État s'est traduit par un engagement plus important des collectivités locales, qui s'intéressent aujourd'hui non seulement à la relance économique à court terme de leur région ou localité, mais davantage à la revitalisation socioéconomique à long terme de leur territoire. Dans cette perspective, nous croyons que l'exemple des districts industriels italiens peut apporter des éléments de compréhension de la dynamique qui peut présider à un développement économique durable et de qualité. Sans en faire un modèle à copier intégralement, nous croyons qu'il peut être intéressant d'y puiser des éléments d'inspiration, en particulier en ce qui concerne l'importance de la coopération interentreprises, du rôle de coordination et d'information que peut jouer une instance locale, ainsi que de la prise en compte du territoire et de la qualification des populations pour le développement des régions et des personnes qui les habitent.

RÉFÉRENCES BIBLIOGRAPHIQUES

ANDLP/IFDEC, *Le Local en action*, Éditions de l'Épargne, Paris, 1989, 280 p.

BEALE, E.J., *A Case Study of the Human Resources Development Association*, Directions for Regional Development Project, Economic Council of Canada, 1988, 87 p.

BEAUDIN, M-A., DARVEAU, A., LABELLE, J. et RIVET, G., *Buts et mesures*, Direction adaptation du marché du travail, document de travail, EIC, 1992, 29 p.

BRODHEAD, D., LAMONTAGNE, F. et PEIRCE, J., *L'Organisme de développement local, une perspective canadienne*, document sur le développement local n° 20, Conseil économique du Canada, Ottawa, 1990, 80 p.

BRYANT, C.R., *Le Développement communautaire durable, les partenariats et la préparation de propositions de projets réussies*, Estratec Communications Inc., Hudson, 1992, 63 p.

CONSEIL ÉCONOMIQUE DU CANADA, *La Relance locale, pour une approche communautaire du développement économique*, CEC, Ottawa, 1990, 20 p.

DELAND, P., *Les Interventions du gouvernement du Québec dans les quartiers défavorisés et la stratégie gouvernementale en matière de développement régional*, Office de planification et de développement du Québec, Québec, 1992.

DERTOUZOS, M. et al., *Made in America*, Interéditions, Paris, 1990. (traduction de l'ouvrage du même titre paru en 1989 aux presses du MIT).

DOERINGER, P.B., TERKLA, D.G. et TOPAKIAN G.C., *Invisible Factors in Local Economic Development*, Oxford University Press, New York, 1987, 133 p.

EMPLOI IMMIGRATION CANADA, *Programme de développement des collectivités*, Document de présentation, Emploi Immigration Canada, 1992, 20 p.

EMPLOI IMMIGRATION CANADA – DÉVELOPPEMENT DES COLLECTIVITÉS, *Rapport de l'examen du programme développement des collectivités*, Ottawa, 1990.

FOURNIER, P., *La Concertation au Québec : étude de cas et perspectives*, Commission consultative sur le travail, gouvernement du Québec, Québec, 1986, 53 p.

GAGNÉ, P. et LEFÈVRE, M. (sous la dir. de), *L'Entreprise à valeur ajoutée ; le modèle québécois*, Publi-Relais, Montréal, 1993, 310 p.

GAGNON, C., KLEIN, J.L., TREMBLAY, M. et TREMBLAY, P.A., *Le Local en mouvement*, GRIR, Université du Québec à Chicoutimi, Chicoutimi, 1989, 395 p.

GANNE, B., *Industrialisation diffuse et systèmes industriels localisés ; essai de bibliographie critique du cas français*, Institut international d'études sociales, Genève, 1990, 124 p.

JOYAL, A. et BHERER, H., *L'Entreprise alternative, mirages et réalités*, Éditions St-Martin, Montréal, 1987.

LABONTÉ, P., *Les Corporations de développement économique et communautaire, rapport d'évaluation de l'expérience-pilote*, OPDQ, Direction générale de Montréal, 1989, 30 p.

LEMELIN, A. et MORIN, R., *Le Développement économique local et communautaire : éléments d'analyse pour une stratégie municipale*, INRS-Urbanisation, Montréal, 1989, 250 p.

PÉTRELLI, R. et DUBOIS, S., *Le Développement régional au Québec et à l'étranger*, Département des études urbaines, Université du Québec à Montréal, Montréal, 1993, 50 p.

PIORE, M.J. et SABEL, C., *The Second Industrial Divide*, 1984, 355 p., publié en français en 1989, sous le titre *Les Chemins de la prospérité*, Hachette, Paris.

POLÈSE, M. et COFFEY, W.J., *Les Politiques de développement local : éléments de définition*, INRS-Urbanisation, études et documents n° 34, Montréal, 1982, 39 p.

PYKE, F., BECATTINI, G. et SENGENBERGER, W., editors, *Industrial Districts and Inter-firm Cooperation in Italy*, Institut international d'études sociales, Genève, 1990, 237 p.

RENSHAW, G., *Adjustment and Economic Performance in Industrialised Countries : A Synthesis*, Bureau international du travail, série « Employment Adjustment and Industrialisation », n° 8, Genève, 1987, 180 p.

ROLLAND, D., « Les expériences de développement régional et de concertation : Allemagne, Norvège, Suède », *in Bâtir le Québec des régions*, Conseil confédéral, Développement régional et local, Confédération des syndicats nationaux, Montréal, 1992, 53 p.

SAVY, M., BECKOUCHE, P. et Veltz, P., *Nouvelle économie, nouveaux territoires.* Supplément à la Lettre de la DATAR, n° 3, juin, 1986, 2 p.

SCOTT, A.J. et STORPER, S., sous la direction de, *Production, Work, Territory. The Geographical Anatomy of Industrial Capitalism*, Allen and Unwin, Boston, 1986.

SENGENBERGER, W., LOVEMAN, G.W. et PIORE, M.J., editors, The Re-emergence of Small Enterprises ; Industrial Restructuring in Industrialised Countries, Institut international d'études sociales, Genève, 1990, 308 p.

SORGE, A. et STREEK, W., *Industrial Relations and Technical Change : The Case for an Extended Perspective*, Discussion paper IIM/LMP 87-1, WZB, Berlin, 1987, 37 p.

THIÉTART, R.A., *La Stratégie d'entreprise*, Coll. Stratégie et management, McGraw-Hill, Paris, 1986, 181 p.

TREMBLAY, D.-G. et FONTAN, J.-M., *Le Développement économique local : la théorie, les pratiques, les expériences*, Presses de l'Université du Québec et Télé-Université, Québec, 1994, 579 p.

TREMBLAY, D.-G., « Le rôle des universités dans le développement économique : faire émerger les « facteurs invisibles » essentiels au développement » *in* UNIVERSITÉ DU QUÉBEC, *Le Québec urbain et celui des régions face à la nouvelle économie mondiale*, Bureau des études prospectives et du développement, Vice-présidence à la planification, Université du Québec, Sainte-Foy, 1993.

TREMBLAY , D.-G., *Économie du travail : les réalités et les approches théoriques*, Éditions Saint-Martin et Télé-Université, Montréal, 1990, 544 p.

TREMBLAY, D.-G., *L'emploi en devenir*, Collection Diagnostic, Institut québécois de recherche sur la culture, Québec, 1990a, 120 p.

TREMBLAY, D.-G., *La dynamique économique du processus d'innovation ; une analyse de l'innovation et du mode de gestion des ressources humaines dans le secteur bancaire canadien*. Thèse de doctorat soutenue à l'Université de Paris I, Panthéon-Sorbonne, Université de Paris I, Paris, 1989, 2 volumes, 711 pages.

TREMBLAY, D.-G. et VAN SCHENDEL, V., *Économie du Québec et de ses régions*, Éditions St-Martin et Télé-université, Montréal, 1991, 649 p.

VILLE DE MONTRÉAL, *Partenaires dans le développement économique des quartiers*, Ville de Montréal, Montréal, 1990.

PÉRIODIQUE

LAMONTAGNE, F., « Le développement des régions canadiennes : la nécessité d'une approche alternative », *Revue canadienne de santé mentale communautaire*, vol. 8, n° 2, 1989, p. 41-63.

CONCLUSION

Rédiger le mot de la fin d'un ouvrage contenant une si belle brochette de contributions, à la fois variées, convergentes et de très haute qualité s'avère un mandat très agréable bien que délicat. Le côté agréable apparaît à la lecture attentive de tous les textes. D'abord, la richesse des concepts et des faits exposés sur le sujet permet de satisfaire pleinement le désir d'acquérir des connaissances nouvelles. Ensuite, cette lecture permet de renforcer le sentiment que toutes ces connaissances rassemblées ici et ailleurs mènent inéluctablement à la construction d'une théorie générale sur le DEL.

En effet, d'un vocabulaire d'abord hétéroclite et diffus sur le sujet, nous en sommes actuellement arrivés à un corpus théorique homogène contenant des concepts de plus en plus explicites dans leur définition. Les contributions è ce volume nous incitent à croire que les efforts scientifiques convergent maintenant irrémédiablement vers un objectif très important, qui paraît concrètement à notre portée.

Nous n'avons certes pas encore répondu ici à toutes les questions posées. Et les textes présentés n'ont même pas fait le tour complet de toutes les dimensions du sujet. Cependant, les progrès faits dans plusieurs de ces dimensions sont bien visibles, faisant de ce volume un ouvrage de référence inédit qui marque actuellement une étape importante. Un tel constat engendre beaucoup d'espoirs, notamment pour les localités et les régions périphériques à la recherche de solutions de rechange par rapport aux anciennes stratégies de développement désuètes et redondantes.

Le côté délicat du mandat de rédaction du mot de la fin réside dans la difficulté sinon l'impossibilité d'effectuer une courte synthèse qui rende pleinement justice à la richesse des contributions. Puisqu'une telle synthèse nécessite un exercice d'écriture qui dépasse largement les quelques phrases d'une conclusion, je laisserai à chaque lecteur ou lectrice le soin d'élaborer la sienne, qui occupera certainement plusieurs pages. Par contre, j'utiliserai le privilège de ces quelques lignes pour conclure en faveur de la continuité de nos recherches sur le sujet en question.

L'orientation que nous suggérons à cet égard concerne la globalité nécessaire de la perspective d'observation du phénomène entrepreneurial dans les milieux locaux. Récemment, on s'est beaucoup intéressé à des éléments spécifiques et sectoriels, notamment au financement des initiatives, aux infrastructures de transport, aux besoins de base de la population, à l'animation socioéconomique, à la R-D, à la formation professionnelle, aux services de gestion, à l'exportation, à la planification de projets, etc.

Ces éléments fragmentaires, exposés en détail et diffusés comme composantes essentielles du modèle gagnant, furent inévitablement l'objet de multiples interventions publiques. On a ainsi vu de multiples fonctions et tâches nouvelles être accomplies par des organisations plus ou moins institutionnalisées, intéressées d'une manière générale par l'incubation d'entreprises par le milieu. Ces organisations ont certes amélioré les conditions générales de l'entrepreneurship dans les divers milieux locaux.

À cet égard, la littérature illustre que les divers milieux locaux du Québec et d'ailleurs en Occident possèdent maintenant la plupart des ingrédients du succès. Il arrive même souvent que certains ingrédients soient quantitativement beaucoup trop présents. Plusieurs observateurs soulignent que ce qui fait cruellement défaut dans la plupart des milieux, c'est la recette globale du succès, la combinaison appropriée d'ingrédients, c'est-à-dire la qualité générale du milieu.

En ce sens, plusieurs spécialistes recommandent une vision globale du milieu, dans le même esprit que la traditionnelle approche territoriale utilisée par la science régionale. On doit, semble-t-il, sortir des multiples analyses sectorielles auto-centrées, limitatives et sclérosantes afin de réfléchir globalement sur l'ensemble des facteurs (ou des ingrédients) nécessaires au milieu, selon les caractéristiques propres de celui-ci.

Il faut, selon notre lecture, moins rechercher le facteur gagnant que les modalités institutionnelles adéquates à la création de la combinaison optimale de facteurs dans chacun des divers milieux en quête d'incubation de l'entrepreneurship. À cet effet, il incombe à la recherche scientifique d'améliorer ses grilles d'analyse du contexte institutionnel qui sied à la création de milieux locaux dynamiques et fertiles en activités économiques.

Ainsi, l'approche institutionnelle globale apparaît fort prometteuse pour mieux comprendre, maîtriser et influencer la réalité du DEL dans le contexte actuel. Premièrement, ces institutions sont nombreuses et fort diverses dans chaque milieu. Deuxièmement, nous ne possédons sur celles-ci que très peu de connaissances intégrées dans un cadre global permettant de classifier en détail qui fait quoi, et comment, à l'égard de l'entrepreneurship et du développement. Troisièmement, nous manquons de concepts intégrateurs permettant de comparer toutes ces institutions sur la base d'un dénominateur commun.

Quand il est question d'un dénominateur commun pour comparer les actions, les tâches et les fonctions exercées par tous dans un but de DEL, le concept d'information, si général soit-il, si abstrait face à la mesure et souvent si révélateur, devient très intéressant autant au niveau théorique que pratique. Sur le plan de l'analyse théorique, ce concept a déjà démontré un potentiel énorme pour vous permettre de mieux saisir ce que l'on peut qualifier de «jungle informationnelle» dans le milieu. En ce qui a trait à la pratique du DEL, le concept d'information est fréquemment proposé actuellement en recherche-action, non seulement pour identifier la contribution de chacune des nombreuses institutions à la création de synergies informationnelles, mais aussi pour définir précisément les divers besoins des entreprises présentes, qu'elles soient en gestation, en émergence, en consolidation ou en croissance.

COLLECTION
ENTREPRENDRE

Le marketing et la PME
L'option gagnante
Serge Carrier

29,95 $
346 pages, 1994

En affaires à la maison
Le patron, c'est vous!
Yvan Dubuc et Brigitte Van Coillie-Tremblay

26,95 $
344 pages, 1994

Votre PME et le droit (2ᵉ édition)
Enr. ou inc., raison sociale, marque de commerce...
et le nouveau *Code Civil*
Michel A. Solis

19,95 $
136 pages, 1994

Mettre de l'ordre dans l'entreprise familiale
La relation famille et entreprise
Yvon G. Perreault

19,95 $
128 pages, 1994

Pour des PME de classe mondiale
Recours à de nouvelles technologies
Sous la direction de Pierre-André Julien

29,95 $
256 pages, 1994

Famille en affaires
Pour en finir avec les chicanes
Alain Samson en collaboration avec Paul Dell'Aniello

24,95 $
192 pages, 1994

Comment trouver son idée d'entreprise (2ᵉ édition)
Découvrez les bons filons
Sylvie Laferté

19,95 $
160 pages, 1993

Profession : entrepreneur
Avez-vous le profil de l'emploi?
Yvon Gasse et Aline D'Amours

19,95 $
140 pages, 1993

Entrepreneurship et développement local
Quand la population se prend en main
Paul Prévost

24,95 $
200 pages, 1993

L'entreprise familiale (2ᵉ édition)
La relève, ça se prépare!   24,95 $
Yvon G. Perreault   292 pages, 1993

Le crédit en entreprise
Pour une gestion efficace et dynamique   19,95 $
Pierre A. Douville   140 pages, 1993

Entrepreneurship technologique
21 cas de PME à succès   29,95 $
Roger A. Blais et Jean-Marie Toulouse   416 pages, 1992

La passion du client
Viser l'excellence du service   19,95 $
Yvan Dubuc   210 pages, 1993

Devenez entrepreneur
Pour un Québec plus entrepreneurial   27,95 $
Paul-A. Fortin   360 pages, 1992

Les secrets de la croissance
4 défis pour l'entrepreneur   19,95 $
sous la direction de Marcel Lafrance   272 pages, 1991

Correspondance d'affaires
Règles d'usage françaises et anglaises
et 85 lettres modèles   24,95 $
Brigitte Van Coillie-Tremblay, Micheline Bartlett   268 pages, 1991
et Diane Forgues-Michaud

Relancer son entreprise
Changer sans tout casser   24,95 $
Brigitte Van Coillie-Tremblay et Marie-Jeanne Fragu   162 pages, 1991

Autodiagnostic
L'outil de vérification de votre gestion   16,95 $
Pierre Levasseur, Corinne Bruley et Jean Picard   146 pages, 1991

DATE DUE L.-Brault

17 MAI 1997	31 août 99	
	RÉSERVE	
15 FEV. 1999	14 JAN. 2000	
28 SEP. 1999	07 MAR. 2003	
	RÉSERVE	
27 JAN. 2001		
29 JAN. 2004		

«L'IMPRIMEUR»

• Cap-Saint-Ignace
• Sainte-Marie (Beauce)
  Québec, Canada
  1994